PONS

Im Griff
Praxis-Grammatik
ENGLISCH

von Birgit Piefke-Wagner

Ernst Klett Sprachen GmbH
Barcelona • Belgrad • Budapest • Ljubljana • London • Posen
Prag • Sofia • Stuttgart • Zagreb

Im Griff

Praxis-Grammatik ENGLISCH

von Birgit Piefke-Wagner

Auflage A1 6 5 4 / 2008 2007 2006

Internet: www.pons.de
E-Mail: info@pons.de

Zeichnungen: Iris Hauptmann-Wewer, Taunusstein
Logoentwurf: Erwin Poell, Heidelberg; Überarbeitung: Sabine Redlin, Ludwigsburg
Einbandgestaltung: deutschewerbeagentur
Titelfoto: Vlado Golub, Stuttgart
Layout/Satz: Dollenbacher DTP
Druck: Legoprint
Printed in Italy.
ISBN 10: 3-12-561168-7
ISBN 13: 9 78 3-12-561168-9

So benutzen Sie dieses Buch

Sie möchten Ihre englischen Grammatikkenntnisse verbessern oder bereits Gelerntes wiederholen, trainieren und vertiefen – oder auch nur schnell etwas nachschlagen. Die Praxis-Grammatik Englisch hilft Ihnen dabei: mit **einfachen Erklärungen**, einem übersichtlichen Aufbau und vielen Übungen.

Mit dieser ausführlichen Grammatik können Sie sich die Grammatikkenntnisse bis Niveau B1 des Europäischen Referenzrahmens aneignen, d.h. **alle wesentlichen Themen** der englischen Grammatik kommen hier zur Sprache.

Der Aufbau eines Kapitels

In einer lebensnahen **Einstiegsgrafik** mit Mini-Dialogen wird Ihnen zunächst das grammatische Phänomen in einem alltäglichen Zusammenhang vorgestellt.
Klare, leicht verständliche Regeln, **übersichtliche Tabellen** und ausführliche Gebrauchskästen vermitteln Ihnen schnell sichere Kenntnisse.
Viele **praktische, realitätsnahe Beispiele** zeigen Ihnen, wie das grammatische Phänomen richtig angewendet wird.
In den zahlreichen anschließenden **Übungen** können Sie das Erlernte selbst anwenden. Dabei ist der Schwierigkeitsgrad einer Übung jeweils durch Sternchen gekennzeichnet:
* = einfache Übung; ** = mittelschwere Übung; *** = schwierige Übung.
So können Sie selbst auf einfache Weise Ihren Lernfortschritt überprüfen.

In den Randspalten finden Sie jede Menge nützlicher **Tipps** und Informationen zum richtigen Sprachgebrauch:

- einführende Erklärungen zum grammatischen Phänomen
- Lerntipps und ergänzende Hinweise
- wichtige Ausnahmen und Stolpersteine
- Verweise zu anderen Grammatik-Kapiteln
- Wortschatz- und Übersetzungshilfen
- Hinweise zum unterschiedlichen Sprachgebrauch in Großbritannien (BE = British English) und den USA (AE = American English)

Alle in diesem Buch benutzten **Grammatikbegriffe** finden Sie in der Übersicht auf den Seiten 4 und 5 zusammengestellt und erklärt. Beachten Sie bitte auch Seite 155.
Der **Index** am Ende des Buches bringt Sie schnell zu den richtigen Stellen in der Grammatik. Wichtige Themen sind zur schnelleren Orientierung **fett** hervorgehoben.

Und nun viel Erfolg beim Nachschlagen, Lernen und Üben!

Grammatikbegriffe in der Übersicht

Die in diesem Buch verwendeten Begriffe sind durch Fettdruck hervorgehoben.

Englisch	Latein	Deutsch
active	**Aktiv**	Tatform
adjective	**Adjektiv**	Eigenschaftswort
adverb	**Adverb**	Umstandswort
answer – short answer	—	**Antwort** **– Kurzantwort**
article – definite article – indefinite article	**Artikel**	**Artikel** **– bestimmter Artikel** **– unbestimmter Artikel**
auxiliary	—	**Hilfsverb**
comparative	**Komparativ**	**1. Steigerungsform**
conditional	Konditional	Möglichkeitsform
conjunction	**Konjunktion**	Bindewort
consonant	**Konsonant**	Mitlaut
contact clause	**Relativsatz ohne Relativpronomen**	—
direct speech	**direkte Rede**	wörtliche Rede
full verb	**Vollverb**	vollwertiges Tätigkeitswort
future	**Futur**	**Zukunft**
gerund	Gerundium	gebeugter Infinitiv
imperative	**Imperativ**	Befehlsform
indirect/reported speech	**indirekte Rede**	abhängige Rede
infinitive	**Infinitiv**	**Grundform**
long form	—	**Langform**
modal	**Modales Hilfsverb**	Tätigkeitswort, das die Aussage eines Satzes verändert
noun	**Substantiv, Nomen**	Hauptwort
object – direkt object – indirect object	**Objekt** **– direktes Objekt/ Akkusativobjekt** **– indirektes Objekt/ Dativobjekt**	Satzergänzung
participle **– present participle** **– past participle**	**Partizip** **– Partizip Präsens** **– Partizip Perfekt**	Mittelwort der – Gegenwart – Vergangenheit
passive voice	**Passiv**	Leideform
past simple	**Imperfekt, Präteritum**	**Vergangenheit**
predicate	**Prädikat**	Satzaussage

▶ Zum unterschiedlichen Gebrauch von grammatischen Begriffen siehe auch Kapitel **Alle Zeiten im Überblick**, S. 155

Englisch	Latein	Deutsch
preposition	**Präposition**	Verhältniswort
present perfect	**Perfekt**	vollendete Gegenwart
present simple	**Präsens**	einfache Gegenwart
progressive **– present progressive** **– past progressive** **– present perfect progressive** **– past perfect progressive** **– future progressive**	—	**Verlaufsform** der – Gegenwart – Vergangenheit – vollendeten Gegenwart – vollendeten Vergangenheit – Zukunft
pronoun – personal pronoun – possessive pronoun – possessive determiner – demonstrative determiner – demonstrative pronoun – reflexive pronoun – relative pronoun	**Pronomen** **– Personalpronomen** **– Possessivpronomen** **– Possessivbegleiter** **– Demonstrativbegleiter** **– Demonstrativpronomen** **– Reflexivpronomen** **– Relativpronomen**	Fürwort – persönliches Fürwort – besitzanzeigendes Fürwort – besitzanzeigender Begleiter – hinweisender Begleiter – hinweisendes Fürwort – rückbezügliches Fürwort – bezügliches Fürwort
question **– question word**	—	**Frage** **– Fragewort**
question tag	—	**Frageanhängsel, Bestätigungsfrage**
relative clause – defining relative clause – non-defining relative clause	**Relativsatz** **– notwendiger Relativsatz** **– nicht notwendiger Relativsatz**	—
reported/indirect speech	**indirekte Rede**	abhängige Rede
sentence	—	**Satz**
short form	—	**Kurzform**
subject	**Subjekt**	Satzgegenstand
substitute form	—	**Ersatzform**
superlative	**Superlativ**	**2. Steigerungsform**
verb – full verb – irregular verb – regular verb	**Verb** **Vollverb** **– unregelmäßiges Verb** **– regelmäßiges Verb**	Tätigkeitswort vollwertiges Tätigkeitswort
vowel	**Vokal**	Selbstlaut
word order	—	**Wortstellung**

Inhaltsverzeichnis

Das Substantiv

1. Groß- und Kleinschreibung

John's a **teacher**. His **lessons** start at 7pm every **Monday**. There are nine **women** and one **man** in this **course**. John speaks **English** all the **time**.

John ist Lehrer. Seine Stunden beginnen jeden Montag um 7 Uhr abends. In diesem Kurs sind neun Frauen und ein Mann. John spricht die ganze Zeit Englisch.

Englische Wörter werden außer am Satzanfang klein geschrieben. Anders als im Deutschen gilt dies auch für Substantive.

book, woman, house, cat, traffic, advantage, politician

Groß geschrieben werden allerdings:

Namen:	Susan, Mr Miller, High Street, Black Forest
Monate:	January, February, March
Wochentage:	Monday, Tuesday, Wednesday
Festtage:	Easter, Christmas (X-mas), New Year's Day
Länder:	Great Britain, France, Australia
Nationalitäten:	English, Italian, Polish
Städte und Flüsse:	London, Cologne, the River Thames, the Rhine

Black Forest – *Schwarzwald*
Cologne – *Köln*
Munich – *München*

Englische Substantive behalten im Singular ihre Grundform im Nominativ, Dativ und Akkusativ. Lediglich im Genitiv gibt es eine Sonderregel. Auch der bestimmte Artikel bleibt immer gleich, sowohl im Singular als auch im Plural.

▸ **Der Genitiv,** S. 23
Der Artikel, S. 28

The sidewalk is slippery.	***Der Bürgersteig** …*
I'll sweep **the sidewalk.**	*… **den Bürgersteig.***
The girl is my sister. The woman gave	***Das Mädchen** …*
the new **girl** a bar of chocolate.	*… **dem Mädchen** …*
The woman is new here.	***Die Frau** …*
We can help **the woman.**	*… **der Frau** …*
The supermarket is on the left.	***Der Supermarkt** …*
The post office is opposite **the supermarket.**	*… **des Supermarktes.***

Einfacher als im Deutschen!
Substantive verändern im Dativ und Akkusativ ihre Form nicht!

2. Das Geschlecht der Substantive

Die Aufteilung der englischen Substantive in die drei Geschlechter männlich, weiblich und sächlich folgt einer einfachen Regel:

1. Männlich und weiblich sind grundsätzlich nur Personen und Personenbezeichnungen, z. B. Verwandtschaftsgrade, Berufe etc. Für diese Wörter muss ersatzweise das Personalpronomen **he** oder **she** stehen.

▸ **Pronomen**, S. 33

Look at my **uncle** in that suit. Doesn't **he** look crazy?
Here comes **Mum**. **She**'s late.
The new **girl** in Tim's group is Italian. **She**'s really nice.

2. Sächlich dagegen sind alle Gegenstände, Tiere, Pflanzen und abstrakten Begriffe. Für diese Gruppe muss ersatzweise immer das Personalpronomen **it** stehen.

Anders als im Deutschen! Gegenstände, **Tiere** und **abstrakte Begriffe** sind im Englischen **sächlich!**

The **computer** is broken again. I hate **it**.	*Der Computer ist wieder defekt. Ich hasse* ***ihn****.*
The **kitchen** is big. I like **it**.	*Die Küche ist groß. Ich mag* ***sie****.*
The **cat** is so thin. **It** needs some food.	*Die Katze ist so dünn.* ***Sie*** *braucht etwas Futter.*
The **question** is difficult. I don't understand **it**.	*Die Frage ist schwer. Ich verstehe* ***sie*** *nicht.*

Ausnahme!
Tiere, zu denen man eine persönliche Beziehung hat, können männlich oder weiblich sein.

Have you got a **dog**? Yes, **her** name is Sunny. **She**'s crazy.

3. Es gibt einige Substantive für Personen, die sowohl weiblich als auch männlich sein können. Um welches Geschlecht es sich tatsächlich handelt, erfährt man nur aus dem Zusammenhang. Oft geben die den Substantiven entsprechenden Pronomen in einem darauffolgenden Satz den entscheidenden Hinweis.

friend	*Freund/Freundin*	passenger	*Passagier*
guest	*Gast*	driver	*Fahrer/Fahrerin*
child	*Kind*	taxidriver	*Taxifahrer/Taxifahrerin*

▸ **Berufsbezeichnungen**, S. 17

This is my new **friend**. **He**'s from London.
Could you help our new **guest**, please? Take **his** luggage upstairs.
Let's ask the **taxidriver**. **She** knows all the streets.

Erst durch die Wörter **he**, **his** und **she** im jeweils zweiten Satz wird klar, ob es sich um einen Mann oder eine Frau handelt.

3. Plural der Substantive

3.1. Regelmäßige Pluralformen

Look at my desk. What a mess! It's covered with **papers, CD-ROMs, pencils, letters, books, pens, dirty coffee cups, boxes for CDs,** etc.

Sieh mal meinen Schreibtisch an. Was für eine Unordnung! Er ist voll mit Papier, CD-ROMs, Bleistiften, Briefen, Büchern, Füllern, schmutzigen Kaffeetassen, Schachteln für CDs usw.

1. Bei den meisten englischen Substantiven wird im Plural ein **-s** an die Singularform angehängt:

car	car**s**	idea	idea**s**
boy	boy**s**	horse	horse**s**
friend	friend**s**	radio	radio**s**

horse hört mit einem ‚e' auf, das nicht gesprochen wird. Beim Plural wird auch hier nur ein -s angehängt, gesprochen lautet es aber:
horse [hɔːs]
horses ['hɔːsɪz]

2. Substantive, die schon auf **-s** oder einen Zischlaut enden, erhalten ein ***-es*** im Plural.

bus	bus**es**	boss	boss**es**
fox	fox**es**	wish	wish**es**
match	match**es**		

3. Bei Substantiven, die auf Konsonant **+ *y*** enden, wird das ***y*** in ***ie*** verwandelt und dann ein **-*s*** angehängt.

family	famil**ies**	baby	bab**ies**
hobby	hobb**ies**	cherry	cherr**ies**
party	part**ies**		

Achtung! Im Deutschen schreibt man: *das Hobby – die Hobby**s*** usw.

Aufgepasst!
Vokal + y:
toy – toys
Konsonant + y:
baby – babies

4. Bei den meisten Substantiven, die auf Konsonant **+ *o*** enden, wird ein ***-es*** im Plural angehängt.

tomato	tomato**es**	echo	echo**es**
potato	potato**es**	embargo	embargo**es**
hero	hero**es**		

Ausnahmen:
kilo – kilos
disco – discos

AE: tomato – tomatos
AE: [tə'meɪtoʊ]
BE: [tə'mɑːtəʊ]

Besonderheiten bei der Aussprache:

s	shop**s** street**s** book**s** mou**ths**	Nach stimmlosen (= scharfen Lauten): p, t, k, θ wird der Plural mit einem stimmlosen (= scharfen) [s] gesprochen.
z	bir**ds** gir**ls** to**ys** gu**ms** to**ns** ide**as** tomat**oes** clo**thes** kni**ves**	Nach Vokalen und stimmhaften (= weichen Lauten) b, d, g, l, m, n, ð, v wird der Plural mit einem stimmhaften (= weichen) [z] gesprochen.
iz	bu**ses** bo**xes** wi**shes** hor**ses** bu**shes** ma**tches** wi**tches** ki**sses**	Nach s-Lauten oder sogenannten Zischlauten wird der Plural mit einem [ɪz] gesprochen.

3.2. Unregelmäßige Pluralformen

Einige Substantive bilden unregelmäßige Pluralformen. Dazu gehören:

1. Substantive, die auf ***-f*** oder ***-fe*** enden. Sie werden im Plural zu ***-ves***, z. B.:

shelf	shel**ves**
knife	kni**ves**
wife	wi**ves**
leaf	lea**ves**
dwarf	dwar**ves**
thief	thie**ves**

2. Substantive, die im Singular und Plural die gleiche Form haben, z. B.:

fish	**fish**
sheep	**sheep**

3. Substantive, die sich in der Singular- und Pluralform erheblich unterscheiden:

Tipp! Diese Pluralformen muss man einfach auswendig lernen!

man	**men**
woman	**women**
child	**children**
foot	**feet**
tooth	**teeth**
goose	**geese**
mouse	**mice**
ox	**oxen**

4. Nicht zählbare Substantive

① Let's go to the supermarket. We need two bottles of milk and a pound of coffee.

② And we need two glasses of jam, too.

1. Lass uns zum Supermarkt gehen. Wir brauchen zwei Flaschen Milch und ein Pfund Kaffee.
2. Und wir brauchen auch zwei Gläser Marmelade.

Manche englischen Substantive sind nicht zählbar. Das heißt, man kann nicht ein/eine, zwei ... davor setzen. Das gibt es im Deutschen auch, z. B. bei Milch, Mehl und Geld. Von den folgenden englischen Substantiven gibt es nur eine Form. Vor ihnen kann kein *a/an* oder *one, two three* ... stehen.

Flüssigkeiten:	milk, oil, water, tea, coffee, champagne
Lebensmittel:	bread, sugar, butter, soup, jam, chocolate, wheat
Abstrakte Begriffe:	weather, money, news, information, advice, trouble, furniture, people

▶ **some** und **any**, S. 207

Für unbestimmte Mengenangaben braucht man z. B. ***a lot of***, ***some*** oder ***any***, ***much*** oder ***not much***, ***little***, ***no***.
Zum Beispiel:
a lot of news, no news, a lot of water, not much water, little water, not much trouble, not many people, some money;

Für genaue Mengenangaben bei nicht zählbaren Nahrungsmitteln sind folgende Ausdrucksformen geläufig:

a/one pint of	two pints **of** lager	*2 Pint Lagerbier*
a/one glass of	three glasses **of** water	*3 Gläser Wasser*
a/one bar of	four bars **of** chocolate	*4 Tafeln Schokolade*
a/one slice of	five slices **of** toast	*5 Scheiben Toast*
a/one loaf of	one loaf **of** bread	*1 (Laib) Brot*
a/one plate of	eight plates **of** spaghetti	*8 Teller Spaghetti*
a/one pound of	four pounds **of** sugar	*4 Pfund Zucker*
a/one bottle of	ten bottles **of** champagne	*10 Flaschen Champagner*
a/one tin of	six tins **of** cat food	*6 Dosen Katzenfutter*

Im Englischen muss nach diesen Einheiten immer ein **of** stehen!

5. Substantive, die es nur im Plural gibt

① My glasses are broken. I need new ones.

② You better buy two pairs of glasses. Then you always have a spare one.

1. Meine Brille ist kaputt. Ich brauche eine neue. 2. Du kaufst besser zwei Brillen. Dann hast du immer eine in Reserve.

BE: trousers, jeans
AE: pants

Gegenstände, die im Prinzip aus zwei Teilen bestehen, kommen im Englischen nur in der Pluralform vor. Dazu gehören z. B.: *trousers, jeans, scissors, glasses, pyjamas.*
Ob es sich um einen oder mehrere von ihnen handelt, ist nur aus dem Zusammenhang erkennbar.

Where **are** the scissors?	*Wo **ist** die Schere?* *Wo **sind** die Scheren?*
My jeans **are** dirty.	*Meine Jeans **ist** schmutzig.* *Meine Jeans **sind** schmutzig.*
These glasses **are** expensive.	*Diese Brille **ist** teuer.* *Diese Brillen **sind** teuer.*

WICHTIG → → →

Will man die genaue Anzahl dieser Gegenstände nennen, benutzt man die Mengenangabe **pair of** bzw. **pairs of**.

How many **pairs** of pyjamas have you got?	*Wie viele Schlafanzüge hast du?*
I don't think I need more than **one pair of** trousers.	*Ich glaube nicht, dass ich mehr als eine Hose brauche.*

6. Berufsbezeichnungen

① What's **her** job? Is **she** a **bank clerk** or a **shop assistant**?

② **She**'s a **taxidriver** as far as I know.

1. Was ist ihr Job? Ist sie Bankkauffrau oder Verkäuferin? 2. Sie ist Taxifahrerin, soweit ich weiß.

Die meisten Berufsbezeichnungen unterscheiden nicht zwischen weiblich und männlich:

cook	*Koch/Köchin*
teacher	*Lehrer/Lehrerin*
boss	*Chef/Chefin*
shop assistant	*Verkäufer/Verkäuferin*
doctor	*Arzt/Ärztin*
secretary	*Sekretär/Sekretärin*
taxidriver	*Taxifahrer/Taxifahrerin*
manager	*Manager/Managerin*
pilot	*Pilot/Pilotin*
politician	*Politiker/Politikerin*
mechanic	*Mechaniker/Mechanikerin*
chemist	*Apotheker/Apothekerin*
housekeeper	*Haushälter/Haushälterin*
vet	*Tierarzt/Tierärztin*
president	*Präsident/Präsidentin*

Anders als im Deutschen!
Berufsbezeichnungen brauchen immer den unbestimmten Artikel!
He's **a** doctor.
Er ist Arzt.

Um welches Geschlecht es sich handelt, erfährt man nur aus dem Zusammenhang. Dabei helfen die Pronomen, die das entsprechende Substantiv ersetzen können:

Your **secretary** was very friendly. **She**'s not my **secretary**, **she**'s my **boss**.
The **shop assistant** is over there. Let's ask **him**.

Erst durch das ***she*** bzw. das ***him*** im jeweils zweiten Satz wird deutlich, dass es sich im ersten Beispiel um eine Frau handelt und im zweiten Beispiel um einen Mann.

Einige Substantive zeigen mit der besonderen Endung ***-ess***, dass hier eine weibliche Person gemeint ist. Beispiele:

steward/steward**ess**	*Steward/Stewardess*
actor/act**ress**	*Schauspieler/Schauspielerin*
author/author**ess**	*Autor/Autorin*
waiter/wait**ress**	*Kellner/Kellnerin*

Andere Berufe unterscheiden die Geschlechter durch die entsprechenden Endungen ***-man/men*** und ***-woman/women***. Beispiele:

Singular	Plural
police**man**/police**woman** business**man**/business**woman**	police**men**/police**women** business**men**/business**women**

7. Titel und Anrede

Folgende Abkürzungen von Titeln sind im englischen und amerikanischen Alltag geläufig:

Tipp! Im *AE* schreibt man die Titel mit einem Punkt, also **Mr.**, **Mrs.** usw. Nur **Miss** wird wie im *BE* ohne Punkt geschrieben.

BE	Aussprache	Deutsch
Mr Parker	['mɪstə]	*Herr …*
Mrs Parker	['mɪsɪz]	*Frau …* (verheiratet)
Miss Parker	['mɪs]	*Frau/Fräulein …* (unverheiratet)
Ms Parker	*BE:* [məz] *AE:* [mɪz]	*Frau …* (verh. oder unverh.)
Dr Parker	['dɒktə]	*Herr Doktor/Frau Doktor …*
Prof Parker	[prə'fesə]	*Herr/Frau Professor*

Ms ist eine Alternative zu **Mrs** und **Miss**, die sowohl für verheiratete wie für unverheiratete Frauen benutzt werden kann.

Im Englischen spricht man eine Person immer nur mit einem Titel an. Dabei ist es höflicher, jemanden mit seinem Doktor- oder Professoren-Titel anzusprechen als mit seinem allgemeinen geschlechtsbezogenen Titel. Ob die Person männlich oder weiblich ist, lässt sich dann nur aus dem Zusammenhang erkennen.

Dr Parker opened the workshop. **He** started with a video show.	*(Herr)/(Frau)* ***Dr. Parker*** *eröffnete den Workshop. Er begann mit einer Videovorführung.*
We invited **Prof Hill** to our party. But **she** couldn't come.	*Wir haben (Herrn)/(Frau)* ***Prof. Hill*** *zu unserer Party eingeladen. Aber sie konnte nicht kommen.*

1. **Groß-** oder **Kleinschreibung**? Füllen Sie die Lücke mit dem jeweiligen großen oder kleinen Buchstaben. *

Mr and Mrs Harris are (E/e) ___nglish. They live in a small (H/h) ___ouse in (B/b) ___ristol near St. Peter's (C/c) ___hurch. Bristol is a (T/t) ___own in the (S/s) ___outhwest of (E/e) ___ngland. Mr and Mrs Harris work as (S/s) ___hop (A/a)___ssistants at (M/m) ___arks and (S/s) ___pencer's. From (M/m) ___onday to (F/f)___riday they get up at 7 o'clock and have (B/b) ___reakfast half an (H/h) ___our later. Then they take the (B/b) ___us and start (W/w) ___ork at 10 o' clock. They like their (J/j) ___obs. The best (T/t) ___ime of the (D/d) ___ay is (L/l) ___unchtime. They always go to the (P/p) ___ub nearby and have (L/l) ___unch together. They often eat (S/s) ___alad or (S/s) ___andwiches. On (W/w) ___eekends Mr Harris likes to watch (F/f) ___ootball on TV. His favourite (C/c) ___lub is (M/m) ___anchester (U/u) ___nited. Mr and Mrs Harris get lots of (I/i) ___nvitations to (P/p) ___arties. On (S/s) ___undays they often go (J/j) ___ogging in the (P/p) ___park. But next (W/w) ___eekend they have to plan their (H/h) ___oliday. They both love (S/s) ___kiing and they want to book a (H/h) ___otel in (S/s) ___witzerland for next (C/c) ___hristmas.

2. Bilden Sie den **Plural** folgender Wörter: *

woman ___	window ___
idea ___	child ___
address ___	boss ___
argument ___	fish ___
place ___	message ___
vegetarian ___	information ___
university ___	book shelf ___
hospital ___	ferry ___
interview ___	potato ___
risk ___	situation ___

3. Bilden Sie jeweils die Pluralform der folgenden **Berufsbezeichnungen.** *

a) teacher b) waiter c) policeman

____

d) cook e) househusband f) doctor

____

g) manager h) shop assistant i) bank clerk

____

4. Bilden Sie jeweils die weibliche Form der in 3. genannten **Berufsbezeichnungen** im Singular. *

a) __________ b) __________ c) __________

d) __________ e) __________ f) __________

g) __________ h) __________ i) __________

5. Stellen Sie sich ein Geschäftsessen vor. Sie müssen die folgenden Personen vorstellen. Übersetzen Sie. **
May I introduce you to …

introduce sb. (to sb.) – *jdn. (jdm.) vorstellen*

a) Herr und Frau Walker ____________________

b) Herr Dr. Peters ____________________

c) Frau Prof. Kellermann ____________________

d) Frau Smith ____________________

e) Frau Dr. und Herr Dr. Price ____________________

f) Frau Dr. Jones und Herr Prof. Camp ____________________

g) Herr Winterbottom ____________________

6. Übertragen Sie die Begriffe ins Englische. **

many – *viele*

a) viele Busse ____________________

b) acht Scheren ____________________

c) zwei Mäuse ____________________

d) eine Menge Informationen ______________________

e) viele Lehrerinnen und Lehrer ______________________

f) einige Zähne ______________________

g) fünf Geschäftsfrauen ______________________

h) ein Schlafanzug ______________________

i) drei Sekretärinnen ______________________

k) einige Politiker ______________________

eine Menge – a lot of
einige – some

7. Ergänzen Sie das folgende Gespräch über ein geplantes Abendessen. **

Mrs Rivers: Sarah and Rob are coming this Saturday evening. Could you buy (eine Flasche Champagner und zwei Flaschen Wein) ______________________ ______________________? And what shall we have for dinner?

Mr Rivers: What about (eine große Schüssel Salat) ______________________ ______________________ as a starter, roast chicken and vegetables as a main course and a mousse au chocolat for dessert?

bowl – *Schüssel*

Mother: Good idea. Let's make a list. I need:

(einen großen Salat) ______________________

(ein Pfund Tomaten) ______________________

(eine Gurke) ______________________

(zwei Pfund Kartoffeln) ______________________

(eine Dose Erbsen und Karotten) ______________________

(ein Huhn) ______________________

(zwei Tafeln Schokolade) ______________________

(eine Flasche Milch) ______________________

That's all. I've got (Zwiebeln und Gewürze) ______________________

And please, don't forget (die Getränke) ______________________

Have we got enough (Mineralwasser) ______________________?

Mr Rivers: Yes, we have. I'll buy everything at the supermarket after work, OK?

Mrs Rivers: That's great. Thanks.

cucumber – *Gurke*
pea – *Erbse*
carrot – *Karotte*
onion – *Zwiebel*
spice – *Gewürz*

8. Schreiben Sie die **Singularform.** **

a)	friends	a)	______
b)	children	b)	______
c)	six pounds of potatoes	c)	______
d)	kisses	d)	______
e)	sheep	e)	______
f)	two pints of lager	f)	______
g)	tomatoes	g)	______
h)	families	h)	______
i)	questions	i)	______
k)	thieves	k)	______
l)	policewomen	l)	______

9. Übertragen Sie das Gespräch vor einer Tierhandlung ins Englische. ***

Wortstellung im Satz beachten:
S – P – O

▸ **Satzstellung**, S. 221

a) Guck mal, die kleine Katze! Können wir die kaufen?

______

b) Lass' uns in den Laden gehen. Dann können wir sie anschauen.

______

c) Hier steht der Preis. Sie ist nicht teuer.

______

d) Aber ein Goldfisch ist billiger. Für ihn haben wir genug Geld.

______

e) Aber für ihn brauchen wir auch ein Aquarium.

______

Ach was! – Come on.

f) Ach was! Er kann in einem großen Glas schwimmen.

______

g) OK, wir nehmen ihn.

______

Der Genitiv

1. Ist das dein Auto? 2. Nein, es ist das neue Auto meines Freundes. Ich kann es bis zum Ende der nächsten Woche ausleihen.

1. Der s-Genitiv

Nach dem Genitiv fragt man mit **Wessen**? Will man im Englischen sagen, dass etwas oder jemand zu einer bestimmten **Person** oder einem **Tier** gehört, verwendet man den **s-Genitiv**. Er wird gebildet, indem man an das Substantiv ein **'s** hängt.

Michael**'s** house	*Michael**s** Haus*
Rita**'s** friends	*Rita**s** Freunde*
the manager**'s** car	*das Auto des Managers*
the dog**'s** food	*das Futter des Hundes*

Bei Wörtern, die auf -s enden, kann wahlweise ein weiteres ‚s' nach dem Apostroph gesetzt werden. Der Apostroph ist allerdings ein Muss.

Bei Namen und Personen, die auf ***-s, -z, -ch, -ss*** enden, wird ebenfalls ein **'s** gehängt.

Luka**s'(s)** birthday [sɪz]	*Luka**s'** Geburtstag*
Li**z's** mobile phone [zɪz]	*Liz' Handy*
Mr Bu**sh's** family [ʃɪz]	*Herrn Bushs Familie*
our bo**ss's** office [sɪz]	*das Büro unseres Chefs*

Typisch in England: at the baker**'s** = *beim Bäcker* (eigentlich: at the baker's shop)

Bei regelmäßigen Pluralformen steht am Ende des englischen Wortes nur noch ein **'** (Apostroph):

the passenger**s'** suitcases	*die Koffer der Passagiere*
the girl**s'** toys	*die Spielsachen der Mädchen*
the parent**s'** room	*das Zimmer der Eltern*

Let's go to Susan**'s**. (eigentlich: ... to Susan's house oder: ... to Susan's pub)

I went to the doctor's. (eigentlich: *BE:* the doctor's surgery, *AE:* the doctor's office)

Bei unregelmäßigen Pluralformen wird wie beim Singular ein **'s** angehängt.

the children**'s** shoes	*die Schuhe der Kinder*
men**'s** problems	*die Probleme der Männer*

2. Der *of*-Genitiv

Die Zugehörigkeit von **Gegenständen**, **Sachen** oder **Sachverhalten** wird im Englischen mit dem ***of***-Genitiv ausgedrückt. Das gilt sowohl für den Singular als auch für den regelmäßigen und unregelmäßigen Plural. Während diese Fälle im Deutschen oft durch zwei Möglichkeiten ausgedrückt werden können, **muss** im Englischen der ***of*-Genitiv** verwendet werden:

BE: centre – *Zentrum*
AE: center – *Zentrum*

the **centre of London**	*das Zentrum von London/Londons Zentrum*
the **name of the street**	*der Name der Straße/der Straßenname*
the **number of the ticket**	*die Nummer des Tickets/die Ticketnummer*
the **colour of the sea**	*die Farbe des Meeres/die Meeresfarbe*
the **end of the day**	*das Ende des Tages/das Tagesende*
the **border of the country**	*die Grenze des Landes/die Landesgrenze*
the **start of the games**	*der Beginn der Spiele/der Spiel(e)beginn*
the **prices of the flats**	*die Preise der Wohnungen/ die Wohnungspreise*

BE: flat – *Wohnung*
AE: apartment – *Wohnung*

Ausnahmen:
1. Bei Institutionen, Organisationen, Städten, Nationen und anderen menschlichen Gemeinschaften **kann** auch der **s-Genitiv** verwendet werden:

BE: headteacher – *Direktor/in*
AE: principal – *Direktor/in*

the school's headteacher / the headteacher of the school	*der Direktor der Schule*
London's history / the history of London	*die Geschichte Londons*
the country's problems / the problems of the country	*die Probleme des Landes*
America's youth / The youth of America	*die Jugend Amerikas*

2. Bei bestimmten Zeitangaben wird der **s-Genitiv** verwendet:

Did you read **today's paper**?	*Hast du die Zeitung von heute gelesen?*
I like **this year's fashion**.	*Mir gefällt die Mode in diesem Jahr.*
Saturday's football match was great.	*Das Fußballspiel vom Samstag war klasse.*

1. Übertragen Sie die Zugehörigkeit ins Englische. *

a) Herr Simons Haus ______________________________

b) Anitas Freunde ______________________________

c) der Ehemann der Managerin ______________________________

d) das Haus meiner Großeltern ______________________________

e) die Eltern meiner Freundin ______________________________

f) die Farbe des Autos ______________________________

g) das Ende des Films ______________________________

h) das Spielzeug der Katze ______________________________

i) Matthias' Computerspiel ______________________________

k) bei Tina (zu Hause) ______________________________

l) beim Arzt (in der Praxis) ______________________________

2. Setzen Sie ein **'s**, nur ein **'**, oder gar nichts ein. **

a) Mrs Fletcher ___ dog always sleeps in the kitchen.

b) Let's ask Nina ___ friends ___ to join the party.

c) The teachers ___ computer room is on the right.

d) The neighbour ___ new car was a bargain.

bargain – *Schnäppchen*

e) The children ___ schoolbags ___ are upstairs in their room.

f) Someone stole one of the reporter ___ cameras ___ .

g) The tourists ___ suitcases ___ are too heavy.

h) The policeman ___ phone is ringing.

i) The Mitchells ___ want to buy a new car, too.

k) All these passengers ___ are taking the same ferry.

3. Übertragen Sie die **Genitiv**-Ausdrücke ins Deutsche. **

mother's mothers'	boss's bosses'	cat's cats'	shop assistant's shop assistants'

a) my mother's new friend ______________________

b) mothers' advices ______________________

c) our boss's business partner ______________________

d) our bosses' offices ______________________

e) the cat's food ______________________

f) the cats' favourite place ______________________

g) the new shop assistants' working time ______________________

____

h) the new shop assistant's first customer ______________________

____

4. Übertragen Sie ins Deutsche. ***

Achtung!
a**dd**ress – *Adresse*

a) What's your friend's address?

____

b) The entrance of the hotel is at the back.

____

c) The manager's wife's name is Anabel.

____

d) The secretary's voice is very friendly.

____

reasonable – *vernünftig*

e) They sell people's houses for a reasonable price.

____

f) I don't like Liz's friends very much.

____

g) Our dog's favourite place is in front of the TV.

____

h) America's school system is quite different.

____

i) The best time of the day is the very early morning.

____

k) The end of the story is very sad.

____

5. Die Apostroph-Taste ist defekt. Bitte fügen Sie im folgenden Text einen **Apostroph** ein, wo es notwendig ist. ***
Aufgepasst! Einige Apostrophe gehören auch zu Kurzformen!

Kurzformen, S. 88

Alan: Did you see the invitation to Lindas birthday?

Barbara: Yes, I did. Was it her or her husbands idea to invite us?

Alan: I dont know. We are not really friends. We are just Roberts colleagues.

Barbara: I know, but Lindas mother keeps telling everbody that shes going to have a really big party. Maybe thats the reason why she invited her husbands colleagues and their partners, too.

Alan: OK. Lets go there and see how everything is going.

Barbara: We need a present then. What about a womans weekend at a wellness farm?

Alan: Thats too expensive for a colleagues wife. What about a breakfast for two at Tiffanys?

Barbara: You mean the new Tiffanys in High Street?

Alan: Yes. They offer things like that. My secretarys family went there last Sunday and they were very pleased about the food, the prices and the waiters kindness.

Barbara: Good idea.

Der Artikel

1. Ich nehme die Suppe des Tages als Vorspeise und danach das gegrillte Hähnchen mit Gemüse und Pommes Frites. 2. Möchten Sie irgendetwas trinken? 3. Ja, bitte. Ich nehme ein Glas Orangensaft und zum Hähnchen ein Glas Rotwein.

1. Der bestimmte Artikel

Im Englischen haben alle Substantive nur einen bestimmten Artikel: ***the***.

Leicht zu merken!
Das englische ***the*** vereint die deutschen **der, die, das**!

Gebrauch des bestimmten Artikels

Der bestimmte Artikel wird für alle weiblichen und männlichen Lebewesen, für alle Sachen und Gegenstände sowie für alle abstrakten Dinge benutzt. Der bestimmte Artikel bleibt in allen Fällen (Nominativ, Genitiv, Dativ und Akkusativ) gleich. Das gilt sowohl für den Singular als auch für den Plural.

the man, **the** doctor, **the** football player
Singular maskulin (männliche Person)

the woman, **the** teacher, **the** stewardess
Singular feminin (weibliche Person)

the song, **the** table, **the** dog, **the** trouble, **the** loneliness
Singular neutrum (Gegenstände, Tiere, abstrakte Begriffe)

the girls, **the** policemen, **the** flowers, **the** questions
Plural von: Personen, Gegenständen und abstrakten Begriffen

The man is English.	Wer?	***Der*** *Mann ....*
The man's coat is black.	Wessen?	*... **des** Mannes ...*
I can ask **the** man.	Wen?	*... **den** Mann ...*
I can help **the** man.	Wem?	*... **dem** Mann ...*
The discussion was yesterday.	Wer?	***Die*** *Diskussion ...*
The end of **the** discussion ...	Wessen?	*... **der** Diskussion ...*
I didn't like **the** discussion.	Wen?	*... **die** Diskussion ...*
I couldn't listen to **the** discussion.	Wem?	*... **der** Diskussion ...*
The girl is pretty.	Wer?	***Das*** *Mädchen ...*
The girl's shirt is pink.	Wessen?	*... **des** Mädchens ...*
I like **the** girl.	Wen?	*... **das** Mädchen.*
You can trust **the** girl.	Wem?	*... **dem** Mädchen*

▸ **Der Genitiv,** S. 23

Besonderheiten bei der Aussprache:

the [ðə]	the [ði:]
vor allen Wörtern, die mit einem **gesprochenen Konsonanten** beginnen:	vor allen Wörtern, die mit einem **gesprochenen Vokal** beginnen:
the book, the picture, the children, the university, the uniform, the **hospital**	the example, the apple, the orange, the information, the underground, the **hour**

Aufgepasst bei den Buchstaben **u** und **h:**

Es heißt:	the universe [ðə‿ˈju:nɪvɜ:s], the university [ðə‿ˌju:nɪˈvɜ:səti], the unit [ˈðə‿ˈju:nɪt], the uniform [ðə‿ˈju:nɪfɔ:m]
aber:	the upper class [ði:‿ˈʌpə ˌklɑ:s], the ultimate [ði:‿ˈʌltɪmət]
Es heißt:	the hour [ˌði:‿ˈaʊə], the honour [ˌði:‿ˈɒnə]
aber:	the house [ˌðə‿ˈhaʊs], the husband [ˌðə‿ˈhʌzbən(d)], the hurricane [ˌðə‿ˈhʌrɪkən], the hospital [ˌðə‿ˈhɒspɪtl]

Entscheidend ist die Aussprache, nicht die Schreibweise!

2. Der unbestimmte Artikel

① Would you like **an**other piece of cake?

② No, thank you. Just **a** cup of tea, please.

1. Möchtest du noch ein Stück Kuchen? 2. Nein, danke. Nur eine Tasse Tee, bitte.

Der unbestimmte Artikel heißt im Englischen ***a*** oder ***an***.

Vor Wörtern, die mit einem **gesprochenen** Konsonanten beginnen, gilt:

a book	ein Buch
a tennis match	ein Tennismatch
a cup of tea	eine Tasse Tee
a brown chair	ein brauner Stuhl
a visitor	ein Besucher/eine Besucherin
a uniform	eine Uniform

Vor Wörtern, die mit einem **gesprochenen** Vokal beginnen, gilt:

an aunt	eine Tante
an exercise	eine Übung
an idea	eine Idee
an order	ein Befehl
an uncle	ein Onkel
an hour	eine Stunde

! Aufgepasst! Entscheidend für die Wahl zwischen ***a*** und ***an*** ist die Aussprache des direkt folgenden Wortes!

an idea	aber: **a** boring idea
a game	aber: **an** interesting game

an vor gesprochenem Vokal ermöglicht ein fließendes Lesen. Verbinden Sie die Wörter beim Lesen. an idea [ən‿aɪˈdɪə]

Berufsbezeichnungen brauchen im Englischen immer den unbestimmten Artikel.

Mr Jones is **a** dentist.	*Herr Jones ist **Zahnarzt**.*
His wife is **a** vet's assistant.	*Seine Frau ist **Tierarzthelferin**.*

1. Lesen Sie laut. Welches *the* passt nicht in die Reihe? *

the house	the building	the office	the hospital	the hotel
the daughter	the grandma	the woman	the lady	the aunt
the eyes	the feet	the legs	the knees	the fingers
the uniform	the shoe	the shirt	the earring	the coat
the husband	the humour	the hobby	the hour	the heart

Tipp! Sprechen Sie den Text laut, damit Sie hören, welche Vokale auch wie Vokale gesprochen werden und welche nicht.

2. Übersetzen Sie jeweils das *the* im Satz. *

a) Excuse me, where is **the** entrance to **the** hotel? ______, ______

b) Sorry, I don't know. But you can ask **the** woman over there. ______

c) OK. Excuse me, I'm looking for **the** entrance. Where is it? ______

d) **The** entrance is opposite **the** car park. ______, ______

e) Can I help you with **the** luggage? ______

f) Oh, yes please. **The** bags are quite heavy. ______

3. Setzen Sie *a* oder *an* ein. *

a)	______	university	______	old university
b)	______	American	______	young American
c)	______	vegetarian	______	pure vegetarian
d)	______	egg	______	fresh egg
e)	______	apple	______	green apple
f)	______	aunt	______	rich aunt
g)	______	interview	______	stupid interview
h)	______	uniform	______	special uniform
i)	______	address	______	wrong address
k)	______	woman	______	excellent woman
l)	______	headache	______	terrible headache

Tipp! Immer das unmittelbar folgende Wort ist entscheidend für die Wahl zwischen **a** und **an**.

4. Ordnen Sie die folgenden Begriffe in die Tabelle ein. **

easy exercise – English flag – clever agent – exciting trip – interesting film – early flight – young uncle – safe underground – new argument – high building – brilliant idea – fantastic office – old church – orange juice

a	an

5. Setzen Sie *the* oder *a/an* ein.**

We are in ____ hotel bar. Look, there is ____ barkeeper. He's wearing ____ uniform: ____ white shirt, ____ orange jacket and black trousers. He is taking ____ glasses out of ____ cupboard. It is early in ____ evening and he is in ____ good mood. ____ first guest is ____ American. He takes ____ seat at ____ bar and orders ____ lager. Then ____ group of young Germans enter ____ bar. They want different drinks: two cokes, two pints of guinness and ____ orange juice. It is ____ quiet evening. Not many people are in ____ hotel bar. At 10 o'clock ____ American is still there but ____ Germans are gone. At ____ bar there are five tourists from France, ____ old woman from London with ____ ugly dog and ____ manager from Edinburgh. At eleven o'clock ____ barkeeper turns off ____ music and asks ____ people to leave. ____ quarter of ____ hour later ____ hotel bar is empty. ____ bar keeper has to count ____ money and take it to ____ bank nearby. He walks to ____ next Underground station and gets ____ underground back home.

Tipp! Sprechen Sie den Text laut, damit Sie hören, welche Vokale auch wie Vokale gesprochen werden und welche nicht.

Das Pronomen

He's looking for **his** key. And **she**'s looking for **her** key. **They**'re both looking for **their** keys.

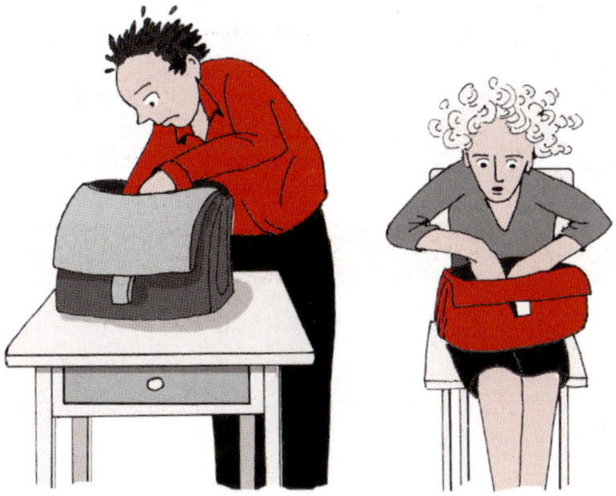

Er sucht seinen Schlüssel. Und sie sucht ihren Schlüssel. Sie suchen beide ihre Schlüssel.

Relativpronomen
▶ **Relativsätze**, S. 171

1. Das Personalpronomen als Subjekt

Nach dem Subjekt eines Satzes fragt man: Wer oder was?

Pronomen stehen für ein Wort (dt. Fürwort) und ersetzen einen Namen oder ein Substantiv. Die entsprechende Person oder Sache ist bekannt. Man möchte sie aber nicht wiederholen. Folgende Personalpronomen können Subjekt des Satzes sein.

Singular	**I** like potatoes.	*Ich*
	You like potatoes.	*Du/Sie*
	He / **She** / **It** likes potatoes.	*Er/Sie/Es*
Plural	**We** like potatoes.	*Wir*
	You like potatoes.	*Ihr/Sie*
	They like potatoes.	*Sie*

Das englische ‚you' im Singular und Plural (deutsch: du/ihr) wird auch für das deutsche ‚Sie' (höfliche Anredeform) im Singular und Plural gebraucht.

Steven, do **you** like potatoes?	*Steven, magst* ***du****/mögen* ***Sie*** *Kartoffeln?*
Hi, Karen and Stella. Would **you** like to come to my party?	*Hallo Karen und Stella. Würdet* ***ihr****/Würden* ***Sie*** *gerne zu meiner Party kommen?*
Excuse me, Mr Taylor, can **you** help me, please?	*Verzeihung Herr Taylor, können* ***Sie*** *mir bitte helfen?*
Ladies and Gentlemen, would **you** follow me, please?	*Meine Damen und Herren, würden* ***Sie*** *mir bitte folgen?*

Im Englischen und Amerikanischen spricht man sich sehr viel häufiger mit dem Vornamen an. Der höfliche Umgangston wird aber durch den Vornamen und das ‚you' nicht gemindert.

2. Das Personalpronomen als Objekt

Personalpronomen können auch Objekt eines Satzes sein. Die Formen für die Akkusativ- und die Dativform sind im Englischen identisch.

Nach dem Dativobjekt fragt man: Wem? Nach dem Akkusativobjekt fragt man: Wen oder was?

Subjekt (wer?)		Akkusativ-Objekt (wen?)		Dativ-Objekt (wem?)	
I	*ich*	me	*mich*	me	*mir*
you	*du/Sie*	you	*dich/Sie*	you	*dir/Ihnen*
he	*er*	him	*ihn*	him	*ihm*
she	*sie*	her	*sie*	her	*ihr*
it	*es*	it	*es*	it	*ihm/ihr*
we	*wir*	us	*uns*	us	*uns*
you	*ihr/Sie*	you	*euch/Sie*	you	*euch/Ihnen*
they	*sie*	them	*sie*	them	*ihnen*

Gebrauch der Personalpronomen als Subjekt und als Objekt

Justin, are **you** ready?	▶ Wer? *du*
Justin, I'm waiting for **you**.	▶ (auf) Wen? *dich*
Justin, I told **you** to hurry up.	▶ Wem? *dir*
Where is Christine?	
Is **she** at home already?	▶ Wer? sie
Sorry, I haven't seen **her**.	▶ Wen? *sie*
Would you like to talk to **her**?	▶ (mit) Wem? *ihr*
We can ask Susan for help.	▶ Wer? *wir*
No we can't. She invited **us** to her party.	▶ Wen? uns
She can't help **us** at the weekend.	▶ Wem? *uns*
Mme Ricet, can **you** understand me?	▶ Wer? *Sie*
I can take **you** to the shopping centre.	▶ Wen? Sie
and I can show **you** the new bookshop.	▶ Wem? *Ihnen*
Would you like to have a dog? **It** could easily live with you in your big house.	▶ Wer? *er*
I can't afford **it**.	▶ Wen? *ihn*
I can't give **it** a comfortable home. I have to work all day.	▶ Wem? *ihm*

Achtung!
Tiere ganz allgemein und Gegenstände sind – anders als im Deutschen – immer sächlich!

Steht ein Pronomen alleine oder direkt nach dem Verb ***be***, so muss die Objektform verwendet werden:

Did you call me so late last night or was it Melanie? – It wasn't **me**. It was **her**.	*Hast du mich gestern Abend so spät angerufen oder war es Melanie? **Ich** war es nicht. **Sie** war es.*
Sarah, did you tell John about my new job? – No, it wasn't **me**.	*… Nein, **ich** war es nicht.*
Did our neighbours tell him everything? – No, it wasn't **them** either.	*… Nein, **sie** waren es auch nicht.*
Who wants ice cream? – **Me.**	*… **Ich.***

Achtung! – Anders als im Deutschen!
Who's there?
It's **me**. – ***Ich** bin's.*
It's **them**. –
***Sie** sind es.*

Nach den Verben ***make, give, send, lend, pass, promise, sell, tell*** und ***show*** stehen oft zwei Objekte bzw. Objektpronomen: ein Akkusativobjekt (direktes Objekt) und ein Dativobjekt (indirektes Objekt). Hier gibt es für die Objekte zwei Möglichkeiten der Wortstellung!

1. Das Dativ-Objekt steht **vor** dem Akkusativ-Objekt:

Subjekt	Prädikat	Dativ-Objekt	Akkusativ-Objekt
I	can make	you	a cup of coffee.
He	gave	his wife	the keys.
Mr Sams	showed	Mrs Carrie	the new collection.

2. Das Dativ-Objekt steht **hinter** dem Akkusativ-Objekt und wird mit ***to*** oder ***for*** angehängt:

Subjekt	Prädikat	Akkusativ-Objekt	Dativ-Objekt
I	can make	a cup of coffee	**for** you.
He	gave	the keys	**to** his wife.
Mr Sams	showed	the new collection	**to** Mrs Carrie.

Bei den meisten Verben wird das Dativobjekt mit **to** angeschlossen.
Bei folgenden Verben wird das Dativobjekt mit **for** angeschlossen: buy, cook, get, make, find, etc.

Nur in diesem Fall kann das Akkusativ-Objekt auch durch ein Pronomen ersetzt werden.

Subjekt	Prädikat	Akkusativ-Objekt	Dativ-Objekt
I	can make	it	**for** you.
He	gave	them	**to** his wife.
Mr Sams	showed	it	**to** Mrs Carrie.

Pronomen im Akkusativ stehen **vor** dem Dativ-Objekt.

3. Allgemeine Personalpronomen

Die allgemeinen Personalpronomen ***one, you, they, people*** (dt.: *man*) können für jede beliebige Person stehen. Sie werden verwendet, wenn man einen Sachverhalt verallgemeinert oder niemand Bestimmtes meint.

Typische Redewendungen:
One is as old as one feels.
Man ist so alt, wie man sich fühlt.
You can never tell.
Man kann nie wissen.

one für formale Aussagen:	One shouldn't smoke here. *Man sollte hier nicht rauchen.*
you für Umgangssprache:	You can still use it. *Man kann das noch gebrauchen.*
they / people für mehrere unbekannte Personen oder einen bestimmten Personenkreis.	They should sit together and discuss the problems. *Man sollte sich zusammensetzen und die Probleme diskutieren.* People are expecting the final results tomorrow. *Man erwartet die letzten Ergebnisse morgen.*

4. Der Possessivbegleiter

Possessivbegleiter geben Besitzverhältnisse an. Sie stehen wie ein Artikel vor dem Substantiv, ersetzen es aber nicht.

Singular	my	*mein*
	your	*dein/Ihr*
	his	*sein*
	her	*ihr*
	its	*sein/ihr*
Plural	our	*unser*
	your	*euer/Ihr*
	their	*ihr*

Possessivbegleiter bleiben unverändert im Singular und Plural, z. B.:

Singular:	**My** brother is nice.	***Mein*** *Bruder ist nett.*
Plural:	**My** brothers are nice.	***Meine*** *Brüder sind nett.*

Possessivbegleiter bleiben unverändert im Akkusativ und Dativ, z. B.:

Akkusativ:	I like **my** brother.	*Ich mag* ***meinen*** *Bruder.*
Dativ:	I always help **my** brother.	*Ich helfe* ***meinem*** *Bruder immer.*

Beispielsätze:

My parents are Polish.	*Meine …*
Is this **your** brother?	*… dein / Ihr …*
His garden is beautiful.	*Sein …*
Have you got **her** phone number?	*… ihre …*
Look at that dog. **Its** coat is so dirty.	*… Sein …*
Our house isn't big.	*Unser …*
Tina and Sally, you can invite **your** friends.	*… eure / Ihre …*
The neighbours lost **their** keys.	*… ihre …*

Vergleichen Sie!
Is this **your** car?
*Ist das **Ihr** Auto?*
Is this **her** car?
*Ist das **ihr** Auto?*

Auch in der Höflichkeitsform heißt es im Englischen immer: **your**:
Excuse me, **your** shoelace is open.
*Entschuldigen Sie, **Ihr** Schuhband ist offen.*

Soll die Zugehörigkeit zu etwas oder jemandem betont werden, kann der entsprechende Possessivbegleiter durch **own** (dt.: *eigen*) verstärkt werden.

I need **my own** room.	*Ich brauche mein eigenes Zimmer.*
Do you want **your own** car?	*Willst du ein eigenes Auto?*
Children have **their own** ideas.	*Kinder haben ihre eigenen Vorstellungen.*

5. Das Possessivpronomen

Wie Personalpronomen ersetzen auch Possessivpronomen ein Substantiv. Sie stehen **für** ein Substantiv mit Possessivbegleiter, das zuvor genannt wurde oder bekannt ist, und können alleine stehen.

Singular	mine yours his hers its	*meins, meine, meiner* *deins, deine, deiner/ Ihrs, Ihre, Ihrer* *seins, seine, seiner* *ihrs, ihre, ihrer* *seins, seine, seiner/ ihrs, ihre, ihrer*
Plural	ours yours theirs	*unsers, unsere, unser* *euers, eure, euer/ Ihrs, Ihre, Ihrer* *ihrs, ihre, ihrer*

Das Possessivpronomen

Possessivpronomen bleiben im Englischen unverändert, egal ob das Substantiv, das sie ersetzen, im Singular oder Plural steht. Besonders häufig treten sie mit dem Verb ***be*** auf.

Singular	Plural
Is this **your book**? Yes, it's **mine**. Here is **his coat**. It's not **hers**.	Are these **your books**. Yes, they're **mine**. Here are **his shoes**. They're not **hers**.

Beispielsätze:

These are my shoes. No, they're not! They are **mine**.	*... Es sind meine.*
Whose T-shirt is this? Is it **yours**?	*... Ist es deines/Ihres?*
I can see his car. It's not **his**, it's **hers**.	*... nicht seines, es ist ihres.*
Look at these presents. They're all **ours**.	*... unsere.*
What about these sweets? Are they **yours**?	*... Sind es eure/Ihre?*
The children paid for the video. It's **theirs** now.	*... Es ist jetzt ihres.*

Häufig wird im Englischen auch die Konstruktion ***of*** **+ Possessivpronomen** benutzt.

Did I tell you about Lisa? She's a friend **of mine.**	... *Sie ist eine Freundin von mir.*
May I introduce you to Peter? He's a colleague **of ours.**	... *Er ist ein Kollege von uns.*

6. Das Reflexivpronomen

Reflexivpronomen sind rückbezügliche Fürwörter. Sie beziehen sich zurück auf das Subjekt im Satz. Im Deutschen sagt man: ich … mich/mir, du … dich/dir usw.

Personalpronomen	Reflexivpronomen	deutsch
I	myself	*ich … mich/mir*
you	yourself	*du … dich/dir bzw. Sie … sich*
he	himself	*er … sich*
she	herself	*sie … sich*
it	itself	*es … sich*
we	ourselves	*wir … uns*
you	yourselves	*ihr … euch bzw. Sie … sich*
they	themselves	*sie … sich*

Achtung Schreibweise!
Singular: yourself
Plural: yourselves

Gebrauch der Reflexivpronomen

1. Reflexivpronomen werden gebraucht, wenn Subjekt (wer?) und Objekt (wen? wem?) im Satz die gleiche Person oder Sache sind.

Oh no, **I**'ve cut **myself**.	▸ *Oh nein, ich habe mich geschnitten.*
Tina looked at **herself** in the mirror.	▸ *Tina schaute sich im Spiegel an.*

2. Reflexivpronomen werden im Englischen auch gebraucht, um den Verursacher einer Tätigkeit besonders hervorzuheben. Im Deutschen benutzt man das Wort: *selbst*.

Leave her. **She** wants to do it **herself**.	▸ *Lass sie. Sie will es selbst machen.*
The children can tidy up their rooms **themselves**.	▸ *Die Kinder können ihre Zimmer selbst aufräumen.*
Can **you** carry it **yourself** or do you need help?	▸ *Kannst du es selbst tragen oder brauchst du Hilfe?*

Häufige Redewendungen:

Do it yourself!	▸ *Mach' es selbst!/Machen Sie es selbst!*
Help yourself!	▸ *Bedien' dich!/Bedienen Sie sich!*
Enjoy yourself!	▸ *Viel Spaß!*
Behave yourself!	▸ *Benimm' dich!/Benehmen Sie sich!*

Viele englische Heimwerkermärkte zeigen ein DIY = Do it yourself!

3. Eine Sonderregel gibt es im Plural:

‚sich' in der Bedeutung von:	im Englischen
einander, gegenseitig, jeder dem anderen und jeder den anderen	**each other**

They looked at **each other** and smiled.	▸ ***Sie*** *schauten* ***sich*** *an und lächelten.*
We give **each other** little presents for Christmas.	▸ ***Wir*** *schenken* ***uns*** *zu Weihnachten kleine Geschenke.*
The friends haven't seen **each other** for ages.	▸ ***Die Freunde*** *haben* ***sich*** *eine Ewigkeit nicht gesehen.*
Do **you** know **each other**?	▸ *Kennt* ***ihr euch****? Kennen* ***Sie sich****?*

4. Es gibt Verben, die im Deutschen reflexiv benutzt werden, im Englischen dagegen ohne Reflexivpronomen stehen. Dazu gehören:

argue	*sich streiten*
be angry	*sich ärgern*
be interested (in)	*sich interessieren (für)*
buy sth.	*sich etwas kaufen*
complain about	*sich beschweren über*
concentrate (on)	*sich konzentrieren (auf)*
get dressed	*sich anziehen*
imagine	*sich vorstellen*
know	*sich kennen*
move	*sich bewegen*
remember	*sich erinnern*
sit down	*sich setzen*

Beispiele:

Her parents never **argue.**	▸ *Ihre Eltern* ***streiten sich*** *nie.*
Sorry, I can't **concentrate.**	▸ *Tut mir leid, ich kann* ***mich*** *nicht* ***konzentrieren****.*
Robin is **interested in** chess.	▸ *Robin* ***interessiert sich für*** *Schach.*
Do you **remember** Lucy?	▸ ***Erinnerst*** *du* ***dich*** *an Lucy?*
Please, **sit down.**	▸ *Bitte* ***setz dich****./Bitte* ***setzen*** *Sie* ***sich****.*

7. Demonstrativpronomen und -begleiter

Demonstrativpronomen und -begleiter weisen besonders betont auf jemanden oder etwas hin. Im Englischen gibt es eine Singular- und eine Pluralform, aber sie verändern ihre Form im Dativ oder Akkusativ nicht.

Singular		Plural	
this	*dieser/diese/dieses*	**these**	*diese*
that	*das bzw. jener/jene/jenes*	**those**	*jene*

Gebrauch von *this, that, these und those*

This (Singular) und ***these*** (Plural) werden für räumlich oder geistig nahe Personen/Sachen verwendet (dt.: *dies hier*).
That (Singular) und ***those*** (Plural) werden für räumlich oder geistig weiter entfernte Personen/Sachen verwendet (dt.: *jenes dort drüben*).
This, that, these und those können als **Demonstrativbegleiter** vor Substantiven stehen. Sie können aber auch als **Demonstrativpronomen** allein stehen, wenn die Person(en) oder Sache(n) bekannt sind.

Watch **this scene**. It's brilliant. ▸	*Schau dir diese Szene an. Sie ist fantastisch.*
This is the best part of the film. ▸	*Dies ist der beste Teil des Films.*
These colours are too dark. ▸	*Diese Farben sind zu dunkel.*
These are even darker. ▸	*Diese sind sogar noch dunkler.*
How much is **that ring** over there? ▸	*Wie viel kostet der Ring dort drüben?*
And how much is **that (one)**? ▸	*Und wie viel kostet dieser dort?*
Can I have one of **those T-shirts**, please? ▸	*Kann ich bitte eins von diesen T-Shirts dort haben?*
Can I have one of **those**, please? ▸	*Kann ich bitte eins von diesen dort haben?*

Die Demonstrativpronomen werden häufig benutzt, um räumlich voneinander distanzierte Personen oder Sachen zu unterscheiden.

This is my sister and **that** man over there is my brother. ▸	*Dies ist meine Schwester und der Mann dort drüben ist mein Bruder.*
These oranges are from India and **those** over there are from Brazil. ▸	*Diese Orangen sind aus Indien und diese/jene dort sind aus Brasilien.*

Das Pronomen

1. Setzen Sie die richtigen **Personalpronomen** und **Possessivbegleiter** ein. *

a) "Mr Snake, are (Sie) ______ at home?"

b) "Yes, (ich) ______ am. (Ich) _____'m upstairs. Just a minute."

c) "Mr Snake, can (Sie) _____ and (Ihre) _______ wife come to the meeting next Friday?"

d) "Yes, of course. (Wir) _____ are looking forward to it."

e) "Great. (Sie) ______ can meet (unsere) ________ new neighbours then. (Sie) _______ want to come, too."

f) On Friday (sie) _______are talking at the meeting:

g) "May (ich) _______ introduce (Sie) ______ to Elizabeth. (Sie) ______ is (unsere) _______ new neighbour. And this is (ihr) _______ husband Robin. (Er) _____ is a fantastic golf player."

h) "Nice to meet (Sie) _____, Elizabeth. Nice to meet (Sie) _____, Robin."

2. Setzen Sie die richtigen **Personalpronomen** oder **Possessivbegleiter** ein. *

a) Mr Cranford is English. ____ is from Leicester.

b) ____ new office is in the city centre. ____ is next to the post office.

c) Mr Cranford's wife is Irish. ____ is from Cork.

d) ____ family is still in Ireland.

e) The Cranfords have got three children, two girls and one boy. ____ are always late in the morning.

f) Mr Cranford: "Sarah and Helen, where are ____?"

g) Sarah and Helen: "_____ are in the bathroom."

h) Mr Cranford: "And where is Alex? Is ____ ready?"

i) Sarah: "_____ don't know where _____ is."

k) Mr Cranford: "Hurry up. _____ must get the bus.

l) _____ doesn't wait for _____."

3. Setzen Sie *this, that, these* oder *those* ein. *

At the market

_______ green apples are much cheaper than _______ green apples over there. Yes, and a pound of _______ tomatoes is also cheaper than a pound of _______. What about a pineapple for our fruit salad? _______ pineapple looks good. No, _______ pineapple over there is much bigger. OK, let's take _______ one over there. And here are oranges from Brazil. Let's take five of _______ oranges. OK, _______'s all then.

4. Ersetzen Sie die vorgegebenen Personen, Gegenstände und Begriffe durch ein **Personalpronomen** und übersetzen Sie das Personalpronomen ins Deutsche. **

	English	German
Mrs Craft	she	sie
Tim		
a fish		
Mr and Mrs Terence		
you and me		
my aunt		
our cat Tinker		
two e-mails		
Thomas and me		
Thomas and you		
Mrs Stone and her son		
the problems		
a chance		
a kindergarten		

BE: kindergarten – *Kindergarten*
AE: kindergarten – *Vorschule*

Das Pronomen

5. Übersetzen Sie ins Englische. Das **sie/Sie** in den folgenden Sätzen entspricht den nebenstehenden Pronomen. Eines von ihnen wird 2 x gebraucht. **

she
they
you
her
it
them

a) Die Tickets sind nicht da. Wo könnten **sie** sein?

____

b) Julian und sein Freund sind zu Hause. **Sie** spielen ein Computerspiel.

____

____

c) Hallo, Herr Baxter. Können **Sie** uns bitte helfen?

____

d) Meine Frau kann heute nicht kommen. **Sie** ist krank.

____

e) Deine Mutter kann dir helfen. Frag **sie**.

____

f) Was für eine schöne Blume! Stell' **sie** bitte in den Garten.

____

____

g) Vielleicht können unsere Eltern uns ein bisschen Geld geben. Wir können **sie** anrufen.

____

____

Denken Sie an die Satzstellung im Englischen: S-P-O

▶ **Satzstellung**, S. 221

6. Ordnen Sie den ins Englische übersetzten **sie** bzw. **Sie** aus Übung 5 die entsprechenden grammatischen Begriffe **Personalpronomen Subjekt** oder **Personalpronomen Objekt** zu. **

Tipp!
Subjekt:
Wer oder was?
Objekt:
Wen oder was?

a) Personalpronomen Subjekt
b) _______________
c) _______________
d) _______________
e) _______________
f) _______________
g) _______________

7. Ergänzen Sie die Lücken mit *they're, their* oder *there.* **

a) Betty and Anne Townsend live in London. ______________ sisters.

b) They have a cat. ____________________ cat's name is Tickle.

c) The Townsends live in ____________________ own house but ____________ not rich.

d) Margaret is ___________ best friend. She lives over ____________ .

e) Margaret's two children are very nice. _________________ still students at a college nearby.

f) Margaret is talking to Anne about __________________ new project.

g) Hi, Margaret, where are the girls today? Hi, Anne. _______________ in the castle today. _____________ 's an exhibition . ____________ teacher told them to look at all the modern paintings and describe one of them.

h) Well, I see. _________________ was an article about that exhibition in the newspaper last week. The Brooks and ______________ boys went _____________ at the weekend. They were quite impressed.

Zur Erinnerung:
they're = they are (dt.: *sie sind*)
their (dt.: *ihr* (Plural))
there (dt.: *dort*)
Die Aussprache ist für alle drei gleich: [ðeə]

8. Übersetzen Sie ins Englische. **

a) Kannst du uns helfen?

____

b) Wir brauchen unsere Bücher.

____

c) Bitte gib mir die Tasche. Das ist meine.

____

d) Das ist sein Geschenk. Hier ist deines.

____

e) Ich kann dir ihre Adresse geben.

____

f) Steven und Thomas, wo sind eure Handschuhe?

____

gloves – *Handschuhe*

coat – *Mantel*

g) Ist das mein Mantel? Ja, das ist Ihrer.

____

h) Ihren Reisepass, bitte!

____

i) Unsere Nachbarn sind in London. Ihre Kinder sind allein zu Hause.

____

____

k) Man kann nie wissen!

____

9. Vervollständigen Sie den Satz mit einem **Reflexivpronomen** oder mit *each other.* **

a) I can behave ______________________________.

b) The two girls looked at ______________________________.

c) The man couldn't repair the car ______________________________.

d) We have to help her. She can't help ______________________________.

e) We haven't seen ______________________________ for a long time.

f) Come on, Mark, you can do it ______________________________.

g) Michael and Steven, enjoy ______________________________!

h) Joanne and Julia, can I help you?

No, thanks. We can do it ______________________________.

i) The Morgans built their house ______________________________.

10. Übertragen Sie die folgenden Sätze ins Englische. ***

Tipp! Im Deutschen reflexiv, im Englischen nicht!

a) Wir wollen uns ein Haus kaufen.

____

b) Du kannst dir das nicht vorstellen!

____

c) Meine Kinder interessieren sich für Musik.

____

d) Ich kann mich nicht auf diesen Film konzentrieren.

___

e) Unsere Nachbarn streiten sich wegen jeder Kleinigkeit.

argue about every little thing – *sich wegen jeder Kleinigkeit streiten*

___

f) Ich ziehe mich immer nach dem Frühstück an.

___

g) Mein Mann beschwert sich nie über das Essen.

___

11. Übersetzen Sie die folgenden Sätze ins Englische und entscheiden Sie zwischen **Reflexivpronomen**, *each other* oder keinem von beiden. ***

a) Susie hat das Fahrrad selbst repariert.

___

b) Meine Eltern haben sich gestern ein neues Auto gekauft.

___

c) Er schaute sich im Spiegel an.

___

d) Er schaute mich an.

___

e) Wir schauten uns an und mussten lachen.

___

f) Wir erzählen uns oft gegenseitig Witze.

___

g) Ich interessiere mich nicht dafür.

___

h) Kennen Sie sich?

___

i) Nancy hat das Fenster selbst dekoriert.

___

Das Adjektiv

Looks don't mean everything. Take my **best** friends: Susan is a **tall** and an **attractive** woman. Her husband Simon, however, is **short** and **much older** than she is. But they get along just **as well as** other couples.

Aussehen ist nicht alles. Nimm meine besten Freunde: Susan ist eine große und attraktive Frau. Ihr Mann Simon ist jedoch klein und viel älter als sie. Aber sie verstehen sich so gut wie andere Paare.

1. Adjektivformen

Adjektive geben zusätzliche Informationen zu Sachen oder Personen. Im Gegensatz zum Deutschen behalten englische Adjektive ihre Form im Singular und im Plural sowie in allen Fällen. Sie ändern sich nicht.

Take the **easy** exercise.	*... **leichte** Übung.*
Take the **easy** exercises.	*... **leichten** Übungen.*
The **big** car was too expensive.	*Der **große** Wagen ...*
We bought the **small** car.	*... den **kleinen** Wagen.*
The **small** car is great.	*Der **kleine** Wagen ...*
We don't really need a **big** car.	*... einen **großen** Wagen.*

▸ **present participle**, S. 70

▸ **past participle**, S. 69

Auch das ***present participle*** und das ***past participle*** können als Adjektive benutzt werden.

a) ***present participle***

sleep**ing**	*schlafen**d***
cry**ing**	*weinen**d**, schreien**d***
danc**ing**	*tanzen**d***

Don't wake the **sleeping** children.	*Wecke die **schlafenden** Kinder nicht auf.*
I don't like **crying** babies.	*Ich mag keine **weinenden** Babys.*

b) **past participle**

I have to pay for the **broken** window.	*Ich muss für die* ***zerbrochene*** *Fensterscheibe zahlen.*
We found her **hidden** letters.	*Wir haben ihre* ***versteckten*** *Briefe gefunden.*
We finally have a **signed** contract.	*Wir haben endlich einen* ***unterschriebenen*** *Vertrag.*
My **lost** cheque card was in Mike's wallet.	*Meine* ***verlorene*** *Scheckkarte war in Mikes Brieftasche.*

▸ **Unregelmäßige Verben**, S. 249

Im Deutschen werden diese Adjektive u. a. mit den Vorsilben *ge-*, *zer-*, *ver-* bei Verben übersetzt.

Adjektive stehen auch nach bestimmten Verben:

to be	*sein*	He **is nice.** That'**s disgusting.** I'**m confused.**	*Er ist nett.* *Das ist empörend.* *Ich bin zerstreut.*
to become	*werden*	I want to **become rich.**	*Ich will reich werden.*
to seem	*scheinen, wirken*	She **seems younger.**	*Sie wirkt jünger.*
to smell	*riechen*	Garlic **smells awful.**	*Knoblauch riecht schrecklich.*
to taste	*schmecken*	Your cake **tastes fantastic.**	*Dein Kuchen schmeckt fantastisch.*
to feel	*fühlen*	Do you **feel good**?	*Fühlst du dich gut?*

c) Adjektive, die sich aus **Nationalitäten** herleiten, werden wie die Nationalitäten selbst groß geschrieben. Oft wird die Adjektivform auch für die Bezeichnung der Menschen in dem jeweiligen Land und für ihre Sprache benutzt.

What do you think about the **English** breakfast?	*Was hältst du vom* ***englischen*** *Frühstück?*
This is Pete. He's **English**.	*Das ist Pete. Er ist* ***Engländer****.*
Last week we met an **American** family.	*Letzte Woche haben wir eine* ***amerikanische*** *Familie getroffen.*
The Morgans are staying with us. They're **Americans**.	*… Sie sind* ***Amerikaner****.*

Einige Länder, deren Adjektivform sowohl die Bezeichnung der Menschen in dem Land als auch ihre Sprache ausdrückt:

Land	Adjektiv/ Sprache/Person	Deutsch
America	American	*amerikanisch, der/die Amerikaner(in)*
Ireland	Irish	*irisch, der Ire/die Irin*
Great Britain	British	*britisch, der Brite/die Britin*
England	English	*englisch, der/die Engländer(in)*
Germany	German	*deutsch, der/die Deutsche*
Greece	Greek	*griechisch, der Grieche/ die Griechin*
Italy	Italian	*italienisch, der/die Italiener(in)*
France	French	*französisch, der Franzose/ die Französin*
Spain	Spanish	*spanisch, der/die Spanier(in)*
Czech Republic	Czech	*tschechisch, der Tscheche/ die Tschechin*
Russia	Russian	*russisch, der Russe/die Russin*
China	Chinese	*chinesisch, der Chinese/ die Chinesin*
Japan	Japanese	*japanisch, der/die Japaner(in)*
Canada	Canadian	*kanadisch, der/die Kanadier(in)*

Einige Länder mit unterschiedlichen Wörtern für Adjektiv, Sprache und Person:

Land	Adjektiv/Sprache	Person
Scotland	Scottish *schottisch*	the Scottish (nur Plural) *die Schotten* the Scotsman/ the Scotswoman *der Schotte/die Schottin*
The Netherlands	Dutch *niederländisch* *holländisch*	the Dutchman/ the Dutchwoman *der/die Niederländer(in)* *der/die Holländer(in)*
Poland	Polish *polnisch*	the Pole *der Pole/die Polin*
Sweden	Swedish *schwedisch*	the Swede *der Schwede/die Schwedin*
New Zealand	from New Zealand *neuseeländisch*	the New Zealander *der/die Neuseeländer(in)*

2. Die Steigerung der Adjektive

a) die Steigerung mit -er und -est:

1. Französisch ist leicht. 2. Ich finde, Italienisch ist leichter. Und die leichteste Sprache ist Englisch.

Die Art der Steigerung der englischen Adjektive richtet sich hauptsächlich nach der Anzahl der Silben. In einigen Fällen ist zusätzlich die Schreibweise entscheidend. Alle einsilbigen Adjektive und einige zweisilbige Adjektive werden folgendermaßen gesteigert:
Bei der 1. Steigerungsform (Komparativ) wird an die Grundform des Adjektivs ***-er*** angehängt. Bei der 2. Steigerungsform (Superlativ) wird an die Grundform des Adjektivs ***-est*** angehängt.

Einsilbige Adjektive:

Grundform	1. Steigerungsform	2. Steigerungsform
old – *alt*	old**er** – *älter*	(the) old**est** – *am ältesten*
poor – *arm*	poor**er** – *ärmer*	(the) poor**est** – *am ärmsten*
long – *lang*	long**er** – *länger*	(the) long**est** – *am längsten*

Einsilbige Adjektive, die auf kurzen Vokal + Konsonant enden, verdoppeln den Konsonanten:

Grundform	1. Steigerungsform	2. Steigerungsform
hot – *heiß*	hot**ter** – *heißer*	(the) hot**test** – *am heißesten*
big – *groß*	big**ger** – *größer*	(the) big**gest** – *am größten*

Ein nicht gesprochenes ***-e*** am Ende eines einsilbigen Adjektivs entfällt in der 1. und 2. Steigerungsform:

Grundform	1. Steigerungsform	2. Steigerungsform
nic**e** – *nett*	nic**er** – *netter*	(the) nic**est** – *am nettesten*
lat**e** – *spät*	lat**er** – *später*	(the) lat**est** – *am spätesten*

Bei zweisilbigen Adjektiven, die auf ***-y*** enden, wird das ***-y*** in der 1. und 2. Steigerungsform zu ***-i***:

Grundform	1. Steigerungsform	2. Steigerungsform
happ**y** – *glücklich*	happ**ier** – *glücklicher*	(the) happ**iest** – *am glücklichsten*
laz**y** – *faul*	laz**ier** – *fauler*	(the) laz**iest** – *am faulsten*

b) die Steigerung mit *more* und *most*:

① Wow, that scarf is **expensive**.

② Yes, it's made of silk. And that one is even **more expensive**. But this one is **the most expensive**. It's cashmere.

1.Oh, dieser Schal da ist teuer. 2. Ja, er ist aus Seide. Und dieser da ist sogar noch teurer. Aber dieser hier ist der teuerste. Das ist Cashmere.

Einige zweisilbige Adjektive und alle Adjektive mit drei oder mehr Silben werden mit den vorangestellten Wörtern ***more*** und ***most*** gesteigert:

Weitere Beispiele:
patient – *geduldig*
boring – *langweilig*
stupid – *dumm*
brilliant – *hervorragend*

Zweisilbige Adjektive, die **nicht auf -*y*** enden:

Grundform	1. Steigerungsform	2. Steigerungsform
famous – *berühmt*	**more** famous – *berühmter*	(the) **most** famous – *am berühmtesten*
careful – *vorsichtig*	**more** careful – *vorsichtiger*	(the) **most** careful – *am vorsichtigsten*

Adjektive, die **drei und mehr Silben** haben:

Grundform	1. Steigerungsform	2. Steigerungsform
difficult – *schwierig*	**more** difficult – *schwieriger*	(the) **most** difficult – *am schwierigsten*
comfortable – *gemütlich*	**more** comfortable – *gemütlicher*	(the) **most** comfortable – *am gemütlichsten*
popular – *bekannt*	**more** popular – *bekannter*	(the) **most** popular – *am bekanntesten*
interesting – *interessant*	**more** interesting – *interessanter*	(the) **most** interesting – *am interessantesten*

c) unregelmäßige Steigerungsformen:

Die Adjektive ***good*** und ***bad*** werden unregelmäßig gesteigert.

Grundform	1. Steigerungsform	2. Steigerungsform
good – *gut*	**better** – *besser*	(the) **best** – *am besten*
bad – *schlecht*	**worse** – *schlechter*	(the) **worst** – *am schlechtesten*

3. Vergleiche mit Adjektiven

Will man Personen, Dinge oder Sachverhalte miteinander vergleichen, gelten im Englischen folgende Muster:

a) Die Gleichheit zwischen zwei Personen oder Dingen drückt man mit ***as … as*** aus. Das jeweilige Adjektiv wird dabei in seiner Grundform zwischen die beiden Wörter geschoben.

Gerry is **as big as** Tom. The trip to the USA was **as expensive as** our new car.	*… (genau) so groß wie …* *… (genau) so teuer wie …*

b) Um etwas auszudrücken, das nicht mehr übertreffbar ist, verwendet man die zweite Steigerungsform (Superlativ). Der 2. Steigerungsform muss immer ein ***the*** vorangestellt werden.

I bought **the cheapest** apples.	*Ich habe die billigsten Äpfel gekauft.*
Max is **the cleverest** boy in our class.	*Max ist der schlaueste Junge in unserer Klasse.*
Biology was **the most interesting** subject at school.	*Biologie war das interessanteste Fach in der Schule.*
Nicola is **the most beautiful** woman in our team.	*Nicola ist die hübscheste Frau in unserem Team.*

Will man eine Gruppe nennen, aus der sich jemand hervorhebt, wird sie mit ***of*** an die zweite Steigerungsform angehängt:

She is the most intelligent **of us.**	*… von uns.*
Tim is the funniest **of the club members.**	*… von den Klubmitgliedern.*

c) Die Verschiedenheit von Personen und Dingen und Sachverhalten kann man mit ***not as … as*** oder mit **Adjektiven im Komparativ + *than*** ausdrücken:

Gary is **not as big as** Steven.	*… nicht so groß wie …*
English is **not as difficult as** I thought.	*… nicht so schwer wie …*
My brother is **older than** I am.	*… älter als…*
Crocodiles are **more dangerous than** kangaroos.	*… gefährlicher als …*

Aufgepasst!
Komparativ bei einsilbigen Adjektiven:
Adjektiv + -er
Komparativ bei zwei- und mehrsilbigen Adjektiven:
more + Adjektiv

Das Adjektiv

1. Steigern Sie die **Adjektive**. Ergänzen Sie die fehlenden Formen. *

a)	great	________	________
b)	cheap	________	________
c)	busy	________	________
d)	fat	________	________
e)	________	hungrier	________
f)	________	thinner	________
g)	________	nicer	________
h)	________	worse	________
i)	________	________	the best
k)	________	________	the laziest
l)	________	________	the poorest
m)	________	________	the safest

2. Wählen Sie bei folgenden zweisilbigen Adjektiven **die richtige Steigerungsform.** **

a) peaceful ________

b) sunny ________

c) famous ________

d) stupid ________

e) friendly ________

f) clever ________

g) boring ________

h) brilliant ________

i) lucky ________

k) simple ________

l) careful ________

3. Übersetzen Sie die folgenden **Superlative**. **

a) die größten Probleme ______

b) die beste Lösung ______

c) die gefährlichste Stelle ______

d) der schlimmste Tag ______

e) das überraschendste Geschenk ______

solution – *Lösung*
place – *Stelle, Ort*
surprising – *überraschend*

4. Übertragen Sie die folgenden **Vergleiche** ins Deutsche. **

a) You are as nosy as your sister.

______

nosy – *neugierig*

b) My new job is more interesting than the old one.

______

c) Who is the youngest of you three?

______

d) It is more difficult to be quiet.

______

e) Some pupils are as clever as their teachers.

______

f) I'm not as silly as you think.

______

g) Vegetables are healthier than meat.

______

h) Football players are more famous than volleyball players.

______

i) It is not as easy as I thought.

______

k) Headaches are the worst.

______

headache – *Kopfschmerzen*

5. Vergleichen Sie die Sehenswürdigkeiten in London miteinander und ergänzen Sie die Lücken mit der 1. oder der 2. Steigerungsform der angegebenen Adjektive oder wählen Sie eine Vergleichsform. ***

tube – *Londons Untergrundbahn, ‚Röhre'*
waxworks – *Wachsfiguren*

a) The Thames is (long) ______________________ river in London.

b) Big Ben is (high) ______________________ the Houses of Parliament.

c) The Tower of London is (famous) ______________________ the Tower Bridge.

d) London's tube is (old) ______________________ underground in Europe.

e) Madame Tussaud's presents (good) ______________________ waxworks of the world.

f) London's black taxis are (quick) ______________________ private cars.

g) The Queen of England is (rich) ______________________ the Prime Minister.

h) English pubs are (comfortable) ______________________ pubs in the world.

6. Übertragen Sie die folgenden Sätze ins Englische. ***

a) Ich bin jünger als mein Ehemann.

____

b) Seine Eltern sind genauso nett wie meine Eltern.

____

c) Unsere Familie ist nicht so groß wie die Familie meiner Schwester.

____

d) Meine Schwester ist die hübscheste von uns.

____

e) Sein Auto war genauso teuer wie mein Auto.

____

f) Unsere Kinder sind in der Schule nicht besser als ihre Kinder.

____

g) Wir sind glücklicher als andere Familien.

____

Das Stützwort *one/ones*

George, kannst du mir bitte helfen? Welches soll ich tragen? Das mit den Punkten oder das schwarze?

Ein Adjektiv kann – im Gegensatz zum Deutschen – im Englischen in folgenden Fällen nicht alleine stehen. Es braucht eine ‚Stütze' (Stützwort): *one* im Singular, *ones* im Plural:

Singular	I've got two cats, a **brown one** and a **black one.**	*Ich habe zwei Katzen, eine **braune** und eine **schwarze**.*
Plural	Which biscuits would you like? **The chocolate ones**, please.	*Welche Kekse hätten Sie gerne? **Die mit Schokolade**, bitte.*

Gebrauch von *one/ones*

One/ones kann ein zählbares Substantiv ersetzen. Es steht oft nach Adjektiven und der 1. Steigerungsform von Adjektiven. Auch nach dem bestimmten Artikel *the*, dem Demonstrativpronomen *this/these* und dem Fragewort *which?* kann *one/ones* stehen.

We bought three suitcases, a **big one** and **two small ones.**	*Wir haben drei Koffer gekauft, **einen großen** und **zwei kleine**.*
That was a good joke. Do you know **this one**?	*Das war ein guter Witz. Kennst du **diesen**?*
I don't usually like pink T-shirts, but **this one** is really nice looking.	*Ich mag rosa T-Shirts eigentlich nicht, aber **dieses** sieht wirklich hübsch aus.*
Look at these silver rings. **Which one** would you like?	*Schau dir diese silbernen Ringe an. **Welchen** hättest du gerne?*
I'll get your coats. They're out in the hall. **Which ones** are yours?	*Ich hole eure Mäntel. Sie sind in der Diele. **Welche** sind eure?*
Which flight do you prefer? **The shorter one.**	*Welchen Flug würdest du vorziehen? **Den kürzeren**.*
There are five red dresses in your size. **The one** without sleeves is the cheapest.	*Es gibt fünf Kleider in Ihrer Größe. **Das** ohne Ärmel ist das günstigste.*

Das Stützwort one/ones

1. Ergänzen Sie die Sätze und setzen Sie dabei das richtige **Stützwort** im Singular oder Plural ein. *

a) Would you like a piece of cake? Yes, please, (ein kleines)__________.

b) We've got five fish, (zwei gelbe) ______________________________

and (drei blaue) ______________________________.

c) I like these two sweatshirts.

(Welches) ______________________________ is cheaper?

d) Let me show you our rooms. (Dies) ______________ isn't ready yet.

e) Dad bought two horses yesterday. (Ein braunes) ______________

and (ein schwarzes) ______________________.

f) Which pen do you like? (Diesen) ________________________.

g) Look at the two men over there. (Der große) ______________ is my

boss and (der kleine) ____________________ is his business partner.

h) What about these tomatoes? No, (diese) ______________ are better.

i) You can have biscuits with or without chocolate.

(Welche) ______________________ would you like?

2. Übertragen Sie ins Deutsche. **

a) I'll take a salad, a big one. ______________________________

b) Which ones may I take? ______________________________

c) The ones on the table. ______________________________

d) These flowers are really nice. I'll take a red one and two orange ones.

____

3. Übertragen Sie ins Englische. ***

a) Welches Buch? Das große. ______________________________

b) Welche Kinder? Die jüngeren. ______________________________

c) Welche Karten? Die weißen. ______________________________

d) Ein Buch? Welches? ______________________________

Das Adverb

Sarah has learned to speak English very **quickly** because she works **hard** every day. She does all the exercises **carefully** and is **perfectly** prepared for the next test.

Sarah hat sehr schnell Englisch sprechen gelernt, weil sie jeden Tag hart arbeitet. Sie macht alle Übungen sorgfältig und ist für den nächsten Test perfekt vorbereitet.

Am häufigsten werden Adverbien der Art und Weise und Adverbien der Häufigkeit verwendet. Im Deutschen entsprechen die meisten Adverbien der Art und Weise der Grundform der Adjektive.

Adjektiv	Adverb
*Diese Frau ist **schön**.*	*Diese Frau singt **schön**.*

Im Englischen unterscheiden sich die meisten Adverbformen von den Adjektivformen durch ein angehängtes ***-ly***.

Adjektiv	Adverb
This woman is **beautiful**. She is a **beautiful** woman.	She sings **beautifully**.

Gebrauch des Adverbs

Während ein Adjektiv eine Person oder eine Sache genauer beschreibt, beschreibt ein Adverb die Tätigkeit genauer. Es informiert z. B. darüber, wie oder wann etwas geschieht. Adverbien können sich auf ein Verb, ein Adjektiv, ein weiteres Adverb oder einen ganzen Satz beziehen.

Bezug eines Adverbs auf …	
Verb	She speaks **slowly**.
Adjektiv	I'm **terribly** angry.
Adverb	He drives **extremely** carefully.
Satz	**Unfortunately** I forgot the tickets.

1. Bildung des Adverbs

Im Englischen kann man aus vielen Adjektiven durch Anhängen von ***-ly*** ein Adverb bilden.

Adjektiv	Adverb	
slow		Nina is a slow learner. (Adj.)
	slow**ly**	Nina learns **slowly**. (Adv.)
careful		We are always careful. (Adj.)
	careful**ly**	We can repair it **carefully**. (Adv.)

Ausnahmen: Adjektive, die auf ***-le***, auf **Konsonant + *y*** und auf ***-ic*** enden:

Adjektiv mit Endung auf …	Adverb	
-le z. B. terri**ble**	das -e wird zu **-y**: terribl**y**	Mark is a terrible child. (Adj.) He behaves **terribly**. (Adv.)
Konsonant + y z. B. eas**y**	das -y wird zu **-ily**: eas**ily**	This is an easy article. (Adj.) I can translate English articles **easily**. (Adv.)
-ic z. B. fantast**ic**	**-ally** wird angehängt: fantastic**ally**	What a fantastic picture. (Adj.) You draw **fantastically**. (Adv.)

Ausnahmen der Ausnahmen!
true – truly
wahrhaftig
public – publicly
öffentlich
full – fully
voll, völlig

Einige Adverbien ändern ihre Form gegenüber den Adjektiven nicht:

back	*zurück*	hard	*kräftig, hart*
close	*nahe*	high	*hoch*
deep	*tief*	late	*spät*
early	*früh*	left/right	*links/rechts*
enough	*genug*	long	*lang*
fair	*gerecht, fair*	near	*nah*
far	*weit*	right/wrong	*richtig/falsch*
fast	*schnell*	straight	*gerade, direkt*

	Adjektiv	Adverb
early	I caught the **early train**.	I **woke up early**.
hard	This is **hard work**.	We **worked hard**.
fair	He got a **fair offer**.	They **lost fair**.
late	I caught the **late train**.	They **arrived** home **late**.

Manche dieser Adverbien haben zusätzlich noch eine ***ly*-Form**.

hardly	*kaum*	I could hardly sleep last night.
fairly	*ziemlich*	The speech was fairly boring.
lately	*in letzter Zeit*	We have been very busy lately.
nearly	*beinahe*	You nearly lost your wallet.
deeply	*zutiefst*	I'm deeply impressed.

Aufgepasst!
Diese *ly*-Form hat eine völlig andere Bedeutung als das Adjektiv.

Es gibt auch Adjektive, die bereits auf *-ly* enden, z. B. *friendly*. Um ein solches Adjektiv als Adverb zu nutzen, muss man es umschreiben.
Beispiel für den Gebrauch als Adjektiv: He is a **friendly man**.
Beispiel für die Umschreibung: The man **looked** at me **in a friendly way**.

Daneben gibt es auch Adverbien der Zeit, des Ortes und der Richtung.

Paul **often** forgets to set the alarm clock. But **today** he woke up too **early**.	Adverbien der Zeit
Clarissa, you sit **here**, please. And Fred, please sit down **over there**.	Adverbien des Ortes
Just walk **straight down** the road. And then **left** at the crossing.	Adverbien der Richtung

Diese Adverbien sind in der Regel eigenständige Wörter, sie werden also nicht von Adjektiven abgeleitet.

2. Stellung im Satz

Adverbien der Art und Weise stehen in Sätzen mit …
… Subjekt + Prädikat → nach dem Verb ①
… Subjekt + Prädikat + Objekt → vor dem Verb ③ oder
… nach dem Verb und dem Objekt ②

	Subjekt	Adverb	Prädikat	Objekt	Adverb
①	Mr Thomson		spoke		clearly.
②	He		changed	his mind	quickly.
③	He	quickly	changed	his mind	

Adverbien der Häufigkeit stehen zwischen Subjekt und Prädikat ① und ②. Besteht das Prädikat aus mehr als einem Wort, stehen die Adverbien der Häufigkeit nach dem 1. Hilfsverb ③.

	Subjekt	Prädikat	Adverb	Prädikat	Objekt	Ort
①	I		always	turn off	my cell phone	at the theatre.
②	We		usually	eat	lunch	at home.
③	He	has	never	flown		to Berlin.

Adverbien der Häufigkeit sind: **always**, **never**, **sometimes**, **often**, **usually**

AE: theater

3. Die Steigerung von Adverbien

▸ **Steigerung der Adjektive**, S. 51

Einsilbige Adverbien werden durch Anhängen von ***-er*** und ***-est*** gesteigert.

Grundform	1. Steigerungsform	2. Steigerungsform
fast	fast**er**	fast**est**
hard	hard**er**	hard**est**

Adverbien, die auf ***-ly*** enden, werden mit ***more*** und ***most*** gesteigert.

Adverb auf -ly	1. Steigerungsform	2. Steigerungsform
quickly	**more** quickly	**most** quickly
beautifully	**more** beautifully	**most** beautifully

Unregelmäßig gesteigert werden folgende Adverbien:

Adjektiv	dt.	Adverb	1. Steigerungsform	2. Steigerungsform
good	*gut*	well	better	best
bad	*schlecht*	badly	worse	worst
–	*weit*	far	farther/further	farthest/furthest
–	*wenig*	little	less	least
–	*viel*	much	more	most

4. Vergleiche mit Adverbien

Vergleiche mit Adverbien erfolgen nach dem gleichen Muster wie Vergleiche mit Adjektiven:

▸ **Vergleiche mit Adjektiven**, S. 53

He runs **as fast as** Mike.
Kim sings **as beautifully as** Joanne.

Gleichheit wird mit **as ... as** ausgedrückt.

He runs **faster than** Peter, but he doesn**'t** run **as fast as** John.
Kim sings **more beautifully than** Anne, but she doesn**'t** sing **as beautifully as** Julie.

Ungleichheit wird mit der **1. Steigerungsform des Adverbs + than** bzw. **not as ... as** ausgedrückt.

Mark runs **fastest**.
Angela sings **most beautifully**.

Unübertrefflichkeit wird mit der **2. Steigerungsform des Adverbs** ausgedrückt.

1. **Adjektiv** oder **Adverb**? Welches Wort passt nicht in die Reihe? *

a)	young	famous	slowly	boring
b)	silly	happy	lucky	easily
c)	terribly	careful	friendly	nervous
d)	beautifully	extremely	nice	quickly
e)	never	old	always	often

2. Unterstreichen Sie im folgenden Text alle **Adjektive** und **Adverbien** und tragen Sie sie in die Tabelle ein. **

I live in a small house with my wonderful wife Sarah. All our ceilings are extremely low. The kitchen is our favourite room. We often sit at the round table and have a hot cup of tea. Sarah and I work hard every day. We work in different parts of the city. Unfortunately we haven't got children. We sometimes go out to expensive restaurants. Sarah always gets beautifully dressed and we enjoy these romantic evenings. We live together quite happily.

Nicht verwechseln:
quite – *ziemlich, sehr*
quiet– *ruhig*

Adjektiv	Adverb

Achtung! Regelmäßige und unregelmäßige Adverbformen!

3. Bilden sie aus folgenden **Adjektiven** die **Adverbform.** **

a) nervous ____________

b) clear ____________

c) fast ____________

d) peaceful ____________

e) quiet ____________

f) hard ____________

g) good ____________

h) angry ____________

i) correct ____________

k) slow ____________

l) nice ____________

m) late ____________

n) regular ____________

o) long ____________

4. Welches **Adverb** gehört zu welchem **Adjektiv**? Hier kommen Grundformen und gesteigerte Formen vor.
Suchen Sie die Paare und tragen Sie sie in die Tabelle ein. **

most romantic	more slowly	exact	wonderful
hard	good	early	exactly
right	badly	quicker	more cleverly
early	hard	cleverer	most romantically
more quickly	heaviest	right	well
bad	wonderfully	slower	most heavily

Adjektiv	Adverb

5. Übertragen Sie folgende **Aufforderungen** ins Englische. Achtung! Einige Beispiele benötigen die 1. Steigerungsform des Adverbs. **

Tipp! Der Imperativ wird mit der Grundform des Verbs gebildet.
S. 71

a) Fahr vorsichtig! ______

b) Lauf schneller! ______

c) Diskutiert friedlich! ______

d) Zähle genau! ______

exact – *genau*

e) Öffne die Tür leise! ______

f) Sprich langsamer! ______

g) Arbeite hart! ______

h) Denke realistischer! ______

realistic – *realistisch*

6. Manche Tatsachen oder Informationen kann man unterschiedlich ausdrücken, z. B. wenn Substantiv und Verb den gleichen Wortstamm haben wie bei **teacher** (*Lehrer/in*) und **to teach** (*lehren, unterrichten*). Formen Sie die folgenden Sätze um. ***

Tipp! Aus Adjektiv + Substantiv wird Verb + Adverb!

a) I'm a **bad** piano **player**. I **play** the piano **badly**.

b) Tina Grace is a perfect dancer. She ______

c) Mr Hunt is a careful driver. He ______

d) Mum is a brilliant cook. ______

e) Robert is a fast swimmer. ______

f) Dad is a good teacher. ______

g) My brother is a slow reader. ______

h) Natalie is a wonderful singer. ______

i) He is a fanatic fighter. ______

k) Ruth Rendell is a fantastic writer. ______

7. Übertragen Sie folgende **Vergleiche** ins Englische. ***

train – *trainieren*

a) Ich trainiere härter als du.

____

b) Mein Freund läuft so schnell wie dein Freund.

____

draw – *zeichnen*
exact – *genau*

c) Ich kann nicht so genau zeichnen wie er.

____

d) Robert liest langsamer als Timo.

____

e) Ich esse am Wochenende weniger.

____

f) Wir mögen die Iren am meisten.

____

come home – *nach Hause kommen*

g) Peter kam später als du nach Hause.

____

8. Entscheiden Sie bei folgenden Sätzen zwischen **Adjektiv** und **Adverb** und übertragen Sie ins Englische. ***

earn – *verdienen*

a) Mein Mann verdient weniger als deiner.

____

b) Die Fußballspieler trainieren öfter als die Basketballspieler.

____

c) Mrs Harris ist die Intelligenteste in unserem Klub.

____

cucumber – *Gurke*

d) Gurken sind billiger als Tomaten.

____

e) Meine Frau kocht besser als der Rest der Welt.

____

BE: lorry – *Lastwagen*
AE: truck – *Lastwagen*

f) Der Polizeiwagen fuhr schneller als der Lastwagen.

____

Das Verb

1. Sein oder Nichtsein, das ist die Frage. Oh je, ich habe das schon hundertmal gehört! 2. Pst, ich höre zu.

Im Englischen werden zwei Arten von Verben unterschieden:

1. **Vollverben**, z. B. ask, go, read, feel, understand, usw.
2. **Hilfsverben**, z. B. can, do, be, have, must, would, usw.

Vollverben oder Vollverben mit Hilfsverben bilden im Satz das **Prädikat**. Das Prädikat sagt aus, was eine Person oder Sache macht oder tut. Das Prädikat kann im Englischen je nach Zeitform – genauso wie im Deutschen – aus einem Wort oder aus mehreren Wörtern bestehen.

1. Das Vollverb

Die meisten englischen Verben sind Vollverben. Sie haben folgende Kennzeichen:

- Vollverben können Formen in jeder Zeitstufe bilden.
- Vollverben benötigen bei Fragen und verneinten Sätzen im *present simple* und im *past simple* das Hilfsverb **do**.

▶ **Fragen**, S. 164
▶ ***present simple***, S. 96
▶ ***past simple***, S. 108

Es gibt regelmäßige und unregelmäßige Verben.

2. Das Hilfsverb

Englische Hilfsverben haben **mehrere** wichtige **Funktionen**:

- Hilfsverben unterstützen die Vollverben
  - bei der Bildung bestimmter Zeiten (***be*** und ***have***: *I'm talking, I've finished.*) und
  - bei der Bildung von Fragen und verneinten Sätzen (***do***: *I don't know. Do you live here?*)

- Hilfsverben können im Satz nicht alleine stehen, sie bilden zusammen mit einer Form des Vollverbs das Prädikat, z. B. Sharon **can swim**. Kurzantworten bilden hier eine Ausnahme, z. B. Who can swim out to the dock? I **can**.

▸ **Die Hilfsverben *be*, *have*, *do***, S. 83

- Einen Sonderfall bilden die Hilfsverben ***be, have*** und ***do***. Sie können sowohl als Hilfsverb als auch alleine als Vollverb auftreten.

▸ **Die Modalverben**, S. 197

- **Modalverben** nennt man alle Hilfsverben außer *be*, *have* und *do*. Sie werden ausschließlich zur Unterstützung eines Vollverbs benutzt. Außer in Kurzantworten können auch sie nicht alleine stehen. Dazu gehören: *can, could, may, might, will, would, shall, should, must, ought to.*

3. Formen des Verbs

Englische Verben können ihre Form durch bestimmte Endungen verändern. Diese Veränderungen des Verbs sind charakteristisch für bestimmte Zeiten, in denen das Verb stehen kann. Beim Lernen von Verben ist es ratsam, die folgenden drei Formen immer gleichzeitig zu lernen.

1. Form	Grundform oder Infinitiv	*infinitive*	**play, go**
2. Form	Vergangenheit	*past simple*-Form	**played, went**
3. Form	Partizip Perfekt	*past participle*	**played, gone**

Die vierte Verbform, das *present participle*, ist auch als *ing-Form* bekannt. Sie ist in allen Zeiten gleich und wird deshalb nicht jedes Mal genannt.

Der Infinitiv wird manchmal mit ‚to' angegeben, um das Wort als Verb zu kennzeichnen: (to) play – *spielen*. Heute wird dieses ‚to' oft in Wörterbüchern weggelassen.

a) Der Infinitiv

Die erste Form – der Infinitiv – ist die Grundform des Verbs. Verben werden in einem Wörterbuch immer in der Grundform aufgeführt.

Gebrauch des Infinitivs

Der Infinitiv wird für folgende **Zeitformen** verwendet:

present simple (außer 3.P. Sing.)	▸ I **play** tennis. (he, she, it play**s**)
future	▸ I will **play** tennis.
conditional	▸ I would **play** tennis if I could.

Außerdem wird der Infinitiv nach Modalverben eingesetzt, z. B.
He **can come**. You **may take** these biscuits. He **must be** careful.

▸ **Die Modalverben**, S. 197

b) Die *past-simple*-Form

Die zweite Form des Verbs ist die *past simple*-Form.
Man unterscheidet regelmäßige und unregelmäßige *past simple*-Formen.

Gebrauch der *past simple*-Form

Die *past simple*-Form wird ausschließlich zur Bildung der Vergangenheit, des *past simple*, benutzt:

regelmäßig ▸	I **talked** to Mum yesterday.	*Ich sprach gestern mit Mutter./Ich habe gestern mit Mutter gesprochen.*
unregelmäßig ▸	We **went** to the zoo on Sunday.	*Wir gingen am Sonntag in den Zoo./Wir sind am Sonntag in den Zoo gegangen.*

c) Das *past participle*

Die dritte Form des Verbs ist das *past participle*.
Auch hier gibt es regelmäßige und unregelmäßige Formen:

regelmäßig ▸	I've just **turned** the computer off.	*Ich habe gerade den Computer ausgeschaltet.*
unregelmäßig ▸	I've just **spoken** to her on the phone.	*Ich habe gerade mit ihr am Telefon gesprochen.*

Die Bildung der einzelnen Zeitformen schlagen Sie bitte im jeweiligen Zeitenkapitel nach.

Gebrauch des *past participle*

1. Das *past participle* wird für die Bildung folgender **Zeitformen** verwendet:

present perfect	▸ I've just **repaired** the washing machine.	*Ich habe gerade die Waschmaschine repariert.*
past perfect	▸ I had **lost** my wallet.	*Ich hatte mein Portmonee verloren.*
future perfect	▸ By midnight our guests will have **gone** home.	*Um Mitternacht werden unsere Gäste nach Hause gegangen sein.*
conditional perfect	▸ We would have **talked** to her, if she had asked for help.	*Wir hätten mit ihr gesprochen, wenn sie um Hilfe gebeten hätte.*

2. Das *past participle* wird auch zur Bildung des **Passivs** verwendet, z. B.

Hamlet was **written** by Shakespeare.	*Hamlet wurde von Shakespeare geschrieben.*

3. Das *past participle* kann auch als **Adjektiv** verwendet werden, z. B.:

We have to pay for the **broken** window.	*Wir müssen die zerbrochene Fensterscheibe bezahlen.*

d) Das *present participle*

Das *present participle* ist die vierte mögliche Form eines Verbs.
- Sie wird aus der **Grundform des Verbs + *ing*** gebildet.
- Sie ist für regelmäßige und unregelmäßige Verben gleich.
- Nur aus Vollverben kann ein *present participle* gebildet werden.

Bildung des present participle
▸ **present progressive**, S. 102

Gebrauch des *present participle*

Das *present participle* wird verwendet:

für alle ***progressive***-Formen	I'm **talking** to Julie.	*Ich spreche gerade mit Julie.*
für die Bildung des ***gerund***	Free **climbing** is difficult.	*Freies Klettern ist schwierig.*
als **Adjektiv**	Don't wake the **sleeping** children, please.	*Bitte, wecke nicht die schlafenden Kinder!*

Der Imperativ

1. John, zieh' deine Jacke an! 2. Janet, sag' mir nicht immer, was ich tun soll. Mach' das Fenster zu und lass' mich in Ruhe!

Bildung des Imperativs

Der **Imperativ** (Aufforderung) wird im Englischen mit der Grundform des Verbs, dem **Infinitiv**, gebildet. Er hat im Singular, im Plural und in der höflichen Anrede die gleiche Form.

Singular und Plural	**Listen** carefully.	*Hör/Hört/Hören Sie gut zu!*
Singular und Plural	**Shut** the door, please.	*Mach/Macht/Machen Sie bitte die Tür zu!*

Der Imperativ stimmt immer mit der Grundform des Verbs überein, im Singular und im Plural!

Fordert man jemanden auf, etwas **nicht** zu tun, verwendet man:
***Don't* + Infinitiv.**

Singular und Plural verneint	**Don't forget** the tickets.	*Vergiss/Vergesst/Vergessen Sie die Tickets nicht!*
Singular und Plural verneint	**Don't wait** for me.	*Warte/Wartet/Warten Sie nicht auf mich!*

Gebrauch des Imperativs

Der Imperativ wird besonders gebraucht bei:

Hi, Brian. **Come in** and **have** a drink.

Einladungen

mind sth. – *aufpassen auf, vorsichtig sein bei etw.*

Anders als im Deutschen!
Aufforderungssätze enden im Englischen mit einem Punkt!

Be back in time. **Don't waste** all your money on CDs.

Aufforderungen

Please **wait** here. **Mind** the steps.

Hinweisschildern

Don't open the windows. **Don't smoke**.

Verboten

Nach Imperativsätzen steht nur bei besonders betonten Befehlen oder Ausrufen ein Ausrufezeichen, sonst ein Punkt. Durch ein vorangestelltes (oder nachgestelltes) ***please*** wirkt die Aufforderung grundsätzlich höflicher.

Besonderheiten:

1. Will man einer Aufforderung zusätzlich Druck verleihen, kann das durch ein zusätzliches ***you*** ausgedrückt werden.

You be quiet. Don't **you** talk to me like this.	*Sei/Seid/Seien Sie bloß still!* *Sprich/Sprecht/Sprechen Sie nicht in diesem Ton mit mir!*

2. Will man mit einer Aufforderung nachdrücklich um etwas bitten, kann das durch ein zusätzliches ***do*** ausgedrückt werden.

Do be ready at ten.	*Sei/Seid/Seien Sie unbedingt um 10 Uhr fertig!*
Do remind me about Jake's birthday.	*Erinnere/Erinnert/Erinnern Sie mich unbedingt an Jakes Geburtstag!*
Hi, Jake. No, I'm not busy at all. **Do** come in.	... *Komm/Kommt/Kommen Sie doch bitte herein!*

3. Bei Aufforderungen, in denen der Sprecher mit einbezogen ist, verwendet man ***let's*** (= let us – *Lass/Lasst uns/Lassen Sie uns*).

bejaht	**Let's** have lunch at Paddington's today.	*Lass/Lasst uns/Lassen Sie uns heute bei Paddingtons essen.*
verneint (zwei Möglichkeiten)	**Let's not** walk there.	*Lass/Lasst uns/Lassen Sie uns nicht dort gehen.*
	Don't let's be back in the office too late.	*Lass/Lasst uns/Lassen Sie uns nicht zu spät zurück im Büro sein.*

1. Übertragen Sie die **Aufforderungen** ins Deutsche.*

a) Please, don't tell Karen. ______________________________

b) Forget it. ______________________________

c) Don't walk on the grass. ______________________________

d) Sign here. ______________________________

e) Go straight on. ______________________________

f) Let's go to the pub together. ______________________________

g) Come on, be honest. ______________________________

h) Don't let's miss the show at midnight. ______________________________

____

i) Do be careful with the new CD player. ______________________________

____

2. Lesen Sie sich die folgenden Ratschläge für eine gesunde Lebensweise durch. Übertragen Sie die Ratschläge ins Englische.**

a) Essen Sie viel Obst!

b) Kaufen Sie Gemüse!

c) Trinken Sie weniger Alkohol!

d) Geben Sie Ihren Kindern nicht zu viele Süßigkeiten!

e) Nehmen Sie sich etwas Zeit für sich selbst!

f) Trinken Sie Mineralwasser!

g) Gehen Sie jeden Tag spazieren!

h) Essen Sie kein Fastfood!

i) Geben Sie Ihren Kindern Äpfel, Bananen oder Karotten!

k) Schlafen Sie nicht länger als acht Stunden!

less – *weniger*
take some time – *sich etwas Zeit nehmen*
go for a walk – *spazieren gehen*
fast food – *Fertiggerichte, Fastfood*

a) ______________________________

b) ______________________________

c) ______________________________

d) ______________________________

e) ______________________________

f) ______________________________

g) ______________________________

h) ______________________________

i) ______

k) ______

3. Folgende **Aufforderungen** sind im Englischen häufig zu hören. Wie sagt man im Deutschen? **

Achtung!
Nicht alle Aufforderungen kann man wörtlich übersetzen.

a) Take care. ______

b) Be careful. ______

c) Help yourself. ______

d) Take a seat. ______

e) Listen. ______

f) Hang on. ______

g) See you. ______

4. Übertragen Sie die **bejahten und verneinten Aufforderungssätze** ins Englische. ***

a) Ruf mich morgen wieder an. ______

b) Aber ruf mich nicht vor 6 Uhr an. ______

Nicht verwechseln!
remind sb. **about/of** sth. = ***jdn. an etwas*** *erinnern*
remember sth. or sb. = ***sich an etwas*** *oder* ***jdn.*** *erinnern*

c) Bitte erinnere mich unbedingt an Lisas Geburtstag. ______

d) Bitte erinnere mich nicht an meinen letzten Geburtstag. ______

e) Schau dir die schönen Fenster dieser Kirche an. ______

get dizzy – *schwindelig werden*

f) Schau nicht nach unten. Da wird's dir schwindelig. ______

g) Lasst uns heute Abend ins Kino gehen. ______

h) Lasst uns dort nicht zu spät sein. ______

Gerund und Infinitiv

Joggen macht Spaß. Ich mag das Laufen wirklich. Ich hoffe auch, ein bisschen Gewicht zu verlieren.

Nicht verwechseln!
lose, lost, lost – *verlieren*
loose – *locker, lose*

Ein Substantiv kann ein Gegenstand, eine Person, ein Tier oder ein abstrakter Begriff sein. Aber auch Tätigkeiten können mit einem Substantiv ausgedrückt werden: das Lesen, das Laufen, das Sprechen usw.
Im Englischen wird hierfür das ***gerund*** benutzt.

Ein ***gerund*** im Englischen ist, was wir im Deutschen mit substantiviertem Verb bezeichnen: Aus ‚laufen' wird ‚das Laufen'!

Bildung des *gerund*

Das ***gerund*** wird mit der **Grundform des Verbs + *ing*** gebildet: *reading, running, speaking*.

Besonderheiten bei der Bildung des *gerund*

Die Schreibweisen beim ***gerund*** sind identisch mit denen des ***present participle***, das für die *progressive*-Zeitformen benutzt wird:

▸ **Das Verb**, S. 70

sit	▸	si**tt**ing	Verdopplung des Endkonsonanten bei kurzem Vokal vor dem Endkonsonanten.
cut	▸	cu**tt**ing	
swim	▸	swi**mm**ing	
run	▸	ru**nn**ing	
travel	▸	trave**ll**ing	
make	▸	mak**ing**	Ein nicht gesprochenes ‚*e*' am Ende des Verbs entfällt vor dem *–ing*.
smile	▸	smil**ing**	
prepare	▸	prepar**ing**	
argue	▸	argu**ing**	

AE: travel – **traveling**

Gebrauch des *gerund*

1. Das *gerund* als Subjekt

Dancing is my hobby.	***Tanzen*** *ist mein Hobby.*
Writing postcards is boring.	***Das Schreiben von Postkarten*** *ist langweilig.*
Rock climbing can be dangerous.	***Das Klettern in Felsen*** *kann gefährlich sein.*
Discussing religious points of view can be very interesting.	***Das Diskutieren religiöser Ansichten*** *kann sehr interessant sein.*

Das ***gerund*** kann wie andere Substantive **Subjekt** (wer oder was?) eines Satzes sein. Dabei kann es auch mit einem weiteren Substantiv oder mit anderen Wörtern einen Verbund bilden (s. Beispiele oben).

2. Das *gerund* als Objekt

I love **writing letters.**	*Ich liebe es* ***Briefe zu schreiben.***
We hate **arguing.**	*Wir hassen* ***Streit****.*
Do you enjoy **cooking at the weekend**?	*Genießt du* ***das Kochen*** *am Wochenende?*
Mr Spencer is interested in **repairing computers.**	*Mr Spencer interessiert sich für* ***das Reparieren von Computern.***
Dad is thinking about **buying a new camper.**	*Vater denkt an* ***den Kauf eines neuen Wohnmobils.***

camper – *Wohnmobil*
BE: caravan – *Wohnwagen*
AE: trailer – *Wohnwagen*

Das ***gerund*** kann auch Objekt (wen oder was?) eines Satzes sein. Dabei steht es meistens nach Verben, die eine Vorliebe (z. B. *like, love, enjoy*) oder eine Abneigung (z. B. verneintes *like, hate*) ausdrücken.

Für die Übertragung ins Deutsche gibt es mehrere Möglichkeiten:

I love **writing letters.**	*Ich liebe es* ***Briefe zu schreiben.*** *Ich liebe* ***das Briefeschreiben****.* *Ich liebe* ***das Schreiben von Briefen****.*
We hate **arguing.**	*Wir hassen* ***Streit.*** *Wir hassen* ***das Streiten.*** *Wir hassen es* ***zu streiten****.*

Das ***gerund*** darf man nicht mit dem ***present progressive*** verwechseln! Beachten Sie den Unterschied:

Travelling is fun. ***Reisen*** *macht Spaß.*	***gerund*** als **Subjekt:** Wer oder was macht Spaß?
My colleague loves **travelling.** *Mein Kollege liebt* ***das Reisen.***	***gerund*** als **Objekt:** Wen oder was liebt er?
He'**s travelling** through Canada. *Er* ***reist gerade*** *durch Kanada.*	***present progressive*:** Der ***-ing***-Form geht immer eine Form von ***be*** voraus.

Aufgepasst! Nicht verwechseln:
gerund:
verb + -ing
present progressive:
be + verb + -ing

▸ **present progressive**, S. 102

3. Das *gerund* nach bestimmten Verben und Wendungen

Ein ***gerund*** steht nach Verben, die eine Vorliebe oder eine Abneigung ausdrücken, und nach verschiedenen anderen Verben und Ausdrücken. Am besten lernt man diese Verben und Wendungen auswendig. Hier die wichtigsten in einer Übersicht:

be afraid of	I'm **afraid of bungee jumping.**
be interested in	Are you **interested in jazz dancing**?
be tired of	I'**m tired of waiting** for you all the time.
be used to	I'**m used to going** to bed early.
can't help	I **can't help thinking** of you.
do the	Let me **do the talking.**
enjoy	My friend **enjoys sleeping late** on Sundays.
finish	Have you **finished preparing** your speech?
get used to	I **got used to driving** on the left quite quickly.
go	We never **go shopping** in the morning.
go on	**Go on explaining** the programme, please.
look forward to	I **look forward to seeing** you at the fair.
love/like/hate	I **love/like/hate swimming.**
miss	We **miss going** to the beach after breakfast.
need	These trousers **need washing.**
stop	Please, **stop crying.**
suggest	How can he **suggest going** into that bar tonight?
think about	We're **thinking about moving** to Spain.
Thank you for	**Thank you for inviting** us.
How/What about ... ?	**How/What about going** for a walk?
Would you mind ... ?	**Would you mind closing** the window?
It's worth ...	**It's worth talking** about the problem.
It's no use ...	**It's no use telling** him the whole story.
It's no good ...	**It's no good ignoring** the problem.
without	You can't wear this jacket **without asking** her.

be tired of sth. – *es satt haben etwas zu tun*

speech – *Rede*

BE: programme
AE: program

It's worth – *Es ist es Wert*
It's no use – *Es macht keinen Sinn*
It's no good – *Es nützt nichts*

Gerund oder Infinitiv?

Tipp! Ob ein ***gerund*** oder ein **Infinitiv** nach einem Verb folgt, lässt sich nicht aus der deutschen Übersetzung ableiten. Die Wendungen muss man einfach lernen!

a) ohne Bedeutungsänderung im Satz
Es gibt einige Verben, die sowohl ein ***gerund*** als auch den **Infinitiv** nach sich ziehen können, ohne dass sich die Bedeutung des Satzes ändert. Im Wesentlichen sind das: *love, like, hate, begin, continue, intend, prefer, start*

Beispiele:

prefer	+*gerund* oder: +Infinitiv	My husband **prefers working** on his computer. I **prefer to work** in the garden.
start	+*gerund* oder: +Infinitiv	I **started jogging** around the lake in March. My friend Meg, however, **started to work overtime** by then.

b) mit Bedeutungsänderung im Satz
Einige Verben können sowohl ein ***gerund*** als auch einen **Infinitiv** nach sich ziehen, ändern aber dadurch ihre Bedeutung. Die wichtigsten sind:

	gerund	**Infinitiv**
stop	She **stopped smoking.** *aufhören, etwas zu tun*	She **stopped to smoke** a cigarette. *anhalten, um etwas zu tun*
forget	I **forgot inviting** Caren. *vergessen, dass man etwas getan hat*	Oh, no, I **forgot to invite** Rita. *vergessen etwas zu tun*
remember	I **remember telling** her the whole story. *sich daran erinnern, dass man etwas getan hat*	**Remember to tell** her the whole story. *sich erinnern/daran denken, dass man etwas tun muss*
regret	Sam **regrets buying** the expensive watch. *bedauern, dass man etwas getan hat*	We **regret to inform** you that the train is delayed. *bedauern etwas tun zu müssen*
mean	Better results **mean working** harder every day. *bedeuten, etwas zur Folge, zur Konsequenz haben*	I **mean to see** the exhibition next Sunday. *etwas tun wollen, fest vorhaben*
try	**Try walking** more often. Das *gerund* beschreibt eine Alternative.	I **tried to walk** every day but I was too busy. Der Infinitiv beschreibt eine Bemühung.

Der Infinitiv nach bestimmten Verben

Wie beim Verb + *gerund* gibt es auch beim **Verb + Infinitiv** die Möglichkeit bei der Übertragung ins Deutsche das kleine Wort ‚**zu**' einzuschieben, z. B.
agree to write something – *zustimmen* ***etwas zu schreiben***
hope to arrive on time – *hoffen pünktlich* ***anzukommen***

mean + **Infinitiv**: *etwas fest vorhaben*
mean + ***gerund***: *bedeuten, zur Folge haben*

agree	I **agreed to write** the article again.
be afraid	Some people **are afraid to lose** their jobs.
be likely	Please, give me a ring. I'**m likely to forget** the meeting.
be prepared	I'**m not prepared to work** for nothing.
be sorry	Everybody **was sorry to hear** about Emily's divorce.
decide	They haven't yet **decided to call** the police.
hope	We **hope to arrive** on time.
learn	She **learned to ride** a bike when she was three.
mean	You don't **mean to leave** the children alone, do you?
offer	The taxi driver **offered to carry** the luggage.
plan	The Millers are **planning to go** to Australia.
promise	Teresa **promised to bring** her new boyfriend.
refuse	The drunk man **refused to leave** the restaurant.
would like	We **would like to spend** our holidays in Denmark.

be likely to forget – *wahrscheinlich vergessen*
divorce – *Scheidung*
mean – *fest vorhaben*
drunk – *betrunken*
refuse – *sich weigern*

Aufpassen bei verneinten Sätzen! Beachten Sie den Unterschied:

He **promised to talk** about this matter.	*Er versprach, über die Sache zu sprechen.*
He **promised not to talk** about this matter.	*Er versprach, nicht über die Sache zu sprechen.*
He **didn't promise to talk** about this matter.	*Er versprach nicht, über die Sache zu sprechen.*
He **didn't promise not to talk** about this matter.	*Er versprach nicht, nicht über die Sache zu sprechen.*

Achtung!
Der verneinte Infinitiv wird mit einem vorangestellten ***not*** gebildet. Die Verneinung des einleitenden Verbs ändert die **Bedeutung** des Satzes!

Die Infinitivkonstruktion wird auch vor allem gebraucht für Sätze wie:
Ich möchte/will/erwarte, dass…

I **want you to listen.**	*unbedingt wollen/verlangen, dass jemand anders etwas tut*
I **expect him to sign** the contract.	*erwarten, dass jemand anders etwas tut*
I'**d like you to meet** my wife.	*wollen/wünschen, dass jemand anders etwas tut*

Achtung!
Hier steht das Objekt immer zwischen Verb und Infinitiv!

Gerund *und Infinitiv*

1. *Gerund* als Subjekt oder als Objekt? Bilden Sie aus den Vorgaben einen Satz bzw. eine Frage und übersetzen Sie ihn dann. *

a) watching TV / our children / on / enjoy / Saturday evenings

____

____

b) own money? / do you / earning / your / miss

____

____

learn – *(er)lernen*

c) very useful / can be / foreign language / learning / a

____

____

Achtung Aussprache!
BE: golf [gɒlf]
AE: [gɑːlf]

d) is / hobby / playing golf / in Germany / an expensive

____

____

2. Übertragen Sie ins Englische. Benutzen Sie ein *gerund*. *

sail – *segeln*

a) Segeln macht Spaß.

____

drive on the left – *links fahren*

b) Links fahren ist nicht schwer.

____

c) Fußballspielen ist das größte Hobby unseres Sohnes.

____

d) Ich interessiere mich für das Erlernen einer Fremdsprache.

____

e) Mein Chef zieht es vor, morgens Tee zu trinken.

____

f) Ich liebe es, sonntags Fernsehen zu gucken.

____

g) Ich habe vor zwei Wochen mit dem Joggen angefangen.

____

3. *Gerund* oder Infinitiv? Setzen Sie das richtige Wort in die Lücke. **

a) I like (chat) ________________ on the Internet.

b) Are you afraid of (travel) ________________ on your own?

c) Robert promised (take) ________________ his new girlfriend home.

d) Did you enjoy (talk to) ________________ your mother after such a long time in the United States?

e) My sister is only interested in (buy) ________________expensive clothes.

f) Elena stopped (eat) ________________ fast food last May.

g) I'm not afraid (speak) ________________ in front of a lot of people.

h) Everybody stopped (laugh) ________________ when the boss came in.

i) Would you mind (catch) ________________that spider over there?

k) We hope (see) ________________ you again next summer.

4. Was passt zusammen? Es gibt mehrere Möglichkeiten. Tragen Sie alle Möglichkeiten in den Kasten ein.***

enjoy, decided, promised, be afraid of, offered, don't miss, hope, love, don't like, hate

I	enjoy, don't like, love, hate, don't miss	listening to classic music.
I		flying.
I		to come earlier next time.
I		to book the Westminster Hotel in London.
I		to argue with my best friends.

I		smoking in trains.
I		living in the city.
I		eating in Italian restaurants.

5. *Gerund* und Infinitiv bei <u>einem</u> Verb? Bei bestimmten Verben ist beides möglich. Die Bedeutung ändert sich.
Übertragen Sie die Bedeutungsunterschiede ins Deutsche.***

a) Julie stopped playing the piano when she was eighteen.

____

Julie stopped to play the piano because she hadn't practised that day.

____

cancel – *rückgängig machen, stornieren, absagen*

b) The secretary forgot cancelling the booking.

____

The secretary forgot to cancel the booking.

____

c) A beautiful garden means working in it nearly every day.

____

But I don't really mean to criticize you for your garden.

____

life insurance – *Lebensversicherung*

d) Do you remember talking to Helen about her life insurance?

____

Remember to talk to Helen about her life insurance.

____

Die Verben *be, have* und *do*

Hi Lucy,

There's a fantastic film at the Capitol this evening. **I've** already **got** two tickets. **Are** you busy tonight? Or **do** you **have to** stay at home tonight? **I'm leaving** home at 7.30. So if you can join me, please let me know by then.

See you,

Sina

Hallo, Lucy!
Heute Abend läuft ein fantastischer Film im Capitol. Ich habe schon zwei Karten. Hast du heute Abend etwas vor? Oder musst du heute zu Hause bleiben? Ich gehe um halb acht aus dem Haus. Wenn du also mitkommen willst, lass es mich bis dahin wissen.
Bis dann,
Sina

Allgemeines

Die Verben ***be*** und ***have*** unterstützen die Vollverben als **Hilfsverben** bei der Bildung verschiedener Zeitformen.
Das Verb ***do*** unterstützt die Vollverben als **Hilfsverb** bei der Bildung von Fragen und verneinten Sätzen im *present simple* und im *past simple*.

Be, have und ***do*** können auch **Vollverben** sein.

1. *be* als Hilfsverb

Das Hilfsverb ***be*** spielt im Englischen eine ganz besondere Rolle. Es hat einige unregelmäßige Formen, die keiner Regel folgen. Man lernt sie am besten auswendig.

Überblick über *be* in allen Zeitformen:

		Form von ***be***
present simple	I	**am**
	you, we, you, they	**are**
	he, she it	**is**
past simple	I, he, she, it	**was**
	you, we, you, they	**were**
present perfect	I, you, we, you, they	**have been**
	he, she, it	**has been**
past perfect	I, you, he, she, it, we, you, they	**had been**
will-future	I, you, he, she, it, we, you, they	**will be**
future perfect	I, you, he, she, it, we, you, they	**will have been**
conditional	I, you, he, she, it, we, you, they	**would be**
conditional perfect	I, you, he, she, it, we, you, they	**would have been**

▶ **Das Passiv**, S. 184

▶ ***be, have, do* als Vollverb**, S. 88

Von ***be*** selbst können auch *progressive*-Formen gebildet werden. Sie tauchen allerdings nur selten auf, hauptsächlich im Passiv und dann, wenn ***be*** ein Vollverb ist.

Bildung von Zeitformen mit *be* und Gebrauch

Das Hilfsverb ***be*** wird verwendet zur Bildung …

▶ **Das Verb**, S. 70

I'**m listening** to the news.
She'**s talking** to Susan.
Tim and Lee **are preparing** the next test.

… aller *progressive*-Formen (eine Form von ***be + present participle***)

▶ **Das present progressive**, S. 102

This shop **is supervised** by a video camera.
His shoulder **was x-rayed**.

… der Passivformen (eine Form von ***be + past participle***)

▶ **Das Passiv**, S. 184

I'**m not dreaming**.
You/We/You/They **aren't dreaming**.
He/She/It **isn't dreaming**.

… verneinter *progressive*-Formen (an die Form von ***be*** wird ***not*** (Kurzform ***n't***) gehängt.)

Verneinte Sätze und **Fragen** werden wie bei allen Hilfsverben gebildet.

Am I **dreaming**?
Are you/we/you/they **dreaming**?
Is he/she/it **dreaming**?

… von Fragen mit *progressive*-Formen (die Form von ***be*** wird mit dem Subjekt vertauscht)

▶ **Fragen**, S. 164

2. *have* als Hilfsverb

Überblick über *have* in allen Zeitformen

		Form von ***have***
present simple	I, you, we, you, they	**have**
	he, she, it	**has**
past simple	I, you, he, she, it, we, you, they	**had**
present perfect	I, you, we, you, they	**have had**
	he, she, it	**has had**
past perfect	I, you, he, she, it, we, you, they	**had had**
will-future	I, you, he, she, it, we, you, they	**will have**
future perfect	I, you, he, she, it, we, you, they	**will have had**
conditional	I, you, he, she, it, we, you, they	**would have**
conditional perfect	I, you, he, she, it, we, you, they	**would have had**

Von ***have*** selbst können auch *progressive*-Formen gebildet werden. Sie tauchen nur dann auf, wenn ***have*** ein Vollverb ist.

Bildung von Zeitformen mit *have* und Gebrauch

Das Hilfsverb ***have*** unterstützt die Vollverben bei der Bildung der Zeiten *present perfect* und *past perfect*. Beide *perfect*-Zeitformen werden mit einer **Form von *have* + *past participle*** gebildet.

I'**ve** just **finished** breakfast.
Amy **has** just **driven** the car out of the garage.

present perfect: (*have* oder *has* + *past partciple*)

He **had assured** me that the car was OK before I bought it.

past perfect: (*had* + *past participle*)

▶ ***be, have, do* als Vollverb**, S. 88

▶ **Das present perfect**, S. 121

assure – *versichern*

▶ **Das past perfect**, S. 132

Verneinte Sätze und **Fragen** werden wie bei allen Hilfsverben gebildet.

Sorry, I **haven't finished** breakfast yet.
Amy **hasn't called** me yet.

Verneinter Satz im ***present prefect*** und im ***past perfect***:	(*have/has* bzw. *had* + *not* (Kurzform *n't*) + *past participle*)

Darling, **have you taken** the car out?
Has Luke already **fed** the cat?

▸ **Fragen**, S. 164

Frage im ***present prefect*** und im ***past perfect***:	(*have/has* bzw. *had* wird mit dem Subjekt vertauscht.)

3. *do* als Hilfsverb

Überblick über *do* in allen Zeitformen:

		Form von **do**
present simple	I, you, we, you, they	**do**
	he, she, it	**does**
past simple	I, you, he, she, it, we, you, they	**did**
present perfect	I, you, we, you, they	**have done**
	he, she, it	**has done**
past perfect	I, you, he, she, it, we, you, they	**had done**
will-future	I, you, he, she, it, we, you, they	**will do**
future perfect	I, you, he, she, it, we, you, they	**will have done**
conditional	I, you, he, she, it, we, you, they	**would do**
conditional perfect	I, you, he, she, it, we, you, they	**would have done**

▸ ***be, have, do* als Vollverb**, S. 88

Von ***do*** selbst können auch *progressive*-Formen gebildet werden. Sie tauchen nur dann auf, wenn ***do*** ein Vollverb ist.

Bildung von *do* und Gebrauch

Das Hilfsverb ***do*** unterstützt die Vollverben bei der Bildung von **Fragen** und **verneinten Sätzen** im *present simple* und im *past simple*:

present simple

bejahter Satz (*ohne do/does*)	▸	I **go** to work by bus. Sheila **works** hard.
verneinter Satz	▸	I **don't go** to work by train. She **doesn't** work after 8 pm.

Aufgepasst!
Das Hilfsverb ***do*** in verneinten Sätzen und Fragen wird **nicht** übersetzt.

Frage	**Do you go** to work by car? **Does she work** on Sundays, too?
verneinte Frage	**Don't you like** this game**?** **Doesn't he come** with us?
	past simple
bejahter Satz *(ohne did)*	I **went** to work by bus. Sheila **worked** hard.
verneinter Satz	I **didn't go** to work by train. She **didn't** work after 8 pm.
Frage	**Did you go** to work by car? **Did she work** on Sundays in her last job, too?
Verneinte Frage	**Didn't you say** you bring a friend**?** **Didn't we book** the hotel in time**?**

4. *be, have* und *do* als Vollverben

Be**, **have und ***do*** können auch **Vollverb** sein.

In diesem Fall brauchen ***have*** und ***do*** wie alle anderen Vollverben in verneinten Sätzen und Fragen im *present simple* und im *past simple* die ***do*-Umschreibung**. Bei ***do*** scheint dies ungewöhnlich, da in solchen Sätzen ***do*** zweimal vorkommt. Das ist aber völlig korrekt.

have	bejahter Satz	I **have** a new computer.
	Frage	**Do you have** a computer?
	verneinter Satz	No, I **don't have** a computer.
	bejahter Satz	Susan **has** two brothers.
	Frage	**Does she have** a sister, too?
	verneinter Satz	No, she **doesn't have** a sister.

have als Vollverb bedeutet *besitzen, haben*.

do	bejahter Satz	I always **do** the washing up.
	verneinter Satz	I **don't do** the ironing.
	Frage	**Do you do** housework at all?
	bejahter Satz	George always **does** his exercises in the early morning.
	verneinter Satz	He **doesn't do** his exercises on Sundays.
	Frage	**Does he do** his exercises at home?

Als Hilfsverb wird ***do*** nicht übersetzt, als Vollverb heißt es *machen, tun*.

do exercises – *Gymnastik machen*

Be als Vollverb macht auch hier wieder eine Ausnahme. Es hat als Vollverb die gleichen Formen wie als Hilfsverb.

be	bejahter Satz	Mr Santos **is** a strict guitar teacher.
	verneinter Satz	He **isn't** funny.
	Frage	**Is** your teacher strict, too?
	bejahter Satz	Our neighbours **are** from France.
	verneinter Satz	They **aren't** very chatty.
	Frage	**Are they** nice?

chatty – *gesprächig*

Natürlich ist mit *be, have* und *do* auch die Bildung der *progressive*-Formen möglich. Sie folgt der üblichen Regel *be* + *present participle* (*-ing*-Form). Bei ***be*** scheint dies ungewöhnlich, da in solchen Sätzen ***be*** zweimal vorkommt. Das ist aber völlig korrekt. Beispiele sind:

I'm just being silly. I'm having fun. I'm doing my exercises.

5. Alle Kurz- und Langformen von *be, have* und *do* im Überblick

Die **Kurzformen** von *be, have* und *do* werden meistens in der **gesprochenen Sprache** verwendet. Sie machen das Sprechen flüssiger. **Langformen** werden nur **zur besonderen Betonung** verwendet.

Tipp! Bei den verneinten Formen wird bei der Variante mit dem unverkürzten *not* die Verneinung stärker betont:
I'm so stupid!
No, you're ***not*** *stupid!*

be **im present simple**

bejaht		verneint	
Kurzform	**Langform**	**Kurzform**	**Langform**
I'm	I am	I'm not	I am not
you're	you are	you aren't you're not	you are not
he's	he is	he isn't he's not	he is not
she's	she is	she isn't she's not	she is not
it's	it is	it isn't it's not	it is not
we're	we are	we aren't we're not	we are not
you're	you are	you aren't you're not	you are not
they're	they are	they aren't they're not	they are not

be im past simple

bejaht		verneint	
Kurzform	**Langform**	**Kurzform**	**Langform**
Die bejahten **past simple**-Formen von **be** werden unverkürzt verwendet.	I was	I wasn't	I was not
	you were	you weren't	you were not
	he was	he wasn't	he was not
	she was	she wasn't	she was not
	it was	it wasn't	it was not
	we were	we weren't	we were not
	you were	you weren't	you were not
	they were	they weren't	they were not

be im will-future

bejaht		verneint	
Kurzform	**Langform**	**Kurzform**	**Langform**
I'll be	I will be	I won't be	I will not be
you'll be	you will be	you won't be	you will not be
he'll be	he will be	he won't be	he will not be
she'll be	she will be	she won't be	she will not be
it'll be	it will be	it won't be	it will not be
we'll be	we will be	we won't be	we will not be
you'll be	you will be	you won't be	you will not be
they'll be	they will be	they won't be	they will not be

Tipp! Es gibt nur eine Form für alle Personen.

be im conditional

bejaht		verneint	
Kurzform	**Langform**	**Kurzform**	**Langform**
I'd be	I would be	I wouldn't be	I would not be
you'd be	you would be	you wouldn't be	you would not be
he'd be	he would be	he wouldn't be	he would not be
she'd be	she would be	she wouldn't be	she would not be
it'd be	it would be	it wouldn't be	it would not be
we'd be	we would be	we wouldn't be	we would not be
you'd be	you would be	you wouldn't be	you would not be
they'd be	they would be	they wouldn't be	they would not be

Tipp! Es gibt nur eine Form für alle Personen.

Alle Kurz- und Langformen von **be, have** *und* **do** *im Überblick*

Aufgepasst!
he's, she's, it's sind die Kurzformen von *he has, she has, it has* **und** von *he is, she is, it is!*

have im present simple

bejaht		verneint	
Kurzform	**Langform**	**Kurzform**	**Langform**
I've	I have	I haven't	I have not
you've	you have	you haven't	you have not
he's	he has	he hasn't	he has not
she's	she has	she hasn't	she has not
it's	it has	it hasn't	it has not
we've	we have	we haven't	we have not
you've	you have	you haven't	you have not
they've	they have	they haven't	they have not

Tipp! Es gibt nur eine Form für alle Personen.

have im past simple

bejaht		verneint	
Kurzform	**Langform**	**Kurzform**	**Langform**
Die bejahten **past simple**-Formen von **have** werden unverkürzt verwendet.	I had	I hadn't	I had not
	you had	you hadn't	you had not
	he had	he hadn't	he had not
	she had	she hadn't	she had not
	it had	it hadn't	it had not
	we had	we hadn't	we had not
	you had	you hadn't	you had not
	they had	they hadn't	they had not

Tipp! Es gibt nur eine Form für alle Personen.

have im will-future

bejaht		verneint	
Kurzform	**Langform**	**Kurzform**	**Langform**
I'll have	I will have	I won't have	I will not have
you'll have	you will have	you won't have	you will not have
he'll have	he will have	he won't have	he will not have
she'll have	she will have	she won't have	she will not have
it'll have	it will have	it won't have	it will not have
we'll have	we will have	we won't have	we will not have
you'll have	you will have	you won't have	you will not have
they'll have	they will have	they won't have	they will not have

have im conditional

bejaht		verneint	
Kurzform	**Langform**	**Kurzform**	**Langform**
I'd have	I would have	I wouldn't have	I would not have
you'd have	you would have	you wouldn't have	you would not have
he'd have	he would have	he wouldn't have	he would not have
she'd have	she would have	she wouldn't have	she would not have
it'd have	it would have	it wouldn't have	it would not have
we'd have	we would have	we wouldn't have	we would not have
you'd have	you would have	you wouldn't have	you would not have
they'd have	they would have	they wouldn't have	they would not have

Tipp! Es gibt nur eine Form für alle Personen.

do im present simple

bejaht		verneint	
Kurzform	**Langform**	**Kurzform**	**Langform**
Die ***present simple***-Formen von ***do*** werden unverkürzt verwendet.	I do	I don't	I do not
	you do	you don't	you do not
	he does	he doesn't	he does not
	she does	she doesn't	she does not
	it does	it doesn't	it does not
	we do	we don't	we do not
	you do	you don't	you do not
	they do	they don't	they do not

do im past simple

bejaht		verneint	
Kurzform	**Langform**	**Kurzform**	**Langform**
Die ***past simple***-Formen von ***do*** werden unverkürzt verwendet.	I did	I didn't	I did not
	you did	you didn't	you did not
	he did	he didn't	he did not
	she did	she didn't	she did not
	it did	it didn't	it did not
	we did	we didn't	we did not
	you did	you didn't	you did not
	they did	they didn't	they did not

Tipp! Es gibt nur eine Form für alle Personen.

Alle Kurz- und Langformen von **be, have** *und* **do** *im Überblick*

Tipp! Es gibt nur eine Form für alle Personen.

do im will-future

bejaht		verneint	
Kurzform	**Langform**	**Kurzform**	**Langform**
I'll do	I will do	I won't do	I will not do
you'll do	you will do	you won't do	you will not do
he'll do	he will do	he won't do	he will not do
she'll do	she will do	she won't do	she will not do
it'll do	it will do	it won't do	it will not do
we'll do	we will do	we won't do	we will not do
you'll do	you will do	you won't do	you will not do
they'll do	they will do	they won't do	they will not do

Tipp! Es gibt nur eine Form für alle Personen.

do im conditional

bejaht		verneint	
Kurzform	**Langform**	**Kurzform**	**Langform**
I'd do	I would do	I wouldn't do	I would not do
you'd do	you would do	you wouldn't do	you would not do
he'd do	he would do	he wouldn't do	he would not do
she'd do	she would do	she wouldn't do	she would not do
it'd do	it would do	it wouldn't do	it would not do
we'd do	we would do	we wouldn't do	we would not do
you'd do	you would do	you wouldn't do	you would not do
they'd do	they would do	they wouldn't do	they would not do

1. Ordnen Sie die folgenden Verbformen den Verben *be, have* und *do* zu. *

am	did	have been	had
are	has done	is	has had
had done	would do	has	will do
does	had been	was	have had
were	will be	had had	will have
would be	have done	would have	has been

be	have	do

2. Schreiben Sie die **Kurzformen**. *

a) he is	g) she has
b) we are	h) it will
c) she was not	i) I am
d) you do not	k) they are
e) they have	l) he has not
f) you are not	m) they did not

3. Wie heißen die **Langformen**? *

a) you're	g) he's
b) they've	h) you didn't
c) she'll	i) it doesn't
d) they'd have	k) I'd be
e) I won't be	l) you've
f) we aren't	m) it's been

4. Verneinen Sie die folgenden Aussagen. Schreiben Sie **Kurzformen**. **

a) they have	g) it did
b) he does	h) you do
c) we will	i) we are
d) I am	k) you have
e) I do	l) he is
f) she has	m) they had

5. In welchen der folgenden Sätze agieren *be, have* und *do* als Hilfsverb und in welchen sind sie Vollverb? Schreiben Sie die Nummern der Sätze auf. ***

lawyer – *Rechtsanwalt/Rechtsanwältin*

envy – *beneiden*

a) My name is Susan Parker.
b) I'm a lawyer.
c) I've been working fulltime since summer last year.
d) My office is in Oxford Street.
e) I have three married colleagues.
f) We are a successful team.
g) My husband doesn't envy me.
h) He doesn't like to work in a big office.
i) He's happy to have his office at home.
k) I'm lucky.
l) He does all the housework, too.

Be, have und *do* sind Vollverb in den Sätzen ____________________

Be, have und *do* sind Hilfsverb in den Sätzen ____________________

Die Zeiten

In den folgenden Kapiteln werden Ihnen alle wichtigen Zeitformen des Englischen vorgestellt. Zu Beginn hier gleich drei Punkte, die Sie bei jeder Zeitstufe beachten sollten:

1.	2.	3.
Wie wird die jeweilige **Zeitform gebildet**?	Von welchem **Zeitpunkt/Zeitraum** spreche ich oder mit welcher **Absicht** sage ich etwas?	Welche **Signalwörter** muss ich beachten?

1. und 2. Bildung und Gebrauch

Mit der **Bildung** der Zeitformen beginnt jedes der Zeitenkapitel. Daran schließen sich die Hinweise zum **Gebrauch** der einzelnen Zeitformen an.

Die **Übungen** zu den einzelnen Zeiten konzentrieren sich zunächst auf das Üben der jeweiligen Zeitform. Zum Abschluss jeder Zeitform steht eine vergleichende Übung, wenn diese Zeitform leicht mit einer anderen zu verwechseln ist. Im Kapitel **Alle Zeiten im Überblick** ab Seite 155 werden die Zeitformen noch einmal zusammengefasst. Die sich dort anschließenden Übungen setzen die Kenntnis der Regeln aller Zeitformen voraus.

3. Signalwörter

Für fast jede Zeitform gibt es sogenannte **Signalwörter**. Wenn diese Wörter benutzt werden, sind bestimmte Zeitformen zwingend nötig. Leider enthält nicht jeder Satz so ein Signalwort. Es reicht oft, zu Beginn eines Textabschnitts ein Signalwort zu setzen. Es ist dann offensichtlich, dass es sich weiterhin um z. B. ein Ereignis in der Vergangenheit handelt.
Es kommt aber auch vor, dass eine Situation nicht eindeutig den Regeln einer bestimmten Zeitform zuzuordnen ist, so dass es mehr als eine Möglichkeit gibt. Je mehr Sie sich mit der englischen Sprache beschäftigen, sie **sprechen**, **hören** und **schreiben**, desto eher gewinnen Sie ein Gefühl für unterschiedliche Ausdrucksweisen.

Die **Signalwörter** stehen in der Randspalte der jeweiligen Zeitform bei **Gebrauch des ...!**

Das *present simple*

From Monday to Friday I always **get up** at 7 o'clock. I **go** to the bathroom, **wash** and **get** dressed. Then I **have breakfast**. At 8 o'clock I usually **leave** the house and **take** the bus into town. I never **start** work before 9 o'clock. My friend, Rebecca, **works** in the same office. She's sometimes late. She never **gets up** before 7.30 and she often **misses** the bus.

Von Montag bis Freitag stehe ich immer um 7 Uhr auf. Ich gehe ins Bad, wasche mich und ziehe mich an. Dann frühstücke ich. Um 8 Uhr gehe ich gewöhnlich aus dem Haus und fahre mit dem Bus in die Stadt. Ich fange nie vor 9 Uhr an zu arbeiten. Meine Freundin arbeitet im gleichen Büro. Sie kommt manchmal zu spät. Sie steht nie vor halb acht auf und verpasst oft den Bus.

Bildung des *present simple*

Bejahte und verneinte Aussagen:

Das *present simple* ist bei den Personen *I, you, we, you, they* identisch mit dem Infinitiv des Verbs. Bei der 3. Person Singular (*he, she, it*) wird ein ***-s*** an den Infinitiv des Verbs gehängt.
Verneinte Aussagesätze mit Vollverben brauchen die Unterstützung des Hilfsverbs ***do***: Je nach Person wird ***don't*** oder ***doesn't*** dem Infinitiv vorangestellt. Das ***do*** bzw. ***does*** wird nicht übersetzt.

Achtung!
He, she, it!
Das **s** muss mit!

I, you, we, you, they	understand / play / sleep / find / … **don't** understand / play / sleep / find / …
he, she, it	understand**s** / play**s** / sleep**s** / find**s** / … **doesn't** understand / play / sleep / find / …

Besonderheiten in der Schreibweise der 3. Person Singular:

Achtung Aussprache!
goes [gəʊz]
does [dʌz]
wishes ['wɪʃɪz]
says [sez]

go ▸ go**es** do ▸ do**es**	Bei **go** und **do** wird ein ***-es*** angehängt.
try ▸ tr**ies** fly ▸ fl**ies**	Endet ein Verb auf **Konsonant + y**, wird das **y** durch **-ies** ersetzt.
kiss ▸ kiss**es** wish ▸ wish**es** watch ▸ watch**es**	Endet ein Verb mit einem **s** oder einem Zischlaut, wird ***-es*** angehängt und [ɪz] gesprochen.

Fragen und Kurzantworten:

Fragen mit Vollverben brauchen ebenfalls ein ***do*** oder ***does***. ***Do*** bzw. ***Does*** wird vor das Subjekt gestellt. Auch bei Fragen werden ***do*** bzw. ***does*** nicht übersetzt.
Auf solche Fragen kann man mit ‚ja' oder mit ‚nein' antworten. Es gilt aber als unhöflich im Englischen nur mit *yes* oder *no* zu antworten. Hier werden Kurzantworten verwendet.

▸ **Kurzantworten**, S. 166

Do **Don't**	I you we you they	understand?	**Yes,**	I, you, we, you, they	**do.**
				he, she, it	**does.**
Does **Doesn't**	he she it		**No,**	I, you, we, you, they	**don't.**
				he, she, it	**doesn't.**

▸ **Fragen mit Fragewörtern**, S. 166

Verneinte Fragen können auch in der Langform gebildet werden, wenn die Verneinung betont werden soll. Dann allerdings ändert sich die Satzstellung, z. B. **Do you <u>not</u> understand?/Does she <u>not</u> understand?**

Gebrauch des *present simple*

Das *present simple* wird gebraucht für:

We <u>often</u> **spend** the Easter break in Italy.
We <u>usually</u> **go** there by car.
My husband **doesn't want** to fly.
Our children **don't** <u>always</u> **come** with us.
They <u>sometimes</u> **spend** the Easter break at their grandparents'.

Handlungen und Ereignisse, die **regelmäßig oder aus Gewohnheit** geschehen.

I always **walk** to work. <u>Then</u> I **get** a cup of coffee and **read** my e-mails. <u>After that</u> I usually **have** a meeting with the whole team. We **talk about** current projects.

Erzählungen oder Beschreibungen von gewohnheitsmäßigen Handlungen oder Ereignissen, die nacheinander geschehen.

The plane **arrives** at 15.45.

Abfahrzeiten, Fahrpläne

Signalwörter!
always – *immer*
never – *nie(mals)*
often – *oft*
rarely – *selten*
sometimes – *manchmal*
usually – *normalerweise*
every week, every month, etc. – *jede Woche, jeden Monat* usw.
from time to time – *von Zeit zu Zeit*
once a day, twice a week, etc. – *einmal am Tag, zweimal die Woche* usw.

current – *laufend, aktuell*

The sun often **shines** in California. Ice **melts** at 1 degree.	
Allgemeingültige Aussagen	
He **flies** to Bruxelles on Friday.	
Festes Vorhaben in der Zukunft	

▸ **Das future**, S. 144

Wortstellung in Aussagesätzen im *present simple*:

▸ Die **Satzstellung**, S. 221

Adverbien der Häufigkeit bestehen nur aus einem Wort und stehen vor dem Vollverb bzw. nach dem ersten Hilfsverb.	We often **invite** friends over for dinner. We **can** always **talk** about our problems, but we **can't** always **find** a solution.
Ausnahme: bei ***be*** werden sie immer nachgestellt.	Our friends **are** never late.
Manche können auch am Satzanfang oder Satzende stehen.	Sometimes we **prepare** our dinner together. We **don't eat** meat very often.
Adverbiale Bestimmungen der Zeit bestehen oft aus mehr als einem Wort und stehen meistens am Satzende, zur besonderen Betonung auch am Satzanfang.	Steven **smokes** from time to time. I **play** tennis at the new tennis courts every week. Once a year we **visit** a new city with the whole family.

1. Vervollständigen Sie den Text, indem Sie die Verben korrekt einsetzen. *

leave	collect	walk	work	finish
put	get up	be	take	enjoy
like	start	drive	put	take

Thomas ____________ as a postman. He ____________ his job. He ____________ very early every morning and ____________ the bus to the main post office. He ____________ the huge amount of letters and ____________ them into his car. Then he ____________ to the outskirts of his town. He ____________ in his district around 10 o'clock. Thomas ____________ his car at the carpark and ____________ the letters into his big bag. Then he ____________ from house to house and ____________ having a job outside the city centre. It usually ____________ him four to five hours until no letters ____________ left in his bag. He ____________ his job in the early afternoon.

2. Was machen die Kollegen in ihrer Freizeit und was nicht? Bilden Sie bejahte und verneinte Sätze im *present simple*. **

Robin	Sarah	Nick	Alice	Anette	Justin
+ play football	+ cook large meals	+ go fishing	+ love shopping	+ take a lot of pictures	+ surf the Internet
- play every weekend	- like the washing up	- eat the fish	- spend much money	- show them to everybody	- go into chat rooms

a) Robin plays football but he doesn't play every weekend.

b) ____

____

c) ____

____

d) ______________________________

____

e) ______________________________

____

f) ______________________________

3. Übertragen Sie die folgenden Sätze ins Englische. ***

Denken Sie an die Satzstellungsregeln S-P-O und Ort vor Zeit

▸ **Die Satzstellungsregeln**, S. 221

a) Judy steht jeden Morgen um 6.30 Uhr auf.

____

b) Sie frühstückt nie.

____

c) Manchmal kauft sie sich ein Sandwich beim Bäcker nebenan.

____

d) Judy nimmt immer die S-Bahn in die Stadt.

____

e) Sie arbeitet oft bis 18 Uhr.

____

f) Nach der Arbeit trifft sie manchmal eine Freundin.

____

g) Judy geht nicht vor Mitternacht ins Bett.

____

4. Bilden Sie die Fragen zu den vorgegebenen Antworten. ***

a) ______________________________

Yes, I cook every day.

b) ______________________________

No, I don't buy women's magazines.

c) ______________________________

Yes, my husband works fulltime.

d) ______________________________

Yes, we have two children, two girls.

e) ______________________________

Yes, they both like science fiction books a lot.

f) ______________________________

No, they don't argue very often.

5. Sprichwörter und Redewendungen sind in jeder Sprache anders. Hier sind ein paar Beispiele im *present simple*. Wie heißt die deutsche Entsprechung? ***

Achtung!
Nicht wörtlich übersetzen!

a) The early bird catches the worm.
b) A new broom sweeps clean.
c) He's like a bull in a china shop.
d) You can't teach an old dog new tricks.
e) You can bet your life on that.
f) All's well that ends well.
g) The exception proves the rule.
h) A friend in need is a friend indeed.
i) Money talks.
k) No news is good news.
l) It takes two to tango.
m) Tomorrow is another day.
n) Where there's a will, there's a way.

a) ______________________________
b) ______________________________
c) ______________________________
d) ______________________________
e) ______________________________
f) ______________________________
g) ______________________________
h) ______________________________
i) ______________________________
k) ______________________________
l) ______________________________
m) ______________________________
n) ______________________________

Das *present progressive*

Poor Annie. It's such a beautiful day and she's **sitting** inside at her computer. She's **doing** everything at once: she's **reading** her e-mails, **talking** on the office phone, while her cell phone **is** also **ringing**. Now a fax **is coming** in for her, too. Everybody else **is** out **enjoying** the nice weather!

Arme Annie! Es ist so ein schöner Tag und sie sitzt drinnen an ihrem Computer. Sie macht alles auf einmal: sie liest ihre E-Mails, spricht am Telefon und ihr Handy klingelt auch. Jetzt kommt auch noch ein Fax für sie herein. Alle anderen genießen das schöne Wetter draußen.

Bildung des *present progressive*

Alle ***progressive*** Zeitformen werden mit einer Form von ***be + present participle*** gebildet!

▶ **Besonderheiten bei der Schreibweise der *present participle*-Formen**, S. 103

Bejahte und verneinte Aussagen:

Das ***present progressive*** besteht immer aus mindestens zwei Wörtern:

eine **Form von *be* im *present simple* + *present participle*.**

Die Formen von ***be*** hängen im *present simple* von der jeweiligen Person im Singular oder im Plural ab.
Das ***present participle*** wird durch das Anhängen von ***–ing*** an das jeweilige Verb gebildet.

	bejaht		verneint		present participle
	Langform	Kurzform	Langform	Kurzform	
I	am	'm	am not	'm not	
you	are	're	are not	're not aren't	
he she it	is	's	is not	's not isn't	working.
we you they	are	're	are not	're not aren't	

Mr Smith **is talking** on the phone. He**'s speaking** to a saleswoman.
Mr Smith **isn't talking** to his secretary. He**'s not**/He **isn't speaking** to a man.
Jason and I **are looking** for a new car. We**'re looking** for a cheap one.
Jason and I **aren't looking** for a van. We**'re not**/We **aren't looking** for an expensive car.
Our neighbours **are arguing**. They**'re** talking about politics.
Our neighbours **aren't listening** to the TV programme. They**'re not**/They **aren't trying** to understand each other.

Achtung!
Die **Kurzformen** werden bevorzugt, wenn das Subjekt ein Personalpronomen ist. Bei Namen oder Bezeichnungen wird generell die **Langform** verwendet.

Besonderheiten in der Schreibweise des *present participle*:

sit ▸ sit**t**ing swim ▸ swim**m**ing run ▸ run**n**ing travel ▸ travel**l**ing	Verdopplung des Endkonsonanten bei kurzem Vokal vor dem Endkonsonanten.
smile ▸ smil**ing** prepare ▸ prepar**ing** argue ▸ argu**ing**	Ein nicht gesprochenes ‚*e*' am Ende des Verbs entfällt vor dem *–ing*.

AE: travel – **traveling**

Fragen und Kurzantworten:

Fragen im *present progressive* werden gebildet, indem die jeweilige Form des Hilfsverbs ***be*** mit dem Subjekt vertauscht wird und am Satzanfang steht.

Am	I	**working?**	**Yes,**	I	**am.**
Am	I not			he, she, it	**is.**
Is	he, she, it			you, we, you, they	**are.**
Isn't			**No,**	I	**'m not.**
Are	you, we, you,			he, she, it	**isn't.**
Aren't	they			you, we, you, they	**aren't.**

Tipp! Bei Kurzantworten mit ‚**Yes**' werden generell die **Langformen** benutzt, bei Kurzantworten mit ‚**No**' die **Kurzformen**!

▸ **Fragen mit Fragewörtern**, S. 166

Verneinte Fragen können auch in der Langform gebildet werden, wenn die Verneinung betont werden soll. Dann ändert sich allerdings die Satzstellung, z. B. Is she **not** working?/Are you **not** working?

Are you **thinking** of John? **No, I'm not.**
Denkst du/Denken Sie gerade an John? Nein.

Is Jake **surfing** the Internet? **No, he isn't.**
Surft Jake gerade im Internet? Nein.

Are your colleagues still **celebrating** in the office? **Yes, they are.**
Feiern deine/Ihre Kollegen noch im Büro? Ja.

Im Deutschen reicht ein ‚Ja' bzw. ‚Nein' als Antwort. Im Englischen gilt dies als unhöflich.
Benutzen Sie die **Kurzantworten**!
▸ Kurzantworten, S. 166

Signalwörter!
now – *nun, jetzt*
at the moment – *im Moment, im Augenblick*

Gebrauch des *present progressive*

Das *present progressive* wird gebraucht für:

Look, Mrs Johnson **is just leaving** the house.

- Handlungen, die jetzt in diesem Augenblick stattfinden.

Everybody **is collecting** money for the people who lost everything.

- Handlungen, die andauern, aber nur momentan oder vorübergehend Gültigkeit haben.

We'**re celebrating** our 25th wedding anniversary next Sunday.

- Handlungen, die in der Zukunft liegen und schon geplant oder fest beschlossen sind.

Ausnahmen:

Einige Verben bilden keine *progressive*-Formen, z. B. ***see, taste, smell, notice, believe, think, imagine, know, forget, understand, like, love, prefer, hate, want, wish, hope, cost, weigh.***

Manche von diesen Ausnahmen können zwar eine *progressive*-Form bilden, ändern damit aber ihre Bedeutung, z. B.

dessert – *Nachtisch*

I **think** you're right. (*glauben*)	What **are** you **thinking**? (*nachdenken*)
I **guess** you like that. (*annehmen*)	Come on, you'**re** only **guessing**. (*herumraten*)
These oranges **taste** sweet. (*schmecken*)	Mary **is tasting** the dessert. (*kosten, probieren, abschmecken*)

Unterschiedliche Bedeutung von *present progressive* und *present simple*

An zwei Beispielen wird gezeigt, dass je nach Sprechabsicht beide Zeitformen korrekt sind. Entscheidend ist, was man ausdrücken möchte.

I'm working in an office.	Der Job ist nur vorübergehend, demnächst arbeite ich etwas anderes.
I work in an office.	Ich habe eine feste Anstellung und arbeite dort regelmäßig. Ich habe nicht die Absicht zu wechseln.
I'm living in Stuttgart.	Ich bin auf der Durchreise oder auf der Suche nach einer anderen Bleibe.
I live in Stuttgart.	Ich habe dort meinen festen Wohnsitz. Ich lebe dort.

1. Stellen Sie sich vor, Sie kommen gerade auf eine Party und sollen die Situation beschreiben, die Sie vorfinden. Ordnen Sie die Vorgaben in die richtigen Sätze ein. *

a) Joe ____________________ his new girlfriend.
b) Both ____________________ a cocktail at the bar.
c) Five young men ____________________ around Tina.
d) Nick ____________________ a funny joke and Nicole __________ ________________ about it.
e) Two waiters ____________________ delicious food into the room.
f) The music is brilliant but nobody ________________________ .
g) There's Rebecca. She ____________________ hello to everybody.
h) She ________________________ a brilliant dress.

are carrying
are drinking
are standing
is laughing
is talking to
is saying
is dancing
is telling
is wearing

2. Es ist 10 Uhr morgens. Viele Berufstätige sind mit unterschiedlichen Arbeiten beschäftigt. Was tun sie gerade? *

a) The hairdresser next door (cut) ________________________ hair.
b) Four teachers at the local high school (teach) ____________ French.
c) Doctors at the hospital (operate) ________________ on ill people.
d) Policemen (control) __________________________ the traffic.
e) A pilot (fly) ________________________ his helicopter.
f) Two shop assistants (sell) ____________________ mobile phones.
g) A manager of Sainsbury's (sign) ___________________ a contract.
h) A taxi driver (drive) _______________________ to the station.

contract – *Vertrag*

3. Setzen Sie bejahte oder verneinte *present progressive*-Formen ein. Benutzen Sie die Kurzformen, wenn möglich. **

It's Monday afternoon. What a day! The sun (not shine) ______________ ______________. It (rain) ______________________ cats and dogs. Mr Spencer (sit) ______________________ in his office. He (not talk) __________________________ on the phone. He (write) __________

____________ a report. His secretary (write) __________________ an e-mail. But not everybody (work) ______________________ . A young girl in a building across the street (daydream) ___________________ . She (not do) ________________________ her homework although she has a lot to do. And Mr and Mrs Frazer from next door (go) ___________ ___________ for a walk in the park. They (not wear) _______________ _________________ their rain coats. But they (have) ______________ ______________ an umbrella each. Their dog, Colin, (enjoy) _________ _______________ the walk. He (chase) __________________ a rabbit.

although – *obwohl*

chase – *jagen*

4. Bringen Sie die Wörter in die richtige Reihenfolge und bilden Sie Fragen im *present progressive*. ***

a) dream / your last holiday / you / in France / about

Are you dreaming about your last holiday in France?

b) talk / at the moment / to anybody / your boss

____ ?

c) enjoy / Karen's parents / their / through Australia / trip

____ ?

d) play / at the theatre / tonight / a comedy / they

____ ?

party – *Partei, Party*

e) listen / of the party / all the members / historical speech / to the

____ ?

f) plan/ you/ next holiday/ your/ with the whole family

____ ?

5. Übertragen Sie das folgende Telefongespräch ins Englische. Benutzen Sie dabei das *present progressive*. ***

Aufgepasst!
Das deutsche **‚machen'**, wird meistens mit **‚do'** übersetzt!

John: Hallo Martin. Wie geht's? Was macht ihr gerade?

____

Martin: Hi, John. Nun, Sandra arbeitet am Computer und ich bereite gerade unser Abendessen vor.

____

____

John: Und was machen die Kinder?

____

Martin: Die Kinder spielen bei unseren Nachbarn. Und was machst du?

____

John: Nun, ich liege auf meinem Sofa rufe dich gerade an. Können wir morgen früh zusammen joggen gehen?

____

____

Martin: Ja, gute Idee. Lass uns um 10 Uhr am Bahnhof treffen.

____

John: OK. Bis dann. Genießt jetzt euer Abendessen. Tschüs.

enjoy – *genießen*

____

Martin: Danke, bis morgen. Tschüs.

____

6. *Present progressive* oder *present simple*? Setzen Sie die richtigen Zeitformen ein.***

▶ **Das present simple**, S. 97

a) Luke always ____________ at six o'clock in the morning but today he ____________ later.

b) This time Jenny ____________ her invitation cards on the computer although she usually ____________ handwritten cards.

c) Mr Lanson sometimes ____________ at home on Sundays. Today he ____________ at his office.

d) I ____________ a new job because I ____________ more money.

e) On weekends we often ____________ tennis with friends but this weekend we ____________ to London.

get up
get up
write
create

work
work
look for
need
play
go

Das *past simple*

1. Warst du letztes Jahr auch hier in Frankreich? 2. Nein. Letzten Sommer war ich in Griechenland. Das war fantastisch. Ich war in einem hübschen kleinen Hotel und habe die sauberen Strände genossen. Aber mir wurde während des Fluges schlecht. Deshalb wollte ich dieses Jahr nicht wieder fliegen.

Bildung des *past simple*

▸ **past simple von be,** S. 84 und S. 111

Beim *past simple* gibt es nur eine Verbform für alle Personen. Einzige Ausnahme: das Verb *be*.

Bildung des *past simple* bei regelmäßigen Verben

Grundform des Verbs + *-ed*,
z. B. *walk + ed = walked*

Besonderheiten bei der Bildung der regelmäßigen *past simple*-Formen:

knit – *stricken*

Ausnahmen:
prefer – prefer**r**ed
transfer – transfer**r**ed

Ausnahmen *AE*:
cancel – cance**l**ed
travel – trave**l**ed

Schreibweise			
stop	▸	stop**ped**	Endet ein Verb auf kurzen Vokal + Konsonant, wird der Endkonsonant verdoppelt.
cancel	▸	cancel**led**	
knit	▸	knit**ted**	
phone	▸	phone**d**	Bei Verben, die mit einem nicht gesprochenen **-e** enden, wird nur ein **-d** angehängt.
prepare	▸	prepare**d**	
smile	▸	smile**d**	
try	▸	tr**ied**	Endet ein Verb auf **Konsonant + y**, wird das **y** durch **-ied** ersetzt.
marry	▸	marr**ied**	

Aussprache der regelmäßigen *past simple*-Formen

stay**ed** [steɪd] lov**ed** [lʌvd] clos**ed** [kləʊzd] rain**ed** [reɪnd]	Nach Vokalen und stimmhaften Konsonanten wird ein weiches [d] gesprochen.
ask**ed** [ɑːskt] help**ed** [helpt] laugh**ed** [lɑːft] finish**ed** [fɪnɪʃt] touch**ed** [tʌtʃt]	Nach stimmlosen Konsonanten wird ein hartes [t] gesprochen.
visit**ed** ['vɪzɪtɪd] want**ed** ['wɒntɪd] land**ed** ['lændɪd]	Endet eine Verb in der Grundform auf **d** oder **t**, wird ein [ɪd] gesprochen.

Bildung des *past simple* bei unregelmäßigen Verben

Für die Bildung des *past simple* bei unregelmäßigen Verben gibt es keine Regel – man muss sie einfach lernen. Beispiele:

Grundform	*past simple*-Form	Grundform	*past simple*-Form
catch	caught	sing	sang
drive	drove	speak	spoke
forget	forgot	stand	stood
go	went	take	took
hear	heard	tell	told
know	knew	think	thought
make	made	wake	woke
read	read	wear	wore
see	saw	write	wrote

▸ **Liste der unregelmäßigen Verben,** S. 249

Tipp! Lernen Sie die *past simple*-Formen der unregelmäßigen Verben am besten immer gleich mit.

Bejahte und verneinte Aussagen

Bejahte Aussagesätze im *past simple* werden, genau wie im *present simple*, ohne Hilfsverb gebildet. Ebenso wie im *present simple* braucht man für die Bildung verneinter Aussagesätze das Hilfsverb ***do***, hier allerdings in seiner *past simple*-Form: für alle Personen wird ***didn't*** (bzw. ***did not***) der **Grundform des Verbs** vorangestellt.

regelmäßiges Verb		unregelmäßiges Verb	
I you he, she, it we you they	work**ed.** **didn't** work. **did not** work.	I you he, she, it we you they	**went** **didn't** go. **did not** go.

Aufgepasst!
Nach ***didn't*** folgt die **Grundform**, nicht die *past simple*-Form.

Fragen und Kurzantworten

▸ ***be, have, do,*** S. 83

▸ **Fragen mit Fragewörtern,** S. 166

Wie im *present simple* brauchen Vollverben im *past simple* bei Fragen ebenfalls das Hilfsverb ***do***, und zwar in der *past simple*-Form: ***did***.
Ausnahme: das Verb *be*.
Bei Kurzantworten wird das Hilfsverb aus der Frage wieder aufgegriffen.

Fragen			Kurzantworten		
Did **Didn't**	I you he, she, it we you they	**work?** **go?**	**Yes,**	I, you, he, she, it we, you, they	**did.**
			No,	I, you, he, she, it we, you, they	**didn't.**

Bitte beachten Sie!
Im Englischen ist es höflicher, eine Kurzantwort zu geben statt eines einzelnen *'Yes'* oder *'No'*.
▸ **Kurzantworten,** S. 166

Verneinte Fragen können auch in der Langform gebildet werden, wenn die Verneinung betont werden soll. Dann allerdings ändert sich die Satzstellung, z. B. **Did he <u>not</u> work?** etc.

Gebrauch des *past simple*

Das *past simple* wird gebraucht für:

When our parents **were** young they **lived** a completely different life.

Handlungen und Ereignisse, die als **abgeschlossen** gelten und definitiv der Vergangenheit angehören.

The traffic lights **turned** red but the BMW **speeded up** and **raced** across the crossroad.

Das Erzählen von Geschichten oder Berichten in der Vergangenheit.

I **didn't talk** to Sarah <u>yesterday</u>.
But I **spoke** to her on the phone <u>ten minutes ago.</u>
Did you **go** out with her <u>last Saturday?</u>
No, I **didn't.** The <u>last time</u> I **went** out with her **was** <u>in May</u>.

Aussagen, die von Zeitangaben in der Vergangenheit begleitet werden.

Signalwörter!
yesterday – *gestern*
last week, **last** summer, etc. – *letzte Woche, letzten Sommer* usw.
five minutes **ago**, two weeks **ago**, etc. – *vor fünf Minuten, vor zwei Wochen* usw.
Daten und Jahreszahlen der Vergangenheit (1986, 5th February, 2001, etc.)

Achtung! Im gesprochenen Deutsch kann man Vergangenes oft mit dem Perfekt ausdrücken. Das ist im Englischen nicht möglich! Bei vergangenen, abgeschlossenen Handlungen und Ereignissen muss immer ***past simple*** stehen! Vergleichen und unterscheiden Sie:

I didn't work last week.	
Ich habe letzte Woche nicht gearbeitet./Ich arbeitete letzte Woche nicht.	
I went home.	
Ich bin nach Hause gegangen./Ich ging nach Hause.	

Im gesprochenen Deutsch benutzt man auch für Fragen zu Vergangenem oft das Perfekt. Im Englischen muss aber das ***past simple*** benutzt werden, wenn es sich um abgeschlossene Handlungen oder Ereignisse in der Vergangenheit handelt.

Did you tell him everything?	**No, I didn't.**
Hast du ihm alles erzählt?/ Erzähltest du ihm alles?	*Nein.*
Did he go to work yesterday?	**Yes, he did.**
Ist er gestern zur Arbeit gegangen?/ Ging er gestern zur Arbeit?	*Ja.*

Das *past simple* von *be*

Be ist das einzige Verb, das zwei Formen für das *past simple* hat.

I, he, she, it	**was**
you, we, you, they	**were**

▸ *be, have, do,* S. 83

Frage	Kurzantwort	
Were you out last night?	Yes, I **was.**	I **was** in the new disco in town.
Was your boyfriend with you?	Yes, he **was.**	He **wasn't** alone. He came with two friends.
Were you back home in time?	No, we **weren't.**	We **were** two hours late.
Were your parents angry?	Yes, they **were.**	They **weren't** pleased at all.

pleased – *erfreut*

Be kann bei Verwendung als Vollverb bejahte und verneinte Aussagesätze sowie Fragen im *past simple* selbst bilden.
In Kurzantworten wird das ***was/were*** aus der Frage wieder aufgegriffen.

Das past simple

1. Hier sind 20 unregelmäßige Verbformen im *past simple* versteckt, waagerecht (9) und senkrecht (11). Schreiben Sie sie auf und setzen Sie die entsprechende Grundform des Verbs daneben. *

s	a	i	d	w	a	s	b	s
t	u	w	e	n	t	a	u	t
o	l	o	m	h	e	w	i	o
o	w	r	i	a	k	d	l	o
d	r	e	a	d	c	t	t	k
t	o	l	d	r	a	h	e	a
a	t	s	w	a	m	r	a	n
p	e	n	c	n	e	e	l	d
s	o	l	d	k	d	w	o	n

said – say	

2. Füllen Sie die Satzlücken mit der richtigen Verbform im *past simple* aus. *

When I (be) ____________ a child life (be) _____________ quite different. We (live) ________________ in a small house in the country and we (have) _______________ a big garden. We (spend) _______________ most of the time outside. My father (go) ______________ to work every morning and Mum (stay) ________________ at home. She (have to) ________________ look after us. We (be) _______________ three boys and a girl. When Dad (come) ________________ home he (take) ____________ a shower first and then he (play) ____________________ with us. That (be) _____________

Achtung!
Regelmäßige und unregelmäßige *past simple* Formen!

▸ **Liste der unregelmäßigen Verben**, S. 249

always great fun. Our parents (insist on) ________________ having dinner together. We (like) ________________ that. My mother (cook) ________________ wonderful meals and my father often (tell) ____________ funny stories. After that Mum (put) ______________ us to bed and everybody (listen) ________________ to her brilliant good night stories. Those (be) __________ great times.

insist on – *bestehen auf*

3. Vervollständigen Sie die Sätze, indem Sie einen bejahten und einen verneinten Satz im *past simple* bilden. **

a) We (come) _______________ home late last night but we (not wake up) ______________________the children.

b) I (not answer) ______________________ the phone but I (hear) _____________ it ringing five minutes ago.

c) Tony (invite) ____________________ all his relatives to stay over the weekend for his birthday. They all (agree) _________________ to come for the party but they (not want) ____________________ to stay overnight.

d) We (move) _________________ into our new house last summer. So we (not have) ________________________ enough money to go on holiday last year.

4. Wählen Sie die richtige Reihenfolge und bilden Sie eine Frage. **

a) you / your driver's licence / last week / get / did

____?

b) that house / did / in Florida / buy / your parents

____?

c) computer course / did / the / do / your wife

____?

d) she / that funny teacher / tell you / did / about

____?

e) successful / was / in his / your son / Maths test

____ ?

f) your / boss / your / presentation / like / did / latest

____ ?

g) prepare / your colleagues / did / for you / a surprise party

____ ?

5. Eine Sprache lässt sich nicht wörtlich in eine andere übertragen. In den folgenden Aussagen sind im Englischen andere Verben als im Deutschen nötig. Ordnen Sie die korrekte Übersetzung zu und unterstreichen Sie die verschiedenen Verben beider Sprachen. ***

It was brilliant.	Where did you stay?
What was the weather like?	What did you think about the hotel?
What did you do there?	I loved the view.
Where did you go?	We stayed in a hotel.

a) Wo wart ihr? ____________________

b) Was habt ihr dort gemacht? ____________________

c) Wo habt ihr gewohnt? ____________________

d) Wir waren in einem Hotel. ____________________

e) Wie fandest du das Hotel? ____________________

f) Ich fand es hervorragend. ____________________

g) Mir gefiel die Aussicht sehr. ____________________

g) Wie war das Wetter? ____________________

Tipp! Abgeschlossene Handlungen werden mit dem ***past simple*** ausgedrückt.

6. Übertragen Sie ins Englische. ***

a) Hast du das Reisebüro angerufen? Ja.

____

b) Hast du mit Jennifer gesprochen? Nein.

____

c) Hast du ein Haus mit Selbstverpflegung gebucht? Ja.

____

Aufgepasst! Kurzantworten im Englischen bestehen aus mehr als einem Wort!

self-catering cottage – *Haus mit Selbstverpflegung*

Das *past progressive*

1. Steven **was awaiting** an important call.
2. After four hours with no call, he **decided** to take a bath.
3. While he **was having a bath**, the phone finally **rang**!

1. Steven erwartete einen wichtigen Anruf. 2. Nach vier Stunden ohne Anruf entschloss er sich ein Bad zu nehmen. 3. Während er badete, klingelte schließlich das Telefon.

Bildung des *past progressive*

Bejahte und verneinte Aussagen

Das ***past progressive*** besteht immer aus mindestens zwei Wörtern:

eine **Form von *be* im *past simple* + *present participle*.**

Das ***present participle*** wird durch das Anhängen von ***-ing*** an die Grundform des Verbs gebildet.

	bejaht	verneint Langform	verneint Kurzform	
I	**was**	**was not**	**wasn't**	**working.**
you	**were**	**were not**	**weren't**	
he, she, it	**was**	**was not**	**wasn't**	
we, you, they	**were**	**were not**	**weren't**	

Tipp! Alle ***progressive***-Zeitformen werden mit einer Form von ***be* + *present participle*** gebildet!

▸ **Besonderheiten bei der Schreibweise der *present participle*-Formen**, S. 103

Fragen und Kurzantworten

Fragen im *past progressive* werden gebildet, indem das Hilfsverb ***be*** im *past simple* mit dem Subjekt vertauscht wird und am Satzanfang steht. Bei Kurzantworten wird das Hilfsverb (hier: ***was/were***) wieder aufgegriffen.

Bitte beachten Sie!
Im Englischen ist es höflicher, eine Kurzantwort zu geben statt eines einzelnen *'Yes'* oder *'No'*.

Was **Wasn't**	I	**working**?	**Yes,**	I he, she, it	**was.** **was.**
Was **Wasn't**	he, she, it			you, we, you they	**were.**
Were **Weren't**	you, we, you, they		**No,**	I he, she, it you, we, you they	**wasn't.** **wasn't.** **weren't.**

▸ **Fragen mit Fragewörtern,** S. 166

Verneinte Fragen können auch in der Langform gebildet werden, wenn die Verneinung betont werden soll. Dann allerdings ändert sich die Satzstellung, z. B. **Was he <u>not</u> working?** etc.

Gebrauch des past progressive

Das *past progressive* wird gebraucht für:

Signalwörter!
while – *während*
(+past progressive)
when – *als*
(+past simple)

While Liz and Sharon **were discussing** children's manners, Julie **left** the office for lunch.

When she **came** back, the two of them **were** still **talking** about the same topic.

- Situationen in der Vergangenheit, in denen **ein kurzes Ereignis in eine bereits andauernde Handlung** oder Begebenheit eintrat. Das bereits ablaufende Ereignis steht im *past progressive*. Das neu eintretende Ereignis steht im *past simple*.

While the fans **were clapping** their hands, the popstar **was singing** his latest song.
Mr Smith **was presenting** the new concept and everybody **was listening.**

- Handlungen und Ereignisse in der Vergangenheit, die über einen längeren Zeitraum **gleichzeitig** abliefen. Im Haupt- <u>und</u> im Nebensatz steht dann *past progressive.*

I **was answering** e-mails <u>all morning.</u>

- Zur **Betonung der Dauer** einer Handlung oder eines Ereignisses in der Vergangenheit.

While und *when*

Um bereits ablaufende Handlungen in der Vergangenheit von neu eintretenden zu unterscheiden, sind die Konjunktionen ***while*** und ***when*** nützlich. Sie leiten beide einen Nebensatz ein, auf den ein Hauptsatz folgt. Dabei gilt:

While + *past progressive* Hauptsatz mit *past simple*	While **we were waiting** for the bus, **it started** to rain. It started to rain while we were waiting for the bus. *(ohne Komma)*
When + *past simple* Hauptsatz mit *past progressive*	When **I came** home, Lisa **was talking** on the phone and the kids **were watching** TV. Lisa was talking on the phone and the kids were watching TV when I came home. *(ohne Komma)*

Steht ein *While-* oder *When*-Satz vorne, wird er mit einem Komma vom Hauptsatz abgetrennt. Steht der Hauptsatz zuerst, folgt kein Komma!

▶ **Satzzeichen,** S. 226

Es spielt keine Rolle, ob der Haupt- oder der Nebensatz zuerst genannt wird.

Der Vollständigkeit halber soll hier auch erwähnt werden, dass ***while*** und ***when*** auch für Ereignisse in der Gegenwart stehen können. Die Kommaregeln gelten auch für die folgenden Sätze:

While **I'm laying** the table, **you're washing** the salad.

While + *present progressive* drückt Gleichzeitigkeit in der Gegenwart aus, z. B. bei Vorschlägen.

When Thomas **comes, I'll cook** spaghetti.

When + *present simple* ändert die Bedeutung: when – *wenn, sobald*. Im Hauptsatz steht *future*.

Das past progressive

snore – *schnarchen*
strike – *schlagen (einer Uhr)*

1. Füllen Sie die Lücken mit der passenden Verbform aus dem Kasten. *

was oder *were snoring*	*was* oder *were telling*
was oder *were sleeping*	*was* oder *were reading*
was oder *were striking*	*was* oder *were burning*
was oder *were lying*	*was* oder *were running*

When I came home last night, …

a) … Grandad ______________________ in front of the TV.

b) … our dog Jessie ______________________ next to him.

c) … the cowboys on TV ______________ silly jokes in the saloon.

d) … my wife ______________________ a detective story in bed.

e) … the lights in the hall ______________________.

f) … Jason's English test ______________________ on the table.

g) … the washing machine ______________________ in the cellar.

h) … Grandma's clock ______________ 1 o'clock. Time to go to bed.

Tipp! Es geht in dieser Übung nicht darum, was als Folge eintrat, sondern mit was die Person(en) beschäftigt waren, als etwas Neues eintrat. Um nach einer Folge zu fragen, müsste es heißen: *What did you do when the telephone rang?*

2. Beantworten Sie die Fragen mit den gegebenen Informationen. *

a) What were you doing when the telephone rang at midnight?

____

b) What was Rita doing when Mrs Smith spilled coffee over her desk?

____

c) What were the people doing when the bus didn't come?

____

d) What was your daughter doing when you called her?

____

e) What were the guests doing when the life music started?

____

f) What was your husband doing at work when you visited him there?

____

g) What were all those young people doing when the police arrived?

____

a) sleep
b) answer an e-mail
c) grumble about public transports
d) listen to her new CD
e) eat dessert
f) work at his computer
g) demonstrate for human rights

3. Als Mrs Evans heute Morgen in ihre Klasse kam, herrschte ein fürchterliches Chaos. Übertragen Sie ins Englische, was sich zum Zeitpunkt ihres Eintretens abspielte. **

When Mrs Evans entered the classroom, …

a) ____________________

(tanzte Lukas auf dem Tisch)

b) ____________________

(warf Tim den Schwamm auf Nico)

sponge – *Schwamm*
throw at – *werfen auf*

c) ____________________

(spielten vier Jungen Karten)

d) ____________________

(stand Simone auf einem Stuhl neben ihnen)

e) ____________________

(malten drei Mädchen Bilder an die Tafel)

draw – *malen*

f) ____________________

(lehnten sich Nina und Patrick aus dem Fenster)

lean – *(sich) lehnen*

g) ____________________

(kämpften Toby und Kim auf dem Fußboden)

floor – *Fußboden*

h) ____________________

(schrie Susan ihre Freundin an)

shout at sb. – *jdn. anschreien*

4. Lesen Sie Ihre Sätze aus Übung 3 noch einmal und beschreiben Sie nun zwei gleichzeitig ablaufende Ereignisse in einem Satz. Beginnen Sie Ihre Sätze mit *while*. **

a) und b) While Lukas ____________________ on the table, Tim ____________________ the sponge at Nico.

c) und d) ____________________

____

e) und f) ____________________

____

g) und h) ____________________

____

5. Lesen Sie den Text und bearbeiten Sie die folgenden zwei Fragen. ***
Welche Sätze drücken zwei gleichzeitig andauernde Handlungen in der Vergangenheit aus? Unterstreichen Sie sie farbig.
Welche Sätze beschreiben eine längere Handlung in der Vergangenheit, in die ein neues Ereignis eintritt? Unterstreichen Sie sie in einer anderen Farbe.

Yesterday I had to go to work by train because my husband needed the car. When I arrived at the station, lots of people were already waiting on the platform. The train was late. Some people were nervously walking up and down while others were talking about the delay. Fortunately I found a vacant seat on a bench. While I was reading my morning paper, the woman next to me opened her bag. She was making a lot of noise while she was searching for something. Finally she stopped with a deep sigh. "Is everything OK?" I asked. "Yes, thanks," she replied with a smile. "I was just thinking about my new flat when I thought I had left the keys at home. But I hadn't." "Lucky you", I said as she waved a bunch of keys in her hand.

delay – *Verspätung*
vacant – *frei, unbesetzt*
sigh – *Seufzer*
bunch of keys – *Schlüsselbund*

6. Übersetzen Sie die *while*- und *when*-Sätze aus Übung 5. ***

a) ______________________________

____

b) ______________________________

____

c) ______________________________

____

d) ______________________________

____

e) ______________________________

____

Das *present perfect*

Schau, ich habe das Auto gewaschen. Es sieht aus wie neu, nicht wahr?

Bildung des *present perfect*

Bejahte und verneinte Aussagen

Achtung!
Alle *perfect*-Formen werden mit einer Form von ***have*** + **3. Form des Verbs** gebildet!

Das ***present perfect*** besteht immer aus mindestens zwei Wörtern:

eine **Form von *have*** im ***present simple*** **+ *past participle*.**

Das ***past participle*** wird bei den regelmäßigen Verben gebildet wie die *past simple*-Form: **Grundform des Verbs + *-ed*.**

	bejaht		verneint		
	Langform	Kurzform	Langform	Kurzformen	*past participle*
I, you	**have**	**'ve**	**have not**	**'ve not** bzw. **haven't**	
he, she, it	**has**	**'s**	**has not**	**'s not** bzw. **hasn't**	**worked. played. answered.**
we, you, they	**have**	**'ve**	**have not**	**'ve not** bzw. **haven't**	

Im Deutschen entspricht das *past participle* dem Partizip Perfekt: *gearbeitet, gespielt, geantwortet, usw.*

Ausführliches zu Besonderheiten in der Schreibweise und der Aussprache, S. 108, 109

Besonderheiten bei der Schreibweise der regelmäßigen *past participle*-Formen:

Das *past participle* stimmt bei allen regelmäßigen Verben mit der *past simple*-Form überein. Auch die Regeln für besondere Schreibweisen und für die Aussprache sind identisch.

Unregelmäßige *past participle*-Formen

Liste der unregelmäßigen Verben, S. 249

Bei den unregelmäßigen Verben ist neben der *past simple*-Form auch die *past participle*-Form unregelmäßig. Für die Bildung des *past participle* der unregelmäßigen Verben gibt es keine Regel. Man muss sie einfach lernen. Beispiele:

Tipp! Lernen Sie immer gleich alle drei Formen eines Verbs!

Grundform	*past simple*-Form	***past participle*-Form**
catch	caught	**caught**
drive	drove	**driven**
forget	forgot	**forgotten**
go	went	**gone**
hear	heard	**heard**
know	knew	**known**
make	made	**made**
read	read	**read**
see	saw	**seen**
speak	spoke	**spoken**
take	took	**taken**
think	thought	**thought**
tell	told	**told**
write	wrote	**written**

Achtung! Nicht verwechseln!

Aufgepasst!
's + past participle = present perfect

's + ing-Form = present progressive

present progressive, S. 102

She's talked (= She **has** talked) to Kim. *present perfect*	*Sie **hat** mit Kim **gesprochen**.*
She's talking (= She **is** talking) to Kim. *present progressive*	*Sie **spricht gerade** mit Kim.*
He's gone (= He **has** gone) too far. *present perfect*	*Er **ist** zu weit **gegangen**.*
He's going (= He **is** going) home. *present progressive*	*Er **geht gerade** nach Hause.*

Fragen und Kurzantworten

Fragen im *present perfect* werden gebildet, indem das Hilfsverb ***have*** mit dem Subjekt vertauscht wird und am Satzanfang steht. Bei Kurzantworten wird das Hilfsverb (hier: ***has/have***) wieder aufgegriffen.

Have **Haven't**	I	**worked?**	**Yes,**	I	**have.**
				he, she, it	**has.**
Has **hasn't**	he, she, it			you, we, you, they	**have.**
			No,	I	**haven't.**
Have **Haven't**	you, we, you, they			he, she, it	**hasn't.**
				you, we, you, they	**haven't.**

Bitte beachten Sie!
Im Englischen ist es höflicher, eine Kurzantwort zu geben statt eines einzelnen *'Yes'* oder *'No'*.

▸ **Kurzantworten**, S. 166

▸ **Fragen mit Fragewörtern**, S. 166

Gebrauch des *present perfect*

Das *present perfect* wird gebraucht für:

I'**ve repaired** your computer.
Have you **tested** it yet?

Tim **has** already **finished** his report but he **hasn't sent** it yet.

Have you ever **been** in a French campsite? No, we **haven't been** to France at all.

Handlungen und Ereignisse, die sich **in der Vergangenheit** abspielen **und** noch **in der Gegenwart von Bedeutung** sind.
Dabei steht das Resultat der Handlungen im Vordergrund.
Der Zeitpunkt des Geschehens ist nicht wichtig.

Signalwörter!
yet – *schon*
not … yet – *noch nicht*
just – *gerade*
nearly – *fast*
ever – *jemals*
never – *nie (mals)*
already – *schon*
so far – *bis jetzt*

For und *since*

Zeitangaben im *present perfect* werden mit ***for*** oder ***since*** gemacht:

I haven't seen Lucy **for years.**
Ich habe Lucy ***seit Jahren*** *nicht gesehen.*

He hasn't had a shower **for a week.**
Er hat ***seit einer Woche*** *nicht mehr geduscht.*

For beschreibt einen Zeitraum, der von der Vergangenheit bis in die Gegenwart reicht. Im Deutschen sagt man auch: *jahrelang, zwei Stunden lang, usw.*

for – *seit* (+ Angabe eines Zeitraums)
since – *seit* (+ Angabe eines Zeitpunkts)

▸ **for und since bei present perfect progressive**, S. 129

I haven't seen Lucy **since 1996.**
Ich habe Lucy ***seit 1996*** *nicht gesehen.*

She hasn't had a bath **since last Tuesday.**
Sie hat ***seit letzten Dienstag*** *kein Bad mehr genommen.*

Since nennt den genauen Zeitpunkt, seit dem ein bestimmtes Ereignis stattfindet oder auch nicht stattfindet.

for steht mit Zeiträumen wie	***since*** steht mit Zeitangaben wie
– for half an hour	– since 1 o'clock
– for two days	– since 8th April
– for several weeks	– since last Wednesday
– for years	– since 2001
– for ages	– since I was a child

for ages – *seit Ewigkeiten, ewig lange*

Unterschiedlicher Gebrauch von *present perfect* und *past simple*

Tipp! Lassen Sie sich nicht vom deutschen Wort **haben** in die Irre führen! Überlegen Sie immer, ob die Handlungen bereits abgeschlossen sind oder noch bis in die Gegenwart reichen. Achten Sie auf Signalwörter!

Auch wenn das *present perfect* mit dem deutschen Perfekt übersetzt wird, darf man sich nicht auf das deutsche ‚haben' als Hinweis für das *present perfect* verlassen. Denn im Deutschen wird das Perfekt auch für abgeschlossene Handlungen benutzt. Vergleichen Sie!

1. **Have** you **spoken** to Vanessa yet?
   Hast *du schon mit Vanessa* ***gesprochen****?*

Nicht der Zeitpunkt einer Handlung, sondern die Handlung selbst wird in den Vordergrund gestellt: ***present perfect***

yet – *schon*
not yet – *noch nicht*

2. Yes, I **have**. I **phoned** her yesterday.
   Ja, ***hab' ich****. Ich* ***habe*** *sie gestern* ***angerufen****.*

Die Kurzantwort richtet sich noch nach der Frage. Der folgende Satz beinhaltet eine abgeschlossene Handlung in der Vergangenheit (mit Signalwort): ***past simple***

3. And what **did she say**?
   Und was ***hat*** *sie* ***gesagt****?*

Die Frage bezieht sich (auch ohne Signalwort) auf das Telefonat, eine abgeschlossene Handlung in der Vergangenheit: ***past simple***

prepare the minutes – *ein Protokoll anfertigen*

4. She **hasn't prepared** the minutes yet.
   Sie ***hat*** *das Protokoll noch nicht* ***angefertigt****.*

Die Handlung steht im Vordergrund. Sie hat in der Vergangenheit begonnen und reicht bis in die Gegenwart: ***present perfect***

1. Ergänzen Sie die fehlenden Formen. *

Grundform	past simple-Form	past participle
break	______	______
answer	______	______
send	______	______
see	______	______
______	cost	______
______	bought	______
______	spoke	______
______	watched	______
______	______	done
______	______	made
______	______	invited
______	______	caught

Aufgepasst!
Regelmäßige und unregelmäßige Verbformen!

▸ **Liste der unregelmäßigen Verben**, S. 249

2. Füllen Sie die *past simple*-Form und die *past participle*-Form mit den fehlenden Vokalen. *

a) teach – t _ _ ght – t _ _ ght
b) pay – p _ _ d – p _ _ d
c) think – th _ _ ght – th _ _ ght
d) begin – beg _ n – beg _ n
e) read – r _ _ d – r _ _ d
f) bring – br _ _ ght – br _ _ ght
g) get – g _ t – g _ t
h) fight – f _ _ ght – f _ _ ght

3. Beantworten Sie die Fragen. Bitte verwenden Sie Kurzantworten. *

a) Have you finished the report? Yes, ______
b) Have you seen Teresa? No, ______
c) Has Ben passed his exam yet? Yes, ______
d) Have you ever been to Moscow? Yes, ______
e) Has your team decided on the new concept? No, ______
f) Have they talked about that matter before? Yes, ______

Achtung Aussprache!
BE: ['mærəθn]
AE: ['merəθɑːn]

4. Setzen Sie die Verben im *present perfect* ein. **

a) I (win) ______________ two marathons this year.

b) My father (restore) ______________ our antique wardrobe.

c) We (not see) ______________ our friends from Bruxelles for a long time.

d) I (not hear) ______________ from Julie since July.

e) Thank God. Lucy (do) ______________ all the ironing.

f) We hope Tina (not fail) ______________ her driving test.

g) My parents (not be) ______________ out of Germany so far.

h) They (be) ______________ at the North Sea and in the Black Forest.

5. Unterstreichen Sie die Signalwörter für das *present perfect* und übertragen Sie die Sätze ins Deutsche. **

a) Have you read the latest detective story by Elizabeth George yet?

____

b) No, I haven't read it yet.

____

c) What have you written so far?

____

d) I've just finished the first two paragraphs.

____

e) Have you ever watched elephants in the wild in Africa?

____

f) No, I've never been to Africa at all.

____

g) But I've already seen some in a safari park in France.

____

6. Sie fahren übers Wochenende zu einer Tagung und lassen Ihre zwei Kinder und den Hund mit einer Liste von Aufträgen zu Hause. Am Sonntagabend sehen Sie nach, was davon erledigt wurde und was nicht. ***

List for the weekend:
a) go out with the dog X
b) put the rubbish in the bin –
c) buy some apples, yoghurt and two pizzas X
d) do your homework X
e) tidy up your rooms –
f) hoover the ground floor X
g) lock the front door X
h) go to bed before midnight –

a) They have gone out with the dog.
b) They haven't ______
c) ______
d) ______
e) ______
f) ______
g) ______
h) ______

BE: rubbish – *Müll*
AE: garbage – *Müll*

BE: (dust)bin – *Mülleimer*
AE: garbage (can) – *Mülleimer*

BE: hoover ['hu:və] – *staubsaugen*
AE + BE: vacuum ['vækju:m] – *staubsaugen*

7. *Present perfect* oder *simple past*? Füllen Sie die Lücken mit der richtigen Verbform. ***

Tipp! Die Signalwörter helfen Ihnen!

a) Lisa, ______ to Kim yet ? Yes, I ______ to her yesterday.
b) Mum, ______ your pills? Yes, I ______ them this morning.
c) Steve, ______ with the dog? No, I ______ ______ it yet.
d) Darling, ______ the new carpet? No, I ______. I ______ in the livingroom so far.
e) Sarah, ______ your sister already ______ the new catalogue? Yes, she ______. She ______ it last Friday.

a) speak
b) take
c) go out, do
d) notice, not be
e) order

Das *present perfect progressive*

1. Wie lange lebt deine Schwester schon bei euch? 2. Nun, sie lebt bei uns seit Sommer 2001.
3. Oh, dann lebt sie schon seit 4 Jahren bei euch. 4. Ja, das stimmt.

Im Deutschen wird das ***present perfect progressive*** meistens mit dem Präsens und dem Wort ‚schon' übersetzt.

Tipp! Alle ***progressive***-Zeitformen werden mit einer Form von ***be*** + ***present participle*** gebildet!

Alle ***progressive***-Zeitformen beschreiben eine andauernde, anhaltende Handlung.

▸ **Besonderheiten bei der Schreibweise der *present participle*-Formen,** S. 103

Bildung des *present perfect progressive*

Bejahte und verneinte Aussagen

Das ***present perfect progressive*** besteht immer aus mindestens drei Wörtern:

eine **Form von *be* im *present perfect* + *present participle***

Das ***present participle*** wird durch das Anhängen von ***–ing*** an die Grundform des Verbs gebildet.

	bejaht		
	Langform	Kurzform	present participle
I, you he, she, it we, you, they	**have been** **has been** **have been**	**'ve been** **'s been** **'ve been**	**working.**

	verneint		
	Langform	Kurzform	present participle
I, you he, she, it we, you, they	**have not been** **has not been** **have not been**	**haven't been** **hasn't been** **haven't been**	**working.**

Fragen und Kurzantworten

Fragen im *present perfect progressive* werden gebildet, indem das Hilfsverb ***have*** mit dem Subjekt vertauscht wird und am Satzanfang steht. Bei Kurzantworten wird das Hilfsverb (hier: ***has/have***) wieder aufgegriffen.

Have **Haven't**	I	**been** **working?**	**Yes,**	I he, she, it you, we, you, they	**have.** **has.** **have.**
Has **Hasn't**	he, she, it				
Have **Haven't**	you, we, you, they		**No,**	I he, she, it you, we, you, they	**haven't.** **hasn't.** **haven't.**

Verneinte Fragen können auch in der Langform gebildet werden, wenn die Verneinung betont werden soll. Dann allerdings ändert sich die Satzstellung, z. B. **Has he <u>not</u> been working?** etc.

Bitte beachten Sie! Im Englischen ist es höflicher, eine Kurzantwort zu geben statt eines einzelnen *‚Yes'* oder *‚No'*.

▸ **Kurzantworten,** S. 166

▸ **Fragen mit Fragewörtern,** S. 166

Gebrauch des *present perfect progressive*

Das *present perfect progressive* wird gebraucht:

I'**ve been working** on the computer all day.
Gerry **has been chatting** on the phone all morning.

für Handlungen und Ereignisse, **die in der Vergangenheit beginnen, bis in die Gegenwart ununterbrochen andauern und weiterhin Gültigkeit besitzen.** Im Gegensatz zum *present perfect* führen sie nicht zu einem Ergebnis in der Gegenwart. Die Handlungen finden weiterhin statt.

We'**ve been living** in Stuttgart <u>for ten years.</u>
My parents **have been living** next to us <u>since 2001</u>.
Alyssa **has been playing** the violin <u>since she was a child</u>.
We'**ve been trying** to teach her the correct use of tenses <u>for ages.</u>

zur **Betonung der Dauer einer ununterbrochenen Handlung.**
Die Zeitangaben erfolgen am Ende des Satzes mit **for + Zeit<u>raum</u>** oder mit **since + Zeit<u>punkt</u>.**

He's been working (= He **has** been working) all day.
present perfect progressive

*Er **arbeitet** schon den ganzen Tag (und arbeitet immer noch).*

He's working (= He **is** working)
present progressive

*Er **arbeitet gerade**.* (Hier wird betont, was er gerade im Moment tut. Was er zuvor getan hat, spielt keine Rolle.)

Signalwörter!
Für diese Zeitform gibt es keine speziellen Signalwörter, sie wird aber oft mit **for** und **since** verwendet:
for – *seit* (+ Angabe eines Zeit<u>raums</u>)
since – *seit* (+ Angabe eines Zeit<u>punkts</u>) stehen sowohl mit *present perfect* als auch mit *present perfect progressive*!

▸ **for** und **since**, S. 123

! Verwechseln Sie nicht ***present perfect progressive*** mit ***present progressive***!

Das present perfect progressive

1. Vervollständigen Sie die *present perfect progressive*-Formen. *

a) I ______________________ working all day.
b) You ______________________ working all day.
c) David ______________________ working all day.
d) Victoria ______________________ working all day.
e) The computer ______________________ working all day.
f) We ______________________ working all day.
g) You ______________________ working all day.
h) They ______________________ working all day.

2. Kreuzen Sie bei den folgenden Sätzen an, ob es sich um einen Zeitraum oder ob es sich um einen Zeitpunkt handelt. Setzen Sie dann *for* oder *since* in die Lücken. **

	Zeit-raum	Zeit-punkt
a) Mr Hunt has been waiting for his wife __________ half past four.		
b) The postman has been delivering the letters __________ the early morning.		
c) Two men have been repairing the pavement __________ last Tuesday.		
d) Victor and his friends have been jogging round the sports field __________ half an hour.		
e) Melissa has been watching TV ________ 8 o'clock.		
f) Our children have been collecting autographs __________ five years.		
g) Mrs Colin has been correcting the tests __________ two hours.		

3. Übertragen Sie die Sätze aus Übung 2 ins Deutsche. **

a) Herr Hunt ______________________________

b) Der Briefträger ______________________________

c) Zwei Männer ______________________________

d) Victor und seine Freunde ______________________________

____

e) Melissa ______________________________

f) Unsere Kinder ______________________________

g) Frau Colin ______________________________

Tipp! *Present perfect progressive* wird mit dem deutschen Präsens (+ schon) übersetzt!

4. Ordnen Sie die bejahten und verneinten Prädikate den Zeitformen in der Tabelle zu. **

~~wished~~	have printed	haven't been teaching	hasn't read
are repairing	has written	am travelling	has been living
didn't want	understood	isn't driving	have been waiting

present progressive	simple past	present perfect	present perfect progressive
	wished		

5. Übertragen Sie die folgenden Sätze ins Englische. ***

a) Wir wohnen in dieser Wohnung schon seit 15 Jahren.

____

____

b) Ich habe sie gerade renoviert. Jetzt sieht sie wieder wie neu aus.

____

____

c) Ich lerne seit 1980 Englisch und ich weiß immer noch nicht alles.

____

____

Tipp! Hier brauchen Sie *present perfect, present perfect progressive* und *simple present!*

renovate – *renovieren*
look like – *aussehen wie*

Das *past perfect*

Als ich am Bahnhof ankam, war der Zug schon abgefahren.

Bildung des *past perfect*

Tipp! ***Present perfect*** und ***past perfect*** werden mit einer Form von ***have*** **+ *past participle*** gebildet!

Zur Bildung des *past participle* siehe *present perfect*, S. 121

Bejahte und verneinte Aussagen

Das ***past perfect*** wird für alle Personen im Singular und Plural folgendermaßen gebildet:

have im ***past simple*** **+ *past participle*.**

	bejaht		
	Langform	Kurzform	past participle
I, you, he, she, it, we, you, they	**had**	**'d**	**worked.** **stopped.** **carried.** **gone.**

	verneint		
	Langform	Kurzform	past participle
I, you, he, she, it, we, you, they	**had not**	**hadn't**	**worked.** **stopped.** **carried.** **gone.**

Fragen und Kurzantworten

Fragen im *past perfect* werden gebildet, indem das Hilfsverb ***had*** mit dem Subjekt vertauscht wird und am Satzanfang steht. Bei Kurzantworten wird das Hilfsverb (hier: ***had***) wieder aufgegriffen.

Had **Hadn't**	I you he she it we you they	**worked**?	**Yes,**	I, you, he, she, it, we, you, they	**had.**
			No,	I, you, he, she, it, we, you, they	**hadn't.**

Bitte beachten Sie!
Im Englischen ist es höflicher, eine Kurzantwort zu geben statt eines einzelnen *'Yes'* oder *'No'*.

▶ **Kurzantworten,** S. 166

▶ **Fragen mit Fragewörtern**, S. 166

Verneinte Fragen können auch in der Langform gebildet werden, wenn die Verneinung betont werden soll. Dann allerdings ändert sich die Satzstellung, z. B. **Had he <u>not</u> worked?** etc.

Gebrauch des *past perfect*

Berichtet man über Ereignisse in der Vergangenheit, benutzt man in der Regel das *past simple*.
Das *past perfect* wird auch für Ereignisse in der Vergangenheit benutzt, und zwar für:

Tina showed me the photos that she **had taken** in Australia last month.

After I **had taken** a bath I felt much better.

- Handlungen und Ereignisse, die **in der Vergangenheit noch <u>vor</u> einem anderen Ereignis in der Vergangenheit** stattfanden.

Das ***past perfect*** steht oft in einem Satzgefüge von Haupt- und Nebensatz in Kombination mit dem ***simple past***.
In beiden Satzteilen handelt es sich um **abgeschlossene Handlungen.**

The car rolled slowly into the fence. The driver **had forgotten** to tighten the handbrake.

- Auch mit Hauptsätzen können zwei Handlungen in der Vergangenheit in ein zeitliches Verhältnis gesetzt werden. Das ***past perfect*** zeigt an, welche Handlung noch vor einer anderen Handlung in der Vergangenheit stattfand.

▶ **past simple**, S. 110

Signalwörter!
Für das *past perfect* gibt es keine bestimmten Signalwörter.

tighten – *(fest an-) ziehen*
handbrake – *Handbremse*

Tipp! Im Deutschen wird das Plusquamperfekt (wie das Perfekt) manchmal mit **haben**, manchmal mit **sein** gebildet. Das ***past perfect*** im Englischen wird immer mit **had** gebildet!

Im Deutschen wird das *past perfect* mit dem deutschen Plusquamperfekt übersetzt.

I didn't know that Tina **had travelled** with her mother.

*Ich wusste nicht, dass Tina mit ihrer Mutter **gereist war.***

Claus checked that all the guests **had got a drink** and then he welcomed everybody with his brilliant speech.

*Claus vergewisserte sich, dass jeder Gast ein Getränk **bekommen hatte,** und dann hieß er jeden mit seiner wundervollen Rede willkommen.*

Unterschied zwischen *past perfect* und *past simple*

Oft kann man den gleichen Sachverhalt mit unterschiedlichen Satzmustern ausdrücken. Je nach Sprechabsicht muss man unterschiedliche Zeitformen benutzen. Vergleichen Sie!

We **arrived** at the airport in time. First of all a safety guard **checked** our tickets, then he **wanted** to have a look at our luggage. Everything **was** OK. (Hier wird nacheinander erzählt: Zuerst kamen wir an, dann wurden die Tickets kontrolliert, dann wollte man das Gepäck anschauen, dann war alles OK.)	Im **past simple** werden abgeschlossene Handlungen in der Vergangenheit ausgedrückt. Das **past simple** benutzt man, wenn man von nacheinander geschehenen Vorgängen in der Vergangenheit berichtet.
We **arrived** at the airport in time. After a safety guard **had checked** our tickets he **wanted** to have a look at our luggage. Everything **was** OK. (Das Kontrollieren der Tickets hat vor dem Anschauen des Gepäcks stattgefunden.)	Mit dem **past perfect** werden auch abgeschlossene Handlungen und Ereignisse ausgedrückt, allerdings haben diese zeitlich vor anderen Handlungen in der Vergangenheit stattgefunden.

1. Unterstreichen Sie im Text die *past perfect*-Formen. *

Last year we had asked our neighbours to look after the house and the garden while we were staying in Italy for a fortnight. When we came back two weeks later we couldn't believe what we saw. The letterbox was bursting because they hadn't emptied it. The lawn in the garden was brown because they hadn't watered it. And all the lovely plants in the garden! What a shame. We were so surprised because our neighbours had always made such a positive impression on us. After the first shock we went over to them. But they weren't at home. In the evening we received a phone call from the neighbours' son. And then we understood: Mr Hill and Mrs Hill had had an accident and were both still in hospital. We weren't annoyed any longer and visited them. They were pleased to see us and very sorry at the same time but that wasn't important anymore. They're wonderful neighbours.

a fortnight – *14 Tage*

be annoyed – *verärgert sein*

be pleased – *erfreut sein*

2. Übersetzen Sie die *past-perfect*-Sätze aus Übung 1. **

a) ____

____

b) ____

c) ____

d) ____

____

e) ____

____

3. Entscheiden Sie, welche Handlung vor einer anderen stattfand, und setzen Sie *past simple* oder *past perfect* ein. **

a) I ______________ (start) the computer again after I ______________ (check) the cables.

b) Suddenly I ________________ (remember) what she ______________ (tell) me the day before.

cable – *Kabel*

c) Martin proudly ________________ (present) the picture that he ________________ (draw) at school.

suggest – *vorschlagen*

d) Mrs Cain ________________ (suggest) two books which she ________________ (read) in her holidays.

e) After I ________________ (miss) the bus I ________________ (have to wait) half an hour for the next one.

f) The guests ________________ (go home) already when Mike ________________ (noticed) that Samira ________________ (leave) her handbag on the sofa.

g) Some politicians ________________ (not keep) what they ________________ (promised) on the last party conference.

BE: solicitor, lawyer – *Rechtsanwältin/ Rechtsanwalt*
AE: attorney – *Rechtsanwältin/ Rechtsanwalt*
paramedic – *Sanitäter/in*
treat sb. – *jdn. behandeln*

h) Susan finally ________________ (got) a job at a solicitor's after she ________________ (write) about forty applications.

i) By the time the police ________________ (arrive) at the scene of the accident the paramedics ________________ (already treat) the injured person.

4. Übertragen Sie ins Englische. ***

Tipp! **at** the office – *im Büro = Arbeitsstätte*
in the office – *im Büro = Bürozimmer*

a) Bevor ich im Büro anfing zu arbeiten, hatte ich die Kinder schon zur Schule gebracht. ________________

____

b) Sie erzählte mir nicht, dass ihr Freund sie verlassen hatte. ________________

____

c) Nachdem wir unseren Flug gebucht hatten, öffneten wir eine Flasche Champagner. ________________

____

d) Er erzählte mir, wie er seinen Arm gebrochen hatte. ________________

____

nicht ins Haus können – *can't get into the house*

e) Gestern konnte ich nicht ins Haus, weil ich meine Schlüssel im Büro liegen gelassen hatte. ________________

____

Das *past perfect progressive*

1. Last Monday I went to the new address very early.
2. I **had been looking** for a nice flat nearly everywhere in town, but I hadn't been successful so far.

1. Letzten Montag ging ich sehr früh zu der neuen Adresse. 2. Ich hatte schon fast überall in der Stadt nach einer netten Wohnung gesucht, war aber bisher nicht erfolgreich gewesen.

Bildung des *past perfect progressive*

Bejahte und verneinte Aussagen

Das ***past perfect progressive*** wird für alle Personen im Singular und im Plural folgendermaßen gebildet:

***be* im *past perfect* + *present participle*.**

Das ***present participle*** wird durch das Anhängen von ***-ing*** an die Grundform des Verbs gebildet.

	bejaht		
	Langform	Kurzform	present participle
I, you, he, she, it, we, you, they	**had been**	**'d been**	**working.** **carrying.** **going.** **swimming.**

Tipp! Alle ***progressive***-Zeitformen werden mit einer Form von ***be* + *present participle*** gebildet!

Alle ***progressive***-Zeitformen beschreiben eine andauernde, anhaltende Handlung.

Besonderheiten bei der Schreibweise der *present participle*-Formen, S. 103

	verneint		
	Langform	Kurzform	present participle
I, you, he, she, it, we, you, they	**had not been**	**hadn't been**	**working.** **carrying.** **going.** **swimming.**

Bitte beachten Sie!
Im Englischen ist es höflicher, eine Kurzantwort zu geben statt eines einzelnen ‚*Yes*' oder ‚*No*'.

▶ **Kurzantworten,** S. 166

▶ **Fragen mit Fragewörtern**, S. 166

Fragen und Kurzantworten

Fragen im *past perfect progressive* werden gebildet, indem das Hilfsverb ***had*** mit dem Subjekt vertauscht wird und am Satzanfang steht. Bei Kurzantworten wird das Hilfsverb (hier: ***had***) wieder aufgegriffen.

Had **Hadn't**	I you he she it we you they	**been** **working?**	**Yes,**	I, you, he, she, it, we, you, they	**had.**
			No,	I, you, he, she, it, we, you, they	**hadn't.**

Verneinte Fragen können auch in der Langform gebildet werden, wenn die Verneinung betont werden soll. Dann allerdings ändert sich die Satzstellung, z.B. **Had he <u>not</u> been working?** etc.

Signalwörter!
Für das *past perfect progressive* gibt es keine bestimmten Signalwörter.
Es kann wie das *present perfect* und das *present perfect progressive* Sätze mit **for** und **since** bilden.

for – *seit* (+ Angabe eines Zeit<u>raums</u>)
since – *seit* (+ Angabe eines Zeit<u>punkts</u>)

▶ **for** und **since**, S. 123

Gebrauch des *past perfect progressive*

Das *past perfect progressive* wird verwendet, …

Nigel **had been trying** to install the new program on my computer <u>for two hours</u>, when he suddenly found the error.

Sarah **had been trying** to explain the new grammar rules to her sister <u>since the early afternoon</u>. Then she asked for a break.

They **had been playing** quietly <u>for two hours</u> when they suddenly started to shout at each other.

… wenn man eine **länger andauernde Handlung,** die **vor einer anderen Handlung in der Vergangenheit** stattgefunden hat, beschreiben möchte.
Dabei wird oft eine Angabe über die Länge der andauernden Handlung gemacht bis zu dem Zeitpunkt, an dem eine neue Handlung einsetzte.

Im Deutschen wird das *past perfect progressive* wie das *past perfect* mit dem deutschen Plusquamperfekt übersetzt. Das deutsche Wort ‚schon' verdeutlicht die Situationen, in denen im Englischen die Verlaufsform verwendet wird.

I **had been working** on the computer for four hours when we had a power cut.

Ich hatte schon vier Stunden lang am Computer gearbeitet, als der Strom ausfiel.

power cut – *Stromausfall*

Unterschied zwischen *past perfect progressive* und *past perfect*

Our next door neighbour who **had been repairing** our computer for more than two hours didn't accept any money.	Das ***past perfect progressive*** betont die Dauer einer Handlung in der Vergangenheit. (Der Nachbar hatte sehr lange, nämlich mehr als zwei Stunden am Computer gearbeitet.)
Simon knew so much about Australia because he **had** already **been** there. But he **hadn't heard** of the famous group Down Under until I mentioned them.	Beim ***past perfect*** ist dagegen nicht die Dauer, sondern das Ergebnis wichtig. (Simon war zwar schon in Australien gewesen, hatte aber von der Gruppe bis jetzt noch nichts gehört.)

AE: neighbor

▶ ***past perfect***, S. 132

mention – *erwähnen*

Unterschied zwischen *past perfect progressive* und *past progressive*

Lucy told me that the man who **had been sitting** in his car opposite the house all night **was** a detective.	Das ***past perfect progressive*** betont die Dauer einer Handlung, die vor einer anderen Handlung in der Vergangenheit stattfand.
While we **were staying** in New York the weather **changed** and we **had** a lot of snow for the rest of the trip.	Das ***past progressive*** beschreibt eine länger andauernde Handlung in der Vergangenheit, in die ein neues Ereignis eintritt. Die neu eintretende Handlung steht im ***past simple.***

▶ ***past progressive***, S. 115

Das past perfect progressive

a) work
b) read
c) live
d) work
e) follow

1. Setzen Sie das passende Verb im *past perfect progressive* ein. *

a) Mr Frazer was tired because he ______________________ hard all day.

b) Barbara ______________________ the papers for an hour when she realized that she had missed the news on TV.

c) Before I moved to Germany I ______________________ in France quite happily.

d) Andrew and Mark ______________________ on the new project for two weeks already when it was stopped because of lack of money.

suspect – *Verdächtige/r*
arrest – *verhaften*

e) The police ______________________ the suspect for two weeks before they arrested him.

Tipp! Hier werden *past perfect, past perfect progressive* und *simple past* gebraucht!

2. Nach einem Brand in einem Mehrfamilienhaus wurden die Anwohner gefragt, mit was sie beschäftigt waren und ob ihnen im Vorfeld irgendetwas aufgefallen war. Übertragen Sie ins Englische. ***

a) Mr Turner hatte die ganze Zeit Fernsehen geguckt.

____

fire brigade – *Feuerwehr*

b) Mrs Cook hatte das Feuer gerochen und die Feuerwehr gerufen.

____

knock – *klopfen*
beforehand – *vorher*

c) Mrs Joyce sagte, dass irgendjemand vorher an ihre Tür geklopft hatte.

____

d) Sie hatte die Tür aber nicht geöffnet.

____

e) Mr und Mrs Stilton hatten zu Abend gegessen.

____

have a headache – *Kopfschmerzen haben*

f) Einige Leute sagten, dass sie Kopfschmerzen gehabt hatten.

____

notice – bemerken

g) Andere sagten, dass sie nichts bemerkt hatten.

____

Das *future*

1. Wenn ich meine Abschlussprüfung mache, werde ich 18 sein. 2. Und wenn ich 18 bin, gehe ich für ein halbes Jahr in die Vereinigten Staaten. 3. Und wenn ich genug Geld habe, würde ich gerne so viel wie möglich herumreisen. 4. Nimmst du irgendjemanden mit? 5. Ich weiß noch nicht.

Im Englischen gibt es mehrere Möglichkeiten, zukünftige Handlungen und Ereignisse auszudrücken: Man kann je nach Sprechabsicht das ***will-future***, das ***going-to future***, das ***present simple*** oder das ***present progressive*** benutzen.

Bildung des *will-future*

Bejahte und verneinte Aussagen im *will-future*

Das *will-future* wird für alle Personen im Singular und Plural folgendermaßen gebildet:

will **+ Grundform des Verbs.**

Verneinte Aussagesätze werden oft in der Kurzform benutzt und lauten:

won't **+ Grundform des Verbs.**

	bejaht		verneint		
	Langform	Kurzform	Langform	Kurzform	Grundform
I, you, he, she, it, we, you, they	**will**	**'ll**	**will not**	**won't**	understand/play/sleep/find/go …

Bitte beachten Sie!
Im Englischen ist es höflicher, eine Kurzantwort zu geben statt eines einzelnen *‚Yes'* oder *‚No'*.

Kurzantworten, S. 166

Fragen mit Fragewörtern, S. 166

Fragen und Kurzantworten im *will-future*

Fragen im *will-future* werden gebildet, indem das Hilfsverb ***will*** mit dem Subjekt vertauscht wird und am Satzanfang steht. Bei Kurzantworten wird das Hilfsverb (hier: ***will***) wieder aufgegriffen.

Will **Won't**	I, you he, she, it we, you they	**work?**	**Yes,**	I, you, he, she, it, we, you, they	**will.**
			No,	I, you, he, she, it, we, you, they	**won't.**

Verneinte Fragen können auch in der Langform gebildet werden, wenn die Verneinung betont werden soll. Dann allerdings ändert sich die Satzstellung, z. B. **Will he <u>not</u> work?** etc.

Signalwörter!
Alle Zeitangaben in der Zukunft:
tomorrow – *morgen,*
soon – *bald*
next Monday – *nächsten Montag* etc.

Gebrauch des *will-future*

Das ***will*- future** wird für folgende Handlungen und Ereignisse verwendet:

Look at the clouds. **It'll rain** soon.

Vorhersagen, die von äußeren Umständen abhängen, z. B. Wetter

Poor Liz is ill. Perhaps **she'll be back** in the office on Monday.
We hope **Ben will meet** some nice people on his trip through India.

Vermutungen über die Zukunft, die mit *perhaps, maybe, probably, I hope, I think, I'm sure* verbunden sind.

Look, this doesn't work. **– I'll help** you.

spontane Entscheidungen

Im Deutschen verwenden wir sowohl das Präsens als auch das Futur, wenn wir von Dingen in der Zukunft sprechen. Beides ist im Deutschen korrekt. Im Englischen ist jedoch die Sprechabsicht entscheidend. Daran sollte man besonders dann denken, wenn man vom Deutschen ins Englische überträgt:

I'm sure **you'll make** it. (Vermutung)

*Ich bin sicher, dass **du** das **schaffst/schaffen wirst**.*

There's no mineral water in the fridge. – Wait a minute. **I'll get** you some. (spontane Entscheidung)

*Im Kühlschrank ist kein Mineralwasser. Warte, **ich hole** dir welches/ ich **werde** dir welches **holen**.*

Bildung des *going to-future*

Bejahte und verneinte Aussagen im *going to-future*

Das *going to-future* wird folgendermaßen gebildet:

eine Form von *be* im *present simple* + *going to* + Grundform des Verbs

Bejahte Aussagen:

	Kurzform	Langform		
I he, she, it you, we, you, they	**'m** **'s** **'re**	**am** **is** **are**	**going to**	**leave.**

Verneinte Aussagen:

	Kurzform	Langform		
I he, she, it you, we, you, they	**'m not** **'s not/isn't** **'re not/aren't**	**am not** **is not** **are not**	**going to**	**leave.**

Achtung! Beim Verb ***go*** heißt es:

Grundform	**going to future**
go swimming go skiing go for a walk etc.	**I'm going to go** swimming. **He's going to go** skiing. **We're going to go** for a walk. etc.

Fragen und Kurzantworten im *going to-future*

Am	I	**going to**	walk?	**Yes,**	I	**am.**
					he, she, it	**is.**
Is **Isn't**	he, she, it				you, we, you, they	**are.**
				No,	I	**'m not.**
Are **Aren't**	you, we, you, they				he, she, it	**isn't.**
					you, we, you, they	**aren't.**

Verneinte Fragen können auch in der Langform gebildet werden, wenn die Verneinung betont werden soll. Dann allerdings ändert sich die Satzstellung, z. B. **Are you <u>not</u> going to walk?** etc.

Gebrauch des *going to-future*

Das ***going to*-future** wird mit folgender Sprechabsicht verwendet:

I'**m going to relax** this weekend.
What **are** you **going to do**?
Well, I'**m** definetely **not going to be** at home.

Plan oder **Idee** für eine zukünftige Handlung oder ein Ereignis

Hurry up, Jason. You'**re going to be** late.
What a nice day today. The garden party **is going to be** super.

Vorhersage über ein eintretendes Ereignis, wenn es **deutliche Anzeichen** für das tatsächliche Eintreten gibt.

Gebrauch des *present simple* für Zukünftiges

Im Englischen kann auch das *present simple* für zukünftige Handlungen und Ereignisse eingesetzt werden, aber nur in ganz bestimmten Fällen.

Bildung des *present simple*, S. 96

The train **departs** at 10.20.
Our first lesson tomorrow **is** Science.

Fahrplanauskünfte, Stundenpläne

The school play **starts** at 8p.m.
Tim's first day at school **is** 8th September.

feststehende Veranstaltungen, feststehende Ereignisse

It'**s** New Year's Day next Friday.

Aussagen über Festtage

Gebrauch des *present progressive* für Zukünftiges

Schließlich muss noch das *present progressive* erwähnt werden, das auch für bestimmte zukünftige Handlungen und Ereignisse verwendet werden kann, und zwar für:

Bildung des *present progressive*, S. 102

We'**re going** to Paris over the weekend.

bereits fest beschlossene Vorhaben

Sandra **is having** a football match next Sunday.

feste Abmachungen für ein zukünftiges Ereignis oder eine Handlung

Zukünftiges im Überblick:

will-future	I'm sure Rita **won't celebrate** her 40th birthday at home. She**'ll** probably **book** a nice restaurant. I need a break. – OK, I'**ll make** some coffee. It'**ll be** sunny tomorrow morning but it'**ll start** to rain in the early afternoon.	▸ Vermutung über eine zukünftige Handlung oder ein bevorstehendes Ereignis ▸ spontane Entscheidung ▸ Wettervorhersage
going to-future	Look, the birds are flying low. It'**s going to rain.** We'**re going to spend** our holiday in Italy this year.	▸ Vorhersage, dass etwas Neues eintreten wird aufgrund von deutlichen Anzeichen ▸ Plan oder Idee für ein zukünftiges Ereignis
present simple	New Year's Eve **is** on a Monday. The next flight to London **is** at 8.15. The concert **starts** at 6 p.m..	▸ feststehendes Ereignis oder Fest ▸ Fahrpläne, Stundenpläne ▸ Veranstaltungen
present progressive	Our kids **are having** their first party tonight. Mark's football team **is playing** against Luke's team next Saturday.	▸ beschlossenes Vorhaben oder ▸ feste Vereinbarung für eine zukünftige Handlung

Tipp! Die Bedeutungen von **going to-future** und **present progressive** für Aussagen über zukünftige Ereignisse liegen sehr nahe beieinander. Oft sind beide Zeitformen möglich.

p.m. (post meridiem) *von 12 Uhr mittags bis Mitternacht/nach Mittag*
a.m. (ante meridiem) *von Mitternacht bis 12 Uhr mittags/vor Mittag*

Vergleichen Sie die folgenden vier Sätze. Sie beziehen sich alle auf etwas Zukünftiges und sind alle korrekt. Jeder Satz wird lediglich mit einer anderen Absicht gesprochen.

I'm going to arrive at 10 o'clock.	Plan, Idee
I'll arrive at 10 o'clock.	Vermutung, Vorhersage
I arrive at 10 o'clock.	Ankunft laut Fahrplan
I'm arriving at 10 o'clock.	Festes Vorhaben

Das *future progressive*

Bildung und Gebrauch des *future progressive*

Das *future progressive* wird für alle Personen im Singular und Plural folgendermaßen gebildet: ***will + be + present participle***

Tipp! Fragen werden gebildet, indem das erste Hilfsverb mit dem Subjekt vertauscht wird: *Will you be seeing Lisa tomorrow evening?*

	bejaht		verneint		
	Langform	Kurzform	Langform	Kurzform	present participle
I, you, he, she, it, we, you, they	**will be**	**'ll be**	**will not be**	**won't be**	playing. sleeping. working. …

Formula One race – *Formel-1-Rennen*

This time tomorrow my daughter and her friend **will be flying** to the Seychelles. Sorry, we can't go jogging tomorrow because I'**ll be watching** the Formula One race.	Das *future progressive* wird für anhaltende Handlungen in der Zukunft verwendet.

Das *future perfect*

Bildung und Gebrauch des *future perfect*

Das *future perfect* wird für alle Personen im Singular und Plural folgendermaßen gebildet: ***will + have + past participle***

Tipp! Fragen werden gebildet, indem das erste Hilfsverb mit dem Subjekt vertauscht wird: *Will you have written the report by next Monday?*

	bejaht		verneint		
	Langform	Kurzform	Langform	Kurzform	past participle
I, you, he, she, it, we, you, they	**will have**	**'ll have**	**will not have**	**won't have**	read … talked … finished … …

nightshift – *Nachtschicht*

I **will have prepared** my speech by next Friday. By the time I get up tomorrow William **will have finished** his nightshift.	Das *future perfect* wird für abgeschlossene Handlungen in der Zukunft verwendet.

1. Bilden Sie die entsprechenden bejahten bzw. verneinten Aussagen im *will-future*. *

bejaht	verneint
a) I'm sure he'll come.	____________________
b) ____________________	I hope it won't be sunny tomorrow.
c) Marsha will spend the weekend in Madrid.	____________________
d) ____________________	I think I won't take a break.
e) There'll be heavy showers at night.	____________________
f) ____________________	Mr and Mrs Hill won't leave early.

2. Lesen Sie die spontanen Äußerungen und ordnen Sie sie richtig zu. *

I'll get you something to drink.	I'll get some from the supermarket.
OK. We'll go upstairs.	OK. I'll turn the music down.
I'll call the doctor.	Don't worry. I'll fix it for you.

fix – *reparieren*

a) Tina, I can't hear myself think.

____

not hear oneself think – *sich nicht konzentrieren*

b) Bob is running a very high temperature.

____

be running a high temperature – *hohes Fieber haben*

c) Oh, no. We haven't got any eggs for the cake.

____

d) What a hot day! I'm so thirsty.

____

e) Be quiet, girls. We can't concentrate.

____

f) Look, my toy car is broken.

____

toy car – *Spielzeugauto*

Das future

3. Bilden Sie Fragen mit dem *going to-future.* **

a) Timo / meet / his girlfriend / again

b) you / have / a party / for your birthday

take a week off – *eine Woche freinehmen*

c) the boss / take a week off

AE: neighbor

d) you / ask / your neighbour / for help?

e) you and your friends / prepare / a surprise party / for Susan

4. Was machen Sie am Wochenende? Planen Sie für sich und Ihre Familie in Englisch. ***

relax – *ausspannen*

a) Ich werde ausspannen.

b) Mein Mann wird die Wohnung putzen.

c) Tim wird Fußball spielen.

d) Meine beste Freundin Nina wird in Hamburg sein.

stay overnight – *übernachten*

e) Die Kinder werden bei den Großeltern übernachten.

f) Mein Mann und ich werden ins Theater gehen.

5. Lesen Sie Satz für Satz und überlegen Sie zuerst die Sprechabsicht. Übertragen Sie dann mit der richtigen Zeitstufe ins Englische. ***

Tipp! Hier werden alle vier Möglichkeiten, im Englischen Zukünftiges auszudrücken, gebraucht!

a) Heiligabend fällt dieses Jahr auf einen Freitag.

Zeitstufe? ______________________________

Englisch: ______________________________

b) Mutters Geburtstag ist nächsten Sonntag.

Zeitstufe? ______________________________

Englisch: ______________________________

c) Ich bin sicher, Mama und Papa kommen am Wochenende.

Zeitstufe? ______________________________

Englisch: ______________________________

d) Vielleicht gehen wir dann ins Restaurant.

Zeitstufe? ______________________________

Englisch: ______________________________

e) Vorsicht, das Wasser! Es kocht gleich über!

boil over – *überkochen*

Zeitstufe? ______________________________

Englisch: ______________________________

f) Bayern München spielt morgen gegen Manchester United.

Zeitstufe? ______________________________

Englisch: ______________________________

6. Übertragen Sie ins Deutsche. ***

Tipp! Nicht jeder englische Satz im Futur muss im Deutschen mit Futur übersetzt werden!

a) Mum is going to meet her best friend on Sunday.

____

b) We're going to clean the windows tomorrow.

____

c) Wait a second, please. I'll write that down.

____

d) I'm sure you'll enjoy yourselves.

____

Das *conditional*

1. Schau mal die Wolken! Du hättest einen anderen Tag für unseren Ausflug aussuchen können. Ich wäre sowieso gerne zu Hause geblieben. 2. Ja, ich weiß. Wenn wir immer das tun würden, was du willst, dann würden wir jeden Sonntag zu Hause bleiben.

1. Das *conditional*

Bildung des *conditional*

Bejahte und verneinte Aussagen im *conditional*

Das *conditional* wird für alle Personen gebildet mit

would **+ Infinitiv**

▸ **Modalverben**, S. 197

Aufgepasst!
had und *would* haben die gleiche Kurzform, z. B. **I'd =**
I would oder **I had!**
Das gilt für alle Personen.

	bejaht		verneint		
	Kurzform	Langform	Kurzform	Langform	Infinitiv
I, you, he, she, it, we, you, they	**'d**	**would**	**wouldn't**	**would not**	**go.** **laugh.** **agree.** **wake up.**

Auch die Modalverbformen ***could, should*** und ***might*** sind *conditional*-Formen. Sie werden nach demselben Muster wie would benutzt:
could / should / might + Infinitiv

Fragen und Kurzantworten im *conditional*

Would **Wouldn't**	I, you, he, she, it, we, you, they	**go?** **laugh?** **agree?** **wake up**?	**Yes,**	I, you, he, she, it, we, you, they	**would.**
			No,	I, you, he, she, it, we, you, they	**wouldn't.**

Verneinte Fragen können auch in der Langform gebildet werden, wenn die Verneinung betont werden soll. Dann allerdings ändert sich die Satzstellung, z. B. **Would he not agree?** etc.

Bitte beachten Sie!
Im Englischen ist es höflicher, eine Kurzantwort zu geben statt eines einzelnen *'Yes'* oder *'No'*.

Kurzantworten, S. 166

Fragen mit Fragewörtern, S. 166

Gebrauch des *conditional*

Das *conditional* wird verwendet:

Toni: "Look, which T-shirt shall I take?"
Lucy: "**I'd take** that one."

- für Vorschläge und Ansichten oder für Handlungen bzw. Ereignisse, die eintreten können oder auch nicht.

We **could go** to the new exhibition if it rained.
If my alarm clock didn't ring at 7 o'clock, I **wouldn't get up** in time.

- in *If*-Sätzen Typ II. Dabei steht im *If*-Satz (Nebensatz) das *past simple* und im dazugehörenden Hauptsatz das *conditional*. Es spielt keine Rolle, ob der Hauptsatz vorne oder hinten steht.

Would you **like** a cup of coffee?
Would you **close** the door, please?

- in höflichen Fragen und Bitten.

Signalwörter!
Für das *conditional* gibt es keine Signalwörter, aber das *conditional* wird oft in *If*-Sätzen verwendet.

If-Sätze, S. 178

Im Deutschen wird das *conditional* korrekt mit einer Form des Konjunktivs übersetzt. Beispiele:

Tina **would be** disappointed.	*Tina wäre enttäuscht.* (ugs.: *Tina würde enttäuscht sein.*)
She **wouldn't be** happy.	*Sie wäre nicht glücklich.* (ugs.: *Sie würde nicht glücklich sein.*)
Sam **would talk** to her.	*Sam spräche mit ihr.* (ugs.: *Sam würde mit ihr sprechen.*)
He **wouldn't tell** lies.	*Er erzählte keine Lügen.* (ugs.: *Er würde keine Lügen erzählen.*)

Tipp! Häufige Wendungen:
I'd rather … – *Ich würde lieber …*
z. B. I'd rather stay at home.
I'd like to … – *Ich möchte gerne …*
z. B. I'd like to live in Australia.

2. Das *conditional perfect*

Bildung des *conditional perfect*

Bejahte und verneinte Aussagen im *conditional perfect*

Das *conditional perfect* wird für alle Personen gebildet mit

would + have + past participle

	bejaht		verneint		past participle
	Kurzform	Langform	Kurzform	Langform	
I, you, he, she, it, we, you, they	**'d have**	**would have**	**wouldn't have**	**would not have**	**gone.**

Bitte beachten Sie!
Im Englischen ist es höflicher, eine Kurzantwort zu geben statt eines einzelnen *'Yes'* oder *'No'*.

Kurzantworten, S. 166

Fragen mit Fragewörtern, S. 166

Fragen und Kurzantworten im *conditional perfect*

Would / **Wouldn't**	I, you, he, she, it, we, you, they	**have agreed?**	**Yes,**	I, you, he, she, it, we, you, they	**would.**
			No,	I, you, he, she, it, we, you, they	**wouldn't.**

Verneinte Fragen können auch in der Langform gebildet werden, wenn die Verneinung betont werden soll. Dann allerdings ändert sich die Satzstellung, z. B. **Would he <u>not</u> have agreed?** etc.

Signalwörter!
Für das *conditional perfect* gibt es keine Signalwörter, aber das *conditional perfect* wird oft in *If*-Sätzen verwendet.

If-Sätze, S. 178

Gebrauch des *conditional perfect*

Das *conditional perfect wird* verwendet für:

I'd **have apologized** for that.
Julie **would have called** him back if he had left his number.

gedachte, nicht mehr realisierbare Handlungen, Ereignisse und Ansichten in der Vergangenheit, die in Wirklichkeit nicht stattgefunden haben und auch nicht mehr stattfinden können.

If you had told him the truth, he **wouldn't have had** such a bad conscience.
They**'d have understood** the warning that came over the loudspeakers if they had listened properly.

If-Sätze Typ III. Dabei steht im *If*-Satz (Nebensatz) das *past perfect* und im dazugehörenden Hauptsatz das *conditional perfect*. Es spielt keine Rolle, ob der Hauptsatz vorne oder hinten steht.

bad conscience – *schlechtes Gewissen*
loudspeaker – *Lautsprecher*

Das *conditional perfect* wird im Deutschen mit einer Form des Konjunktivs wiedergegeben:

Would you **have told** me the truth?	*Hättest du mir die Wahrheit gesagt?*
I **would have spoken** to the boss at first.	*Ich hätte zuerst mit dem Chef gesprochen.*
Justin **would have been** too nervous to do that.	*Justin wäre zu nervös gewesen, das zu tun.*

Aufgepasst! Verwechslungsgefahr!
Would und ***had*** haben die gleiche Kurzform. Nur an der jeweils folgenden Verbform lässt sich erkennen, um welches der beiden Wörter es sich handelt. Vergleichen Sie die folgenden drei Sätze und ihre unterschiedlichen Bedeutungen:

I'd pay for the tickets.	**I would pay...** conditional	*Ich würde...bezahlen.*
I'd paid for the tickets.	**I had paid...** past perfect	*Ich hatte...bezahlt.*
I'd have paid for the tickets.	**I would have paid...** conditional perfect	*Ich hätte...bezahlt.*

Unterschied zwischen *conditional* und *conditional perfect*

conditional	I **would answer** the e-mail at once.	*Ich würde die E-Mail sofort beantworten.* (Die E-Mail ist noch nicht beantwortet. Man kann noch reagieren. Ein Vorschlag wird gemacht.)
conditional perfect	I **would have answered** the e-mail at once.	*Ich hätte die E-Mail sofort beantwortet.* (Aber jetzt ist es zu spät. Man spricht also über etwas, was gar nicht stattgefunden hat und nicht mehr zu ändern ist.)

Conditional

1. Übertragen Sie folgende Sätze ins Deutsche. **

a) We could ask Valerie. She would know what to do.

____

b) Let's go on Sunday. On Sunday there wouldn't be much traffic.

____

c) Would you buy these tickets to the musical for 40 pounds?

____

manage to do sth. – *es schaffen, etw. zu tun*
take – hier: *bringen*

d) Grandma wouldn't have managed to walk to the doctor. I took her.

____

e) They would have won € 3,000,000 if they had won the jackpot.

____

2. Übertragen Sie die Sätze ins Englische und benutzen Sie dabei die vorgegebenen Verben aus dem Kasten. ***

move away – *wegziehen*

think	move away	like
share	ask	win

BE: flat – *Wohnung*
AE: apartment – *Wohnung*

a) Ich würde mit dir eine Wohnung teilen.

____

b) Tom würde gerne mit Lena zusammen nach Australien reisen.

____

c) Wir hätten das Rennen nicht gewonnen, wenn es geregnet hätte.

____

d) Ich hätte nicht gedacht, dass du schon 30 bist!

____

e) Wir würden lieber hier wegziehen.

____

f) Thomas hätte dich nicht gefragt.

____

Alle Zeiten im Überblick

Für viele englische Zeitformen gibt es unterschiedliche Bezeichnungen. Die folgende Übersicht zeigt Ihnen, welche Bezeichnungen gleichbedeutend sind. Alle fett gedruckten Bezeichnungen werden in diesem Buch verwendet. Gleichbedeutend sind:

present simple	simple present
past simple	simple past
present progressive	present continuous
past progressive	past continuous
present perfect progressive	present perfect continuous
past perfect progressive	past perfect continuous
future progressive	future continuous
will-future	future I, future simple
future perfect	future II
past participle	perfect participle
present participle	**ing-Form**
gerund	**ing-Form**
conditional	conditional I
conditional perfect	conditional II
conditional sentences I, II, III	**Bedingungssätze Typ I, II, III** **If-Sätze Typ I, II, III**

Die hervorgehobenen Bezeichnungen werden in diesem Buch benutzt.

Weitere unterschiedliche Bezeichnungen sind:

S-P-O **= engl.: subject-predicate-object** **= dt.: Subjekt-Prädikat-Objekt**	S-V-O = engl.: subject-verb-object = dt.: Subjekt-Verb-Objekt
direct object	**direktes Objekt oder Akkusativobjekt (wen oder was?)**
indirect object	**indirektes Objekt oder Dativobjekt (wem?)**

Konjugation von Verben im Aktiv

In der folgenden Tabelle finden Sie die Konjugation eines regelmäßigen und eines unregelmäßigen Verbs in allen Zeiten.

▶ Die Bildung von verneinten Aussagesätzen und Fragen entnehmen Sie bitte dem jeweiligen Zeitenkapitel.

▶ Häufig gibt es auch Kurzformen. Sie finden sie im jeweiligen Zeitenkapitel.

▶ Die Bildung der Passivformen entnehmen Sie bitte dem Kapitel **Passiv**, S. 184

Zeiten	**regelmäßiges Verb** **(to) talk – *sich unterhalten***	**unregelmäßiges Verb** **(to) go – *gehen***
present simple	I, you, we, you, they **talk** he, she, it **talks**	I, you, we, you, they **go** he, she, it **goes**
present progressive	I am talking you, we, you, they **are talking** he, she, it **is talking**	I am going you, we, you, they **are going** he, she, it **is going**
past simple	I, you, he, she, it, we, you, they **talked**	I, you, he, she, it, we, you, they **went**
past progressive	I, he, she, it **was talking** you, we, you, they **were talking**	I, he, she, it **was going** you, we, you, they **were going**
present perfect	I, you, we, you, they **have talked** he, she, it **has talked**	I, you, we, you, they **have gone** he, she, it **has gone**
present perfect progressive	I, you, we, you, they **have been talking** he, she, it **has been talking**	I, you, we, you, they **have been going** he, she, it **has been going**
past perfect	I, you, he, she, it, we, you, they **had talked**	I, you, he, she, it, we, you, they **had gone**
past perfect progressive	I, you, he, she, it, we, you, they **had been talking**	I, you, he, she, it, we, you, they **had been going**
future	I, you, he, she, it, we, you, they **will talk**	I, you, he, she, it, we, you, they **will go**
future progressive	I, you, he, she, it, we, you, they **will be talking**	I, you, he, she, it, we, you, they **will be going**
future perfect	I, you, he, she, it, we, you, they **will have talked**	I, you, he, she, it, we, you, they **will have gone**
conditional	I, you, he, she, it, we, you, they **would talk**	I, you, he, she, it, we, you, they **would go**
conditional perfect	I, you, he, she, it, we, you, they **would have talked**	I, you, he, she, it, we, you, they **would have gone**

Zwei Tipps zur Bildung von Zeiten:
1. **progressive** – Zeitformen: mit einer Form von **be + present participle**
2. **present perfect** und **past perfect**: mit einer Form von **have + past participle**

1. Ordnen Sie Prädikate den aufgeführten **Zeitformen** zu. Für manche Zeitformen gibt es mehrere Beispiele. *

wrote	will invite	have been learning
were laughing	would like	are swimming
didn't go	would have told	had been crying
worked	understand	had phoned
is talking	has stolen	am coming
doesn't eat	have repaired	don't watch
won't listen	buys	

a) present simple ______________________

b) present simple ______________________

c) present simple ______________________

d) present simple ______________________

e) present progressive ______________________

f) present progressive ______________________

g) present progressive ______________________

h) past simple ______________________

i) past simple ______________________

k) past simple ______________________

l) past progressive ______________________

m) present perfect ______________________

n) present perfect ______________________

o) present perfect progressive ______________________

p) past perfect ______________________

r) past perfect progressive ______________________

s) will-future ______________________

t) will-future ______________________

u) conditional ______________________

v) conditional perfect ______________________

2. Sie machen einen Besuch bei Ihrer ehemaligen Arbeitsstelle und treffen Ihre früheren Kolleginnen und Kollegen bei bestimmten Tätigkeiten an. Beschreiben Sie die Tätigkeiten mit der richtigen **Zeitform**. Überlegen Sie zuerst, welche Zeitform hier verwendet werden muss. *

Zeitform: ______________________________

a) check
b) talk
c) water
d) work
e) book
f) look, do
g) read

a) Monica ________________________ her e-mails.

b) Luke and Bob ________________________ to Jason next door.

c) Tina ____________________________ her exotic plants.

d) The boss _____________________ behind closed doors.

e) Mrs Rivers, the secretary, __________________ a hotel in Austria.

f) Louis is bored. He _____________________ at Celine:

"What ______________________, Celine?"

g) Celine: "I ________________________ an article about men's

behaviour at work."

3. Familie Smith frühstückt sonntags oft mit den Kindern. Aber als Tony letzten Sonntag an den Frühstückstisch kam, hatten alle schon angefangen. Beschreiben Sie die Situationen, die Tony vorfand, als er dazu kam.
Überlegen Sie zuerst, welche **Zeitform** hier verwendet werden muss. *

Zeitform: ______________________________

When Tony came in …

a) … Dad (sit) _____________________ next to Mum and (look)

_______________________ at the morning paper.

pour out – *ausgießen*

b) … Mum (pour out) _________________________ the coffee

while Cathy and Amy (eat) ___________________ cereal.

c) … the girls (wear) ___________________ their new pink clothes.

giggle – *kichern*

d) … they (giggle) ___________________________ about boys.

e) … the radio was on but nobody (listen) ____________________.

4. Entscheiden Sie zwischen *present simple* und *present progressive*. **

present simple, S. 96
present progressive, S. 102

a) Julia always (go) __________________ to work by car but today she (take) __________________the bus.

b) Steven usually (not smoke) __________________ at parties but tonight he (smoke) __________________ a lot.

c) My parents never (plan) __________________ their holidays but now they (plan) __________________ a big trip to the USA.

d) We often (go) __________________ for a walk on Sundays but the weather is bad today. So we (stay) __________________ inside.

e) I usually (write) __________________ my letters on the computer, but today I (write) __________________ one with my new pen.

f) My wife sometimes (go) __________________ jogging but today she (go) __________________ for a swim.

5. Die folgenden Sätze bestehen aus einem Haupt- und einem Nebensatz. Setzen Sie die Verben in Klammern ins *past simple* oder ins *past progressive*. **

past simple, S. 108
past progressive, S. 115

a) I (watch) __________________ TV last night, when suddenly the lights (go off)__________________.

b) While the children (have) __________________ a bath, the aupair (forget)__________________ the chicken in the oven.

c) When I (come) __________________ home, the alarm system (ring)__________________.

d) The boss (talk) __________________ on the phone, when the new assistant (knock) __________________ on his door.

e) Everybody (dance and laugh) __________________ in the club when Natalie suddenly (faint) __________________.

faint – *in Ohnmacht fallen*

f) While I (drive) __________________ on the motorway I (hear) __________________ the news about the election of the new president of the USA on the radio.

6. Setzen Sie *present perfect* oder *past simple* ein. **

▸ **present perfect**, S. 121

▸ **past simple**, S. 108

sign a contract – *einen Vertrag unterschreiben*

a) When I (move) _______________ to this village it (be) ___________ a very quiet place to live. But since then they (build) ____________ lots of houses and it (become) _________________ quite noisy here.

b) My husband (not start) _______________________ his new job yet. He (sign) ______________ the contract last Friday but he's still at his old firm.

c) I (not know) _____________________ you (be) ________________ left-handed. – I'm not left-handed but I (hurt) __________________ my right hand yesterday really badly so I have to use my left hand.

d) My friend Rebecca (buy) ____________________ a new flat last month but she (not sell) ______________________ her old flat yet. So at the moment she's got two flats.

7. Setzen Sie die richtige Zeit in die folgenden Sätze mit *for* und *since*. **

▸ **for** und **since**, S. 123 und S. 129

handicapped – *behindert*

fiancée – *Verlobte*
BE: [fi'ɑ̃:nseɪ]
AE: [ˌfiɑ:n'seɪ]
fiancé – *Verlobte(r)*
BE: [fi'ɑ̃:nseɪ]
AE: [ˌfiɑ:n'seɪ]
cough – *husten*
BE: [kɒf]
AE: [kɑ:f]

a) My parents (invite) _______________________________ our neighbours to an advent concert since 2001.

b) Robert's handicapped mother (live) ___________________________ with him for two years now.

c) Mrs Wings (teach) ___________________________________ at our local primary school since 1990.

d) My fiancée (work) ___________________ at the doctor's for 15 years.

e) Grandma and Grandpa (ask) ___________________________ the same doctor for advice for thirty years. They trust him a lot.

f) I (learn) _________________________________ English since 1980.

g) Patricia (cough) ______________________________ since Monday.

8. Übertragen Sie folgende Aussagen und Fragen ins Englische. Überlegen Sie zuerst, welche Zeitform hier verwendet werden muss. ***

Zeitform: ______________________________

a) Letztes Jahr sind wir in Spanien gewesen.

____

b) Hast du gestern Abend den Krimi gesehen?

____

c) Die Skier habe ich vor drei Wochen verkauft.

____

d) 1992 bin ich von Saarbrücken nach Stuttgart gezogen.

____

e) Als ich klein war, wollte ich Schauspielerin werden.

____

f) Ich habe dich gestern nicht angerufen, weil ich krank war.

____

Tipp! Lassen Sie sich von den deutschen Zeiten nicht in die Irre führen. Hier handelt es sich um abgeschlossene Handlungen in der Vergangenheit. Achten Sie auf die Signalwörter!

become – *werden*
actress – *Schauspielerin*

9. Setzen Sie die Verben im *past perfect* oder im *past simple* ein. ***

▸ **past perfect**, S. 132
▸ **past simple**, S. 108

a) Thomas (give) ______________ me back my book this morning and (say) __________________ that he (enjoy) __________________ it very much. But he (not like) ______________________ the end.

b) When Mrs Tallis (return) __________________ to her house she (see) ________________ that burglars (break in) __________________ during her absence. The front door (be) ___________ open and everything in the house (be) ________________ upside down. They even (help) ____________________ themselves to her whisky but there (be) ____________ still a little bit left, so she (pour) ____________ herself a drink and (call) ________________ the police.

c) When I (open) ____________________ the door of our conference room yesterday I (see) Mr Brooks. He (try) ____________________ to listen to our conversation and I (wonder) ___________________ how much he (hear) ____________________.

help oneself to sth. – *sich selbst bedienen mit*

10. Entscheiden Sie zwischen *will-future, going to-future* und *present progressive* als Ausdruck für zukünftige Handlungen. ***

▸ **future**, S. 141

a) We (go) ____________ out for a drink with Hardy tonight. It's his last day today. He (leave) ________________ tomorrow.

b) We'd better leave a message for Sandra. Otherwise she (not know) ______________________ where we've gone.

Tipp! Manchmal sind zwei Zeitformen möglich.

c) I ________________ (never get) married. – Never say never. Maybe one day you (meet) ____________ the right woman and you (fall) ___________ in love with her.

d) I hear you've bought a big caravan. You (use) _____________ it for your holidays? – No, I (live) ________________ in it. – What you (do) __________________ with your house? – I (sell) __________________ it to the man who sold me the caravan. He (get) _______________ married next July.

e) Jack, there's someone at the door. – All right, I (go) _________.

11. Übertragen Sie die folgenden Sätze ins Englische. ***

a) Ich bin noch nicht fertig. – Macht nichts. Ich warte.

____

b) Wir haben sehr schöne Tomaten. – OK, ich nehme ein Pfund.

____

Tipp! Alle Sätze beziehen sich auf zukünftige Handlungen oder Ereignisse, auch wenn im Deutschen das Präsens steht.

c) Ich glaube, ich bleibe zu Hause.

____

d) Vielleicht hilft dir Papa bei den Matheaufgaben.

____

12. *Conditional* oder *conditional perfect?* Setzen Sie die Verben in der richtigen Zeitform ein. ***

▶ **conditional** , S. 150

a) I (not go) ______________________ to the north of Australia in January. It's too hot then.

b) Are your kids old enough to stay at home alone? – Yes, they are. But Tina (not leave) ______________________ them alone. She always asks a babysitter.

c) If I were you, I (phone) ______________________ Mike at once.

▶ **If-Sätze**, S. 178

d) If the doctor hadn't told you to stop smoking at once, you (not stop) ______________________.

e) Jonathan (be very dissapointed) ______________________ ______________________ if we hadn't invited Lisa.

f) You (not have) ______________________ any problems with money if you married a millionaire.

Tipp! stop to smoke – *anhalten um zu rauchen*
stop smoking – *mit dem Rauchen aufhören*

Fragen

1. Mami, ist der Weihnachtsmann ein starker Mann? 2. Ja, das ist er. 3. Hat er wirklich Rentiere? 4. Ich weiß es nicht. 5. Kann ich mit ihm sprechen? 6. Nein, das kannst du nicht. Er kommt in der Nacht. 7. Aber er bringt allen Kindern Geschenke, nicht wahr? 8. Ich glaube schon.

▶ **Modalverben**, S. 197

▶ **Hilfsverb be**, S. 83

▶ **Hilfsverb have**, S. 85

Fragen auf Englisch enthalten immer ein Hilfsverb oder ein Modalverb. Das Hilfsverb bzw. das Modalverb steht immer direkt vor dem Subjekt.

1. Fragen mit Hilfsverben

Aussagesätze, die ein Hilfsverb oder ein Modalverb enthalten, lassen sich leicht in Fragesätze umwandeln.

Aussage	Frage
He can swim.	**Can he** swim?
	Can't he swim?
	Can he not swim?
I'd like a cup of tea, please.	**Would you** like a cup of tea?
	Wouldn't you like a cup of tea?
	Would you not like a cup of tea?
She's running.	**Is she** running?
	Isn't she running?
	Is she not running?
Tom has been working hard.	**Has Tom** been working hard?
	Hasn't Tom been working hard?
	Has Tom not been working hard.
It'll rain tomorrow.	**Will it** rain tomorrow?
	Won't it rain tomorrow?
	Will it not rain tomorrow?
Tina would have told you.	**Would Tina** have told you?
	Wouldn't Tina have told you?
	Would Tina not have told you?

Da die meisten englischen Zeiten mit einer Form von *be* oder *have*, also mit einem Hilfsverb gebildet werden, ist diese Frageform am häufigsten.

Zur besonderen Betonung der Verneinung wird die Langform verwendet.

Zur Bildung von Fragen in verschiedenen Zeiten schlagen Sie bitte im Kapitel der betreffenden Zeit nach.

- Bei Fragen mit Hilfsverben wird das Subjekt mit dem Hilfsverb vertauscht.
- Sind mehrere Hilfsverben in einem Satz vorhanden, wird nur das erste Hilfsverb mit dem Subjekt vertauscht. Alle anderen Satzteile bleiben stehen.
- Bei verneinten Fragen wird meistens die Kurzform vor das Subjekt gestellt. Benutzt man die Langform, ändert sich die Satzstellung (Hilfsverb oder Modalverb + Subjekt + *not*).

2. Fragen mit Vollverben im *present simple* und *past simple*

Die einzigen Zeiten im Englischen, in denen Aussagesätze mit Vollverben in bejahten Sätzen ohne ein Hilfsverb auskommen, sind das *present simple* und das *past simple*. Will man in diesen beiden Zeiten jedoch Fragen bilden, braucht man eine Form des Hilfsverbs ***do***.

Bejahte Fragen im *present simple*

Aussagesatz		bejahte Frage		
I, you, we, you, they	**call** her every day.	**Do**	I, you, we, you, they	**call** her every day?
He, she, it,	**calls** her every day.	**Does**	he, she, it	**call** her every day?

Siehe auch verneinte Aussagesätze im **present simple**, S. 96 und im **past simple**, S. 108

In bejahten Aussagesätzen im *present simple* gilt: *He, she, it,* das **s** muss mit. In Fragen heißt es bei der 3. Person Singular deshalb *Does* ... bzw. *Doesn't* .... Beim Vollverb entfällt dann das **s**. Das Vollverb steht in der Grundform.

Bejahte Fragen im *past simple*

Aussagesatz		bejahte Frage		
I, you, he, she, it, we, you, they	**called** her every day.	**Did**	I, you, he, she, it, we, you, they	**call** her every day?

Did ist schon Vergangenheit. Da muss das Vollverb nicht auch noch in die Vergangenheit gesetzt werden. Es steht in der Grundform.

Verneinte Fragen im *present simple* und *past simple*

verneinte Fragen	
Don't you call her every day? **Do you <u>not</u>** call her every day? **Doesn't he** call her every day? **Does he <u>not</u>** call her every day? **Didn't he** call her every day? **Did you <u>not</u>** call her yesterday?	Verneinte Fragen können sowohl in Kurz- als auch in der Langform gebildet werden. Die Langform wird nur dann verwendet, wenn man die Verneinung besonders betonen möchte. Das ‚*not*' steht dann direkt nach dem Subjekt.

Verneinte Fragen kommen nicht häufig vor.

3. Fragen mit *do* und *have* als Vollverben

Aufgepasst: Die Verben ***do*** und ***have*** sind nicht immer Hilfsverben, sondern können auch als Vollverben auftreten. Dann müssen Fragen im *present simple* und im *past simple* ebenfalls mit ***do*** gebildet werden:

reluctantly – *widerwillig*
properly – *ordentlich*

Aussagesatz	Fragesatz
Usually I **do** the cooking.	**Do** you **do** any housework?
My son **does** his homework only reluctantly.	**Does** your son **do** his homework properly?
I **have** five children.	**Do** you **have** children, too?
Michael **has** a new girlfriend.	**Does** Sheila **have** a new boyfriend now, too?

4. Kurzantworten

Tipp! Kurzantworten nennt man auch Ja/Nein-Antworten.

Kurzantworten sind Antworten, die mit Ja oder mit Nein beginnen. Im Deutschen reicht dieses eine Wort oft als Antwort. Im Englischen gilt das als unhöflich. Es ist höflicher, das Subjekt (in Form des entsprechenden Personalpronomens) und das erste Hilfsverb aus der Frage zu wiederholen.

Tipp! Das erste Verb in der Frage ist entscheidend für die Kurzantwort.

Die Kurzantworten zu den einzelnen Zeiten finden Sie im jeweiligen Zeitenkapitel.

Frage	bejahte Kurzantwort	verneinte Kurzantwort
Is Alex at home?	Yes, **he is.**	No, **he isn't.**
Is he working?	Yes, **he is.**	No, **he isn't.**
Can we meet at six?	Yes, **we can.**	No, **we can't.**
Are you going to meet him?	Yes, **I am.**	No, **I'm not.**
Have you finished?	Yes, **I have.**	No, **I haven't.**
Has Dad been waitimg for me?	Yes, **he has.**	No, **he hasn't.**
Do you like fish?	Yes, **I do.**	No, **I don't.**
Did Fiona help you?	Yes, **she did.**	No, **she didn't.**

5. Fragen mit Fragewörtern

Beachten Sie!
Who? ↔ *Wo?*
Where? ↔ *Wer?*

Who?	Whose?	Where?	What?	When?	Why?	How?
Wer?	*Wessen?*	*Wo?*	*Was?*	*Wann?*	*Warum?*	*Wie?*
Wen?		*Wohin?*				
Wem?						

- Fragen mit Fragewörtern können sowohl mit einer Form von *be* als auch mit einem anderen Hilfsverb gebildet werden.
- Ist kein Hilfsverb, sondern nur ein Vollverb vorhanden, steht eine Form von *do* nach dem Fragewort.

Fragen mit Fragewörtern und *be* als Vollverb:

Fragewort	Singular	Plural
Who	's your friend?	... are your friends?
Where	's my mobile phone?	... are my glasses?
What	's this?	... are these?
When	's your birthday?	... are your holidays?
Why	's this speech so boring?	... are you so angry?
How	's the dessert?	... are the new shoes?

Tipp! Im Singular wird meistens die Kurzform von 'is' ('s) verwendet.

Fragen mit Fragewörtern und Hilfs- und Vollverben:

Fragewort	Fragen mit Hilfsverben	Fragen mit Vollverben
Where	**have** you been?	**did** you **go**?
What	**are** you reading?	**does** he **want** to have?
When	**would** you like to come?	**did** you **see** Liz?
Why	**aren't** you talking to me?	**do** you always **wear** jeans?
How	**can** I know?	**did** you **like** the film?

Tipp! Häufig verwendet werden auch:
How much ...? – *Wie viel ...?*
How many ...? – *Wie viele ...?*
How often ...? – *Wie oft ...?*
What about / How about...? – Wie wär's mit...?

Das Fragewort *whose*

Whose coat is this?	It's Lucy's.
And **whose** gloves are these?	They're mine, thank you.
And these umbrellas? **Whose** are they?	They're not ours.
Whose father died in an accident?	Lucy's father did.

- Das Fragewort ***whose*** fragt nach einem oder mehreren Besitzern.
- Fragen mit ***whose*** werden meistens mit ***be*** gebildet.

Achtung!
Nicht verwechseln!
Whose friend is it?
Wessen Freund/in ist er/sie?
Who's (who is) your friend?
Wer ist dein/e Freund/in?

Die Fragewörter *who* und *what* als Subjekt und Objekt

Die Fragewörter ***who*** und ***what*** können Subjekt (wer oder was?) oder Objekt (wem? wen oder was?) einer Frage sein.

Subjekt	**Who**		trusts	you?	*Wer...?*
	Who		can help	me?	*Wer...?*
	Who		cleans	the floor?	*Wer...?*
	Who		is	the boss?	*Wer...?*
	What		happens	next?	*Was...?*
Objekt	**Who**	can	Sarah	phone?	*Wen...?*
	Who	do	you	trust?	*Wem...?*
	Who	does	Lilian	like?	*Wen...?*
	What	can	we	do?	*Was...?*

Tipp! In förmlicher Sprache wird statt **who** als Objekt auch **whom** verwendet.

- Sind ***who*** oder ***what*** Subjekt der Frage, wird keine Form von *do* verwendet.
- Sind ***who*** oder ***what*** Objekt einer Frage, muss eine Form von *do* verwendet werden, wenn kein anderes Hilfsverb (z. B. *can*) vorhanden ist: *What do you think?*

Aufgepasst! Nicht verwechseln!

Who can phone Sarah?	***Wer*** *kann Sarah anrufen?*
Who can Sarah phone?	***Wen*** *kann Sarah anrufen?*

6. Bestätigungsfragen

Bestätigungsfragen entsprechen im Deutschen am ehesten Ausdrücken wie
..., nicht wahr?
..., gell?
..., oder?
..., stimmt's?

Bestätigungsfragen sind keine Fragen im eigentlichen Sinn, denn sie werden lediglich an eine bejahte oder verneinte Aussage angehängt. Bestätigungsfragen fordern vom Zuhörer Bestätigung oder Zustimmung. Sie werden im Englischen mit sogenannten Frageanhängseln (*question tags*) gebildet.

bejahter Aussagesatz	verneinte Bestätigungsfrage
You're from Germany,	**aren't you?**
She's your sister,	**isn't she?**
You've got two tickets,	**haven't you?**
We must hurry,	**mustn't we?**
He's got the job,	**hasn't he?**
You like her,	**don't you?**
Oliver looks so sweet,	**doesn't he?**
She booked the hotel,	**didn't she?**

Tipp! Sätze mit Bestätigungsfragen benötigen immer einen bejahten und einen verneinten Satzteil!

verneinter Aussagesatz	bejahte Bestätigungsfrage
You aren't English,	**are you?**
Julie wasn't at work,	**was she?**
Your boyfriend hasn't got a dog,	**has he?**
They won't bring their friends,	**will they?**
You don't read thrillers,	**do you?**
She doesn't eat meat,	**does she?**
I didn't invite her,	**did I?**

- Bestätigungsfragen greifen das Hilfsverb und das Subjekt aus dem vorausgegangenen Aussagesatz wieder auf. Das Subjekt erscheint allerdings immer als Personalpronomen.
- In Aussagesätzen ohne Hilfsverb wird in den Bestätigungsfragen eine Form von *do* verwendet. Je nach Person und Zeitform kann dies ***don't/doesn't/didn't*** oder ***do/does/did*** sein.
- Bestätigungsfragen werden durch ein Komma vom vorausgegangenen Aussagesatz getrennt.

1. Ordnen Sie die Wörter so, dass sie eine **Frage** ergeben. *

a) is/ excuse me/ where/ please/ information desk/ the

____?

b) flight/ when/ to Palma/ is/ the/ please/ next

____?

c) I/ your tickets/ please/ and/ see/ your passport/ can

____?

d) special offers/ did/ the brochure/ you/ read/ with/ our?

____?

e) you/ a/ like/ would/ window seat/ to have

____?

2. Sie werden beim Einkaufen interviewt. Geben Sie **Kurzantworten**. *

a) Excuse me, may I ask you a few questions? (Ja.) ____________

b) Are you from London? (Nein.) ________________________

c) Do you work fulltime? (Ja.) _________________________

d) Have you got children? (Nein.) _______________________

e) Did you buy any food in the new supermarket? (Ja.) __________

f) Are you going home by car now? (Ja.) ___________________

Thank you. Bye.

3. Ergänzen Sie mit **Bestätigungsfragen**. **

a) Look at these pink jeans. They're fantastic, _______________?

b) They didn't sell all the tickets in one day, ________________?

c) Susan and David moved to Madrid, _____________________?

d) Don't worry about the exam. You can try again, ____________?

e) You know that woman over there, _____________________?

f) Justin loves Indian food, _________________________?

g) Teresa is married to Thomas, _______________________?

h) They haven't got any children yet, ____________________?

i) Their new house was very expensive, ___________________?

Who? (Wer?)
When?
Who? (Wen?)
What?
How much?

4. Sie sprechen am Telefon und an entscheidenden Stellen( ) gibt es immer wieder eine Störung. Fragen Sie nochmals nach. Benutzen Sie die **Fragewörter** an der Seite. ***

a) OK. The transport will cost euros.

Excuse me, ______________________________

b) We can deliver the furniture in weeks.

Excuse me, ______________________________

c) can help you with the heavy pieces.

Excuse me, ______________________________

d) Please pay cash. We don't accept .

Excuse me, ______________________________

e) Think about it. If you want to accept our offer you can call Mrs .

Excuse me, ______________________________

5. Hier sind sechs Antworten. Bilden Sie passende **Fragen** dazu. ***

a) ______________________________

I work at an insurance company.

b) ______________________________

by six – *gegen 18 Uhr*

I usually start work at eight o'clock in the morning and I finish by six.

c) ______________________________

Yes, he does. My boss is always already there when I arrive at the office.

d) ______________________________

No, I haven't. I share an office room with two nice colleagues.

e) ______________________________

I work overtime once or twice a month.

f) ______________________________

Yes, I am. I'm really glad to have this job.

Relativsätze

1. Wer war die Frau, die heute Abend angerufen hat? 2. Patrizia. 3. Ist das die, mit der du letzten Monat in Brüssel zusammengearbeitet hast? 4. Nein, das ist die, deren Computer dauernd Probleme macht. Weißt du, die, von der ich dir gestern Abend erzählt habe.

Relativsätze sind Nebensätze, die sich auf ein vorangegangenes Nomen bzw. eine Nominalgruppe beziehen. Englische Relativsätze können von einem Relativpronomen eingeleitet werden, aber auch ohne Relativpronomen gebildet werden. Man unterscheidet zwischen notwendigen und nicht notwendigen Relativsätzen.

Tipp! Nomen sind alle Substantive, Namen, Bezeichnungen, Städte, Länder, Flüsse, usw. Bei einer Nominalgruppe handelt es sich um eine Gruppe aus mehreren Wörtern.

1. Relativpronomen

Who, which, that, whom und ***whose*** leiten Relativsätze ein, die sich auf das Subjekt (wer oder was?) oder das Objekt (wen oder was? wem? wessen?) des Hauptsatzes beziehen.

who	nur bei Personen	**whom**	nur bei Personen
which	nur bei Sachen	**that**	bei Personen und Sachen
whose	bei Personen und Sachen		

Alle englischen Relativpronomen sind unveränderlich, sie lauten im Singular und Plural immer gleich.

Relativpronomen

Beispiele für Relativpronomen als **Subjekt**

The man *(Person Singular)*	**who/that** found your wallet didn't want any money.	*Der Mann,* ***der*** *…* *(Nominativ: wer oder was?)*
Those customers *(Person Plural)*	**who/that** complain about the prices often have enough money.	*Die Kunden,* ***die*** *…* *(Nominativ: wer oder was?)*
A brochure *(Sache Singular)*	**which/that** is printed on shiny paper is an eyecatcher.	*Ein Prospekt,* ***das*** *…* *(Nominativ: wer oder was?)*
The T-shirts *(Sache Plural)*	**which/that** we ordered last week haven't arrived yet.	*Die T-Shirts,* ***die*** *…* *(Nominativ: wer oder was?)*

eyecatcher – *Blickfang*

Beispiele für Relativpronomen als **Objekt**

I've got a date with the guy *(Person Singular)*	**who/whom/that** I met in the pub last Saturday.	*… dem Typ,* ***den*** *…* *(Akkusativ: wen oder was?)*
I answered all the e-mails *(Sache Plural)*	**which/that** I received today.	*… alle E-Mails,* ***die*** *…* *(Akkusativ: wen oder was?)*
I know the man *(Person Singular)*	**who/whom/that** I gave your address.	*… den Mann,* ***dem*** *…* *(Dativ: wem?)*

Tipp! **whom** wird vorwiegend in der Schriftsprache benutzt und klingt förmlich.

Das Relativpronomen ***whose*** drückt **Besitz oder Zugehörigkeit** von Personen, Sachen oder Tieren aus, ihm folgt immer ein Substantiv, z. B.

May I introduce you to Mr Jameson *(Person Singular)*	**whose** new book was published last week.	*…Mr Jameson,* ***dessen*** *neues Buch…* *(Genitiv: wessen?)*
This school is for pupils *(Plural Person)*	**whose** parents are willing to pay a lot of money.	*… Schüler,* ***deren*** *Eltern…* *(Genitiv: wessen?)*
There aren't many cities *(Plural Sache)*	**whose** subways are as clean as Munich's.	*… Städte,* ***deren*** *U-Bahnen …* *(Genitiv: wessen?)*

Das Relativpronomen ***which*** kann sich auch auf einen ganzen Satz oder einen Sachverhalt beziehen.

On my tour to London I left the new road map in a café **which** was not very helpful.	*Auf meiner Fahrt nach London habe ich die neue Autokarte in einem Cafe liegen lassen,* ***was*** *nicht sehr hilfreich war.*
Our friends surprised us with a boat trip **which** was great.	*Unsere Freunde überraschten uns mit einer Bootsfahrt,* ***was*** *großartig war.*

Tipp! Benutzen Sie *which* auch immer dann, wenn Sie im deutschen Relativsatz ‚was' sagen würden.

2. Notwendige Relativsätze mit Relativpronomen

	Notwendiger Relativsatz	
Luke Walker is the man *(Person)*	**who/that** won first prize in the talent competition.	
The man *(Person)*	**who/that** I love	wants to marry another woman.
Lucia created the website *(Sache Akkusativ)*	**which/that** impressed everybody in our team.	

Notwendige Relativsätze

- werden durch Relativpronomen (***who, which, that***) eingeleitet. Diese Relativpronomen können **Subjekt** oder **Objekt** sein.
- enthalten Informationen, die für das Verständnis des Hauptsatzes unverzichtbar, also **notwendig** sind.
- werden – im Gegensatz zum Deutschen – **nicht durch ein Komma** vom Hauptsatz **getrennt**.
- werden im **gesprochenen** wie im **geschriebenen Englisch** verwendet.

3. Relativsätze ohne Relativpronomen: *contact clauses*

	Notwendiger Relativsatz	
The performance	(which/that) **I saw** yesterday was brilliant.	*… Vorstellung,* ***die*** *…*
These are the photos	(which/that) **my brother took** when he was in Mexico.	*… Fotos,* ***die*** *…*
Here are the magazines	(which/that) **you were asking for**.	*…Zeitschriften,* ***nach denen***

Nur im notwendigen Relativsatz kann unter bestimmten Umständen das Relativpronomen entfallen, und zwar nur:

- wenn das Relativpronomen nicht Subjekt eines Relativsatzes ist, sondern die **Funktion eines direkten Objekts oder eines Präpositionalobjekts** hat (s. auch Punkt 4).
- *contact clauses* werden nicht durch Komma vom Hauptsatz getrennt.
- *contact clauses* werden häufig in der **Umgangssprache** verwendet.

4. Präpositionen im Relativsatz

In notwendigen Relativsätzen können auch Präpositionen enthalten sein. Dann sind mehrere Satzstellungen möglich. Vergleichen Sie.

Look, there's the man Look, there's the man	(who/that) **you talked to** yesterday. **to whom you talked** yesterday.	*… der Mann,* ***mit dem*** *…*
The feminist article The feminist article	(which/that) **we talked about** in our last meeting was written by a man. **about which we talked** in our last meeting was written by a man.	*… der Artikel,* ***über den*** *…*
The girls The girls	(who/that) **we went** to the museum **with** were exchange students from Canada. **with whom we went** to the museum were exchange students from Canada.	*… die Mädchen,* ***mit denen*** *…*

- In notwendigen Relativsätzen ohne Relativpronomen steht die Präposition immer hinter dem Verb.
- Im förmlichen Stil steht die Präposition oft vor dem Relativpronomen (z. B**.** ***to whom, with whom, from whom, in which, about which***, etc.)

5. Nicht notwendige Relativsätze mit Relativpronomen

	Nicht notwendiger Relativsatz	
Lisa,	**who** lives next door,	works as a vet's assistant.
The supermarket,	**whose** opening hours are from 8 a.m. to 8 p.m.,	is a good place to meet people.
My laptop,	**which** I have been using for three years,	was a bargain.

vet's assistant – *Tierarzthelfer/in*

bargain – Schnäppchen

Nicht notwendige Relativsätze

- enthalten zusätzliche Informationen, die für das Verständnis des Hauptsatzes entbehrlich, also **nicht notwendig** sind.
- können grundsätzlich **nicht mit *that*** eingeleitet werden. Hier muss ***who*** für Personen und ***which*** für Sachen und Tiere verwendet werden.
- werden durch **Kommas** vom Hauptsatz getrennt.
- werden vorwiegend in der **Schriftsprache** verwendet.

Relativsätze

1. Setzen Sie das richtige **Relativpronomen** ein. *

a) I spent all day out in the sun __________ was great.

b) Neil Armstrong was the first man __________ walked on the moon.

c) I was the only person __________ wasn't hurt in the accident.

d) My sister was the only one __________ was able to give first aid.

e) Here is a list of e-mail addresses ______________ you must check.

f) Have you got a chair ____________ I can sit on, please?

g) Andrew _______ had been driving all day was tired and needed a break.

h) I was given this map by a man ___________ I met on the train.

2. Bilden Sie aus den zwei Hauptsätzen einen Hauptsatz mit **Relativsatz**. **

Tipp! Hier handelt es sich um Relativsätze mit und ohne Relativpronomen!

a) I met Mrs Carter. She asked me to give you this parcel.

I met Mrs Carter who asked me to give you this parcel.

b) The man didn't know the way. This man was driving the bus. ________

____

c) This is Lilian Parker. I know her from the gym. ________________

____

d) Lynn hated eating by herself. She hoped to have lunch with Louisa.

____

____

e) Nora knows the address. You need this address.

____

3. Übertragen Sie die Sätze ins Deutsche. ***

a) There are so many things that I want to do. ________________

____

b) Don't talk to people you don't know very well. ________________

____

c) Dad is the sort of person who likes hard work. ____________________

____

d) I met a young man who works at Porsche.

____

____

e) The bills I have to pay every month are not very high.

____

____

f) I worked in Australia in 2004 which was a fantastic experience.

____

____

4. Übertragen Sie die **Relativsätze** ins Englische. Entscheiden Sie selbst, ob ein **Relativpronomen** gebraucht wird oder nicht. ***

a) Das einzige Kleid, das mir wirklich gefällt, ist eine Nummer zu klein.

____

____

b) Ich brauche einen Arzt, dem ich vertrauen kann. ____________________

____

c) Tina muss wieder auf die Kinder aufpassen, die so fürchterlich verwöhnt sind. ____________________

____

spoilt – *verwöhnt*

d) Wir wollen ein Wohnmobil kaufen, in dem wir zu viert schlafen können.

____

____

camper – *Wohnmobil*
the four of us – *zu viert*

e) Eltern, die beide arbeiten, müssen gute Organisatoren sein. ____________________

____

f) Das Theaterstück, das wir gestern Abend gesehen haben, war ein totaler Reinfall.

____

____

complete disaster – *totaler Reinfall*

If-Sätze

1. Wenn ich dieses Kleid zur Party anziehe, werde ich garantiert etwas darauf schütten. 2. Wenn ich ein bisschen abnehmen würde, würde ich mich viel besser fühlen. 3. Wenn ich das graue Kleid gekauft hätte, hätte ich keine neuen Schuhe kaufen brauchen.

Tipp! Steht der *If*-Satz vorne, wird er mit einem Komma vom Hauptsatz getrennt.

If*-Sätze** sind Nebensätze, die durch das Wort ***if (= *wenn, falls*) eingeleitet werden. Sie stellen Bedingungen für eine andere Handlung, die im Hauptsatz steht. Dabei spielt es keine Rolle, ob der ***If*-Satz** vorne oder hinten steht. Man unterscheidet hauptsächlich **vier Arten von *If*-Sätzen**:

1. *If*-Sätze mit allgemeingültiger Bedingung

If/When you **add** fresh herbs to the salad, it **tastes** delicious.
You **don't drown** if/when you **bathe** in the Dead Sea.

If-Satz	Hauptsatz
if + present simple	*present simple*

if – *wenn, falls*
when – *wenn (zeitlich)*

Mit dieser Art ***If*-Satz** werden Tatsachen ausgedrückt oder allgemeingültige Aussagen getroffen. Es geht nicht darum, für wie wahrscheinlich der Sachverhalt gehalten wird. Man kann auch ***when*** statt ***if*** verwenden.

2. *If*-Sätze mit erfüllbarer Bedingung (Typ I)

▸ **Zur Bildung des will-future**, S. 141

I'**ll be** very sad if you **don't come** over the weekend.
If we **save** some money, we'**ll be able to** go to the USA next year.

If-Satz	Hauptsatz
If + present simple	*will-future*

Die ***If*-Sätze** vom **Typ I** beschreiben eine Bedingung, die mit sehr hoher Wahrscheinlichkeit eintritt. Die Bedingung ist wirklich erfüllbar.

3. *If*-Sätze mit eher unwahrscheinlicher Bedingung (Typ II)

If we **went** to Paris for the weekend, we **would go** by train.
If I **were** a millionaire, I **would spend** a lot of money travelling.

If-Satz	Hauptsatz
If + past simple	*would* + Infinitiv *(conditional)*

Die ***If*-Sätze** vom **Typ II** beschreiben ein Bedingung, die unwahrscheinlich ist. Man geht davon aus, dass der Sachverhalt im *If*-Satz eher nicht eintritt.

4. *If*-Sätze mit unerfüllbarer Bedingung (Typ III)

If Bob **hadn't spent** so much money on his new car, he **wouldn't have been** so angry after the crash.
If she **had talked** about her illness, we **could have helped** her.

If-Satz	Hauptsatz
If + past perfect	*would/could/might + have + past participle (conditional perfect)*

Die ***If*-Sätze** vom **Typ III** beschreiben eine unerfüllbare Bedingung. Das Ereignis in der Vergangenheit hat bereits anders stattgefunden. Es ist nicht mehr zu ändern. Nur gedanklich lassen sich Alternativen durchspielen. Bedingung und Folge sind rein hypothetisch.

Beachten Sie bitte: ***would*** kann manchmal durch ein Modalverb in der Vergangenheitsform (***might, could, should, …***) ersetzt werden. Die Bedeutung der Sätze ändert sich dementsprechend:

might	If you **had told** him about the meeting, **he might have phoned** the boss right away.	*…, hätte es sein können, dass er den Chef sofort anruft.*
could	If you **hadn't noticed** the hot milk on the oven, **it could have boiled over.**	*…, hätte sie überkochen können.*
should	If Tim **had heard** the phone ringing, **he should have answered** it.	*…, hätte er abheben sollen.*

Tipp! Lassen Sie sich von den deutschen Wenn- / Falls-Sätzen nicht in die Irre führen. **In englischen If-Sätzen steht kein will oder would!** Will und would stehen nur im Hauptsatz!

!

Ausnahme beim **simple past von be** (1. und 3. Person Singular)!
If I were you, …
Wenn ich du wäre, …
Ich an deiner Stelle …
If he were here, …
Wenn er hier wäre, …

Die Bedingungssätze Typ I, II und III werden auch conditional sentences I, II, III genannt. Der Begriff verweist aber nicht auf den Gebrauch einer bestimmten Form des conditional, sondern heißt lediglich: conditional sentence – *Bedingungssatz*

▸ **Modalverben,** S. 197

If und *when*

If I go to the museum, I'll bring you a poster.	*Der Sachverhalt ist noch nicht sicher. Es kann noch etwas dazwischen kommen. Aber wenn ich gehe, dann bringe ich ein Poster mit.*
When I go to the museum, I'll bring you a poster.	*Der Sachverhalt ist sicher. Ich gehe auf jeden Fall und bringe dann ein Poster mit.* ***When*** *stellt immer einen zeitlichen Bezug her.*

Achtung!
Auch für *When*-Sätze gilt: Steht im *When*-Satz *present simple*, folgt im Hauptsatz *will-future*!
Kein *will/won't* im *When*-Satz!
Kein Komma vor *when*!

Alternativen für *if*

Bedingungssätze können auch alternativ mit anderen Wörtern und Ausdrücken als mit ***if*** beginnen. Im Wesentlichen sind das:

as long as – *solange*
in case – *für den Fall, dass*
unless = if not – *falls nicht*
even if – *auch wenn, sogar wenn*

- **as long as** → **As long as** Mum doesn't feel any pain, she won't go to the doctor.
- **in case** → I'll take a raincoat **in case** it rains.
- **unless** → **Unless** you give me a ring, I won't know where Susan's party is taking place.
  (= If you don't give me a ring…)
- **even if** → **Even if** the computer works now, I don't want to work on it.
- In sehr formeller Sprache, vor allem in Geschäftsbriefen, verzichtet man manchmal durch eine andere Wortstellung auf das *if*.
  Should the fault persist, we will gladly replace the copier.
  (= If the fault persists, …)

persist – *bestehen bleiben*
copier – *Kopiergerät*

will/would in *if*-Sätzen

Eine wichtige Regel im Zusammenhang mit ***if*-Sätzen** ist:

Kein *will* oder *would* im *If*-Satz!

Ein paar Ausnahmen lassen ein ***will/would* im *If*-Satz** zu. Diese Sätze drücken **besondere Höflichkeit** aus:

- eine Aufforderung im *If*-Satz
  If Sam would only **stop** smoking **I would** be much happier.
  Wenn Sam doch bloß mit dem Rauchen aufhören würde, wäre ich viel glücklicher.
- eine Bitte oder ein Wunsch im *If*-Satz
  If you would just **fill** in this form here… Thank you.
  Wenn Sie bitte dieses Formular hier ausfüllen würden… Danke.
  If you would just **like** to take this table over there…
  Wenn Sie bitteschön diesen Tisch hier drüben nehmen würden…

1. Setzen Sie die Verben in die richtige Zeit. Wählen Sie aus den vorgegebenen Verben aus. *

> **Tipp!** Es handelt sich hier um allgemeingültige Aussagen.

stay – need – be – do – ask – burn – not have – get

a) If young people ______________ advice, they most often ________ their best friends first.

b) If children _____________ a lot of sports, they ____________ ___________ any weight problems.

c) You _______________ your skin if you _______________ in the bright sun for too long.

d) Some people __________ seasick if the sea ________ too rough.

2. Setzen Sie die Verben in die richtige Zeit. **

a) If it rains, we (play) ________________________ games inside.

b) You (catch) ______________________ the train if you hurry up.

c) I (travel) _____________ around the world if I win a million euros.

d) If you (come)_______________ tomorrow, I'll cancel my aerobics.

e) If you give me his number, I (call) _____________ him right away.

f) I (go and get) ________________ some rolls if you set the table.

roll – *Brötchen*

3. Setzen Sie die Verben in die richtige Zeit. **

a) If the restaurant at the corner didn't offer any vegetarian meals, we (have to eat) ________________________ our lunch elsewhere.

b) If you (book)____________________ your tickets early enough, you would be able to get some for the front row.

c) I (do) ____________________ all my shopping at the weekend if the shops were open.

d) If my son read the newspaper regularly, he (know) _____________ ________ more about politics.

e) I (not be at work) _______________________________ in time if Tina didn't wake me up every morning.

f) If Great Britain (be) _____________ a sunnier country, I would spend my holiday there more often.

4. Setzen Sie die Verben in die richtige Zeit. **

a) If Mike hadn't come home by ten o'clock, I (call) ______________________________ the police.

b) I (not know) ______________________________ about the fight at school if Patrick hadn't told me about it.

c) If you had listened to Lisa more carefully, you (understand) ______________________________ her much better.

d) Karen (live) ______________________________ in Tokyo if she had taken that job in Japan last year.

e) We (pay for) ______________________________ the new car for Mum if she had asked for support.

f) My children wouldn't have bought a dog for me if I (not wish for) ______________________________ one.

5. Hier finden Sie **Bedingungssätze** vom **Typ I**, **Typ II** und **Typ III**. Setzen Sie die richtige Zeit ein. ***

a) If we go to France, we (spend) ______________ a few days in Paris, too.

b) I think more people (go) ______________________ by train if the tickets were cheaper.

short cut – *Abkürzung*

c) If we (not take) ______________________ the short cut, we would have got completely wet.

d) If I were you, I (not ask) ______________________ Thomas again.

e) What would you do if you (have) ________________ a lot of money?

f) Your back will hurt if you (not do) ____________________ your exercises.

g) I (not have) ______________________________ the same earrings as Patricia if I had bought the pink ones.

h) Chris, if you don't work harder, you (not pass) ______________________ your exam.

i) I (love) ______________________________ to come to your party if it hadn't been Grandma's 80th birthday last Saturday.

6. Lesen Sie die folgenden drei Sätze. Entscheiden Sie zuerst, in welche Kategorie die Sätze einzuordnen sind. Übertragen Sie sie dann ins Englische.***

a) Wenn sie dumme Sachen über mich erzählen würde, wäre ich ziemlich sauer.
b) Wenn sie dumme Sachen über mich erzählt, werde ich sauer sein.
c) Wenn sie dumme Sachen über mich erzählt hätte, wäre ich ziemlich sauer gewesen.

silly things – *dumme Sachen*
pretty angry – *ziemlich sauer*

erfüllbare Bedingung	
weniger wahrscheinliche Bedingung	
unerfüllbare Bedingung	

Tipp! Denken Sie an die unterschiedlichen Arten der Bedingungssätze und ihre Zeitenfolge und lassen Sie sich nicht von den Zeiten im Deutschen in die Irre führen!

7. Übertragen Sie die **Bedingungssätze** ins Englische. ***

a) Wenn ich deinen Ring finde, rufe ich dich an.

___

b) Wenn du Tom um € 500 bätest, was würde er sagen?

___

c) Ich komme mit dir, wenn du einen Moment wartest.

___

d) Wenn du willst, besorge ich dir einen Job in dieser Firma.

___

e) Wenn ich Angst vorm Fliegen hätte, hätte ich ein großes Problem mit meinem Job.

___

___

f) Wenn ich mehr Zeit gehabt hätte, wäre ich öfter joggen gegangen.

___

___

ask for – *bitten um*
get – *besorgen*
be afraid of flying – *Angst vorm Fliegen haben*
more often – *öfter*

Das Passiv

Diese Kirche wurde 1373 erbaut. Der Turm war jedoch 100 Jahre früher erbaut worden. Die Restaurierung wird nächstes Jahr abgeschlossen sein. Das ganze Projekt wird von einer Privatperson finanziert.

Übersicht aller Passivformen, S. 187

Tipp! Auch in Passivsätzen gilt die Satzstellung: zuerst das Subjekt, dann das Prädikat!

Passivsätze stellen die **Handlung in den Vordergrund**, nicht die handelnde Person!

Bildung des Passivs

Das Passiv wird folgendermaßen gebildet:

eine Form von *be* + *past participle*

	be + *past participle*		*Deutsch*
Olive oil	**is made**	in Italy.	*... wird ... hergestellt.*
Tobacco	**isn't planted**	in Germany.	*... wird nicht ... angepflanzt.*
All the tickets	**were sold**	on one day.	*... wurden ... verkauft.*
Were all the tickets	**sold**	on one day?	*Wurden ... verkauft?*
Everything	**will be cleaned**	tomorrow.	*... wird ... geputzt sein.*
Will everything	**be cleaned**	tomorrow?	*Werden ... geputzt sein?*

Die Regeln für verneinte Sätze und Fragen im Passiv hängen von ***be*** ab.

- Verneinte Sätze werden gebildet, indem ein ***not*** (Kurzform ***n't***) an die Form von ***be*** gehängt wird.
- Fragen werden gebildet, indem die Form von ***be*** mit dem Subjekt vertauscht wird.

Passivsätze mit Modalverben

Das Passiv mit **Modalverben** (*can, must, etc.*) wird folgendermaßen gebildet:

Modalverb + Infinitiv von *be* + *past participle*

Modalverben, S. 197

Shoes **must be removed** before you enter the temple.	*... müssen ... ausgezogen werden ...*
I'm afraid, your computer **can't be repaired.**	*... kann nicht repariert werden.*

Aktiv und Passiv

Viele Aktivsätze mit einem direkten Objekt lassen sich in Passivsätze umformen:

Aktivsatz

Subjekt	Prädikat	Objekt	
We	renovated	**our house**	in 2000.
People	spend	**much money**	on computers.

Passivsatz

Subjekt	Prädikat		
Our house	was renovated	in 2000.	*Die handelnde Person ist im Passivsatz unwichtig und wird meistens nicht genannt.*
Much money	is spent	on computers.	

Tipp! Der Verursacher von Handlungen wird nicht genannt, wenn er entweder nicht mehr oder noch nicht bekannt ist oder gar nicht wichtig ist.

Das direkte Objekt des Aktivsatzes wird zum Subjekt des Passivsatzes. Das Subjekt des Aktivsatzes entfällt im Passivsatz.

Gebrauch des Passivs

Das Passiv wird vor allem verwendet, um von Handlungen und weniger von den handelnden Personen zu sprechen oder zu berichten.

The sports club **was founded** a hundred years ago.

Wichtig ist die Gründung des Sportvereins, nicht wer ihn gegründet hat.

Passiv verwendet man im Englischen häufig in

Three injured people **were taken** into hospital.

Zeitungsberichten

Germany **was reunified** in 1989.

historischen Texten

Paper **is made** of wood.

Erklärungen und technischen Beschreibungen

leash – *Leine*

Dogs **must be kept** on a leash.

Geboten, Anweisungen

Aufgepasst im Deutschen! Nicht verwechseln!

Passiv present simple	▶	I'**m asked.**	*Ich **werde gefragt**.*
Aktiv future	▶	I'll ask.	*Ich werde fragen.*

Verwechslungsgefahr besteht nur im Deutschen, da sowohl Passiv als auch Futur mit **werden** gebildet werden!

Die Nennung des Urhebers im Passivsatz

Will man beim Passiv den Verursacher einer Handlung nennen, wird dieser mit dem Wort ***by*** an den Schluss des Satzes gehängt. Dies geschieht aber nur dann, wenn diese Information wirklich wichtig ist.

make a comment – *eine Stellungnahme abgeben*

Aktivsatz

Subjekt	Prädikat	Objekt
The referee	interrupted	the football match.
David Beckham	scored	the final goal.
The BBC reporter	made	the best comment.

Passivsatz

Subjekt	Prädikat	Verursacher
The football match	was interrupted	**by** the referee.
The final goal	was scored	**by** David Beckham.
The best comment	was made	**by** the BBC reporter.

Der Schiedsrichter wird hier im Passivsatz genannt, weil es wichtig ist, dass er das Spiel unterbrochen hat und nicht z. B. die Fans oder ein Sturm. Ebenso wichtig ist, dass David Beckham das letzte Tor geschossen hat, und dass die beste Stellungnahme von einem BBC-Reporter kam.

In der folgenden Tabelle finden Sie die Konjugation eines regelmäßigen und eines unregelmäßigen Verbs in den gebräuchlichen Zeiten im Passiv.

Zeiten	regelmäßiges Verb (to) **ask** – *fragen*	unregelmäßiges Verb (to) **hurt** – *erzählen*
present simple	I **am asked** you, we, you, they **are asked** he, she, it **is asked**	I **am hurt** you, we, you, they **are hurt** he, she, it **is hurt**
present progressive	I **am being asked** you, we, you, they **are being asked** he, she, it **is being asked**	I **am being hurt** you, we, you, they **are being hurt** he, she, it **is being hurt**
past simple	I, he, she, it **was asked** you, we, you, they **were asked**	I, he, she, it **was hurt** you, we, you, they **were hurt**
past progressive	I, he, she, it **was being asked** you, we, you, they **were being asked**	I, he, she, it **was being hurt** you, we, you, they **were being hurt**
present perfect	I, you, we, you, they **have been asked** he, she, it **has been asked**	I, you, we, you, they **have been hurt** he, she, it **has been hurt**
past perfect	I, you, he, she, it, we, you, they **had been asked**	I, you, he, she, it, we, you, they **had been hurt**
future	I, you, he, she, it, we, you, they **will be asked**	I, you, he, she, it, we, you, they **will be hurt**
going to future	I **am going to be asked** you, we, you, they **are going to be asked** he, she, it **is going to be asked**	I **am going to be hurt** you, we, you, they **are going to be hurt** he, she, it **is going to be hurt**
future perfect	I, you, he, she, it, we, you, they **will have been asked**	I, you, he, she, it, we, you, they **will have been hurt**
conditional	I, you, he, she, it, we, you, they **would be asked**	I, you, he, she, it, we, you, they **would be hurt**
conditional perfect	I, you, he, she, it, we, you, they **would have been asked**	I, you, he, she, it, we, you, they **would have been hurt**

Im Passiv ist das **present perfect progressive**, das **past perfect progressive** und das **future progressive** nicht gebräuchlich.

Das Passiv

1. Setzen Sie die Verben in der korrekten Zeit im **Passiv** ein. *

celebrate
have to, repair
make
steal
flood
not use
watch
write, publish

a) Christmas ______________ on the 25th December every year.

b) Our car ______________ after the accident yesterday.

c) Many people only wear T-shirts that ______________ of cotton.

d) Somebody broke into our house, but nothing ______________

e) After the heavy rain all the streets ______________

f) This room ______________ for a long time.

g) Our house ______________ 24 hours a day by a security service.

h) The book ______________ by Ian Rankin and ______________ by Orion.

2. Folgenden Anweisungen können Sie auf Reisen begegnen. Übertragen Sie ins Deutsche. **

a) Umbrellas and sticks must be left outside.

____

b) Mobile phones may not be used.

____

lock up – *abschließen, verschließen*
trespassers – *Unbefugte, Unbefugtes Betreten*
prosecute – *gerichtlich verfolgen*

c) Your luggage should be locked up.

____

d) Trespassers will be prosecuted.

____

e) Money cannot be changed here.

____

f) Tickets shouldn't be thrown away as they may be checked again.

____

____

g) All passengers are requested to leave the ferry.

____

h) The cars on deck 5 will be checked first.

____

3. Viele aktive Handlungen lassen sich passivisch ausdrücken. Setzen Sie die Sätze ins **Passiv**. ***

a) They have checked our car.

____

b) We'll repair the computer at the weekend.

____

c) The mayor opened the museum on 1st December 2003.

____

d) Laura asked the kids to tidy up their rooms.

____

e) They close the exhibition on Sundays.

____

Tipp! Achten Sie auf die verschiedenen Zeiten und denken Sie daran, dass der Verursacher nicht immer genannt werden muss. Das Objekt des Aktivsatzes wird zum Subjekt des Passivsatzes.

mayor – *Bürgermeister*

4. Ordnen Sie die folgenden Sätze zunächst dem **Aktiv** oder **Passiv** zu. ***

	Aktiv	Passiv
a) Wir werden oft um Rat gefragt.		
b) Jetzt werden wir uns Rat holen.		
c) Wir werden unseren Garten verändern.		
d) Ein Teich wurde uns empfohlen.		
e) Morgen wird alles dafür gekauft.		
f) Der Garten wird ganz neu gestaltet.		
g) Die nächste Party kann dann draußen gefeiert werden.		

ask for advice – *um Rat fragen*
pond – *Teich*
recommend – *empfehlen*
we were recommended – *uns wurde empfohlen*
redesign – *neu gestalten*
hold a party – *eine Party feiern*

5. Übertragen Sie nun die Sätze aus Übung 4 ins Englische. ***

a) ____

b) ____

c) ____

d) ____

e) ____

f) ____

g) ____

Tipp! Aufgepasst! Hier müssen Sie Aktivsätze und Passivsätze bilden!

Die indirekte Rede

1. Hallo, Mary-Ann. Ben hat mir erzählt, was letzten Samstag passiert ist. Er sagte, du bist auf dem nassen Boden ausgerutscht und hast dir den Arm gebrochen. 2. Ja, das stimmt. Der Arzt sagt, dass ich mindestens acht Wochen lang kein Volleyball spielen kann. 3. Was für ein Pech!

Die **indirekte Rede** wird gebraucht, wenn man erzählen will, was jemand anders oder man selbst gesagt hat. Sie wird im Englischen ***indirect*** oder ***reported speech*** genannt.

Bildung der indirekten Rede

I told Zoe (that) I would look after the children.	*Ich erzählte Zoe, dass ich auf die Kinder aufpassen würde.*
I heard (that) you had booked a trip to New Zealand.	*Ich habe gehört, dass du eine Reise nach Neuseeland gebucht hast.*
Nora wrote (that) she's getting married in spring.	*Nora schrieb, dass sie im Frühling heiratet.*

- Aussagen in der **indirekten Rede** beginnen mit einem Einleitungssatz, der ein Verb des Mitteilens enthält (*say, tell*, usw.) und einem Folgesatz, der mit *that* eingeleitet wird.
- Die Konjunktion *that* kann auch entfallen.
- Ausgangspunkt für Sätze in der indirekten Rede sind immer Sätze in der direkten Rede, der ***direct speech***.

Indirekte Rede mit Zeitverschiebung

Aussagen, die zeitlich deutlich der Vergangenheit angehören, werden in der Regel mit einem einleitenden Verb im ***past simple*** gebildet. Der Folgesatz wird nach folgendem Muster oft um **eine Zeitstufe zurück**gesetzt:

Verwendete Zeit in der direkten Rede	Verwendete Zeit in der indirekten Rede
present simple	▶ past simple
present progressive	▶ past progressive
past simple	▶ past perfect
present perfect	▶ past perfect
present perfect progressive	▶ past perfect progressive
past perfect	▶ past perfect *(unverändert)*
will-future	▶ would + Infinitiv
going to-future	▶ was/were going to + Infinitiv
can	▶ could
may	▶ might
must	▶ had to

Beispiele:

Direkte Rede *direct speech*	**Indirekte Rede *indirect speech***
Oliver: "I'**m** glad to see you." ▶ present simple	Oliver said (that) he **was** glad to see me. ▶ past simple
Sarah: "We **didn't go** out on Saturday." ▶ past simple	Sarah told me (that) they **hadn't gone** out on Saturday. ▶ past perfect
Bob: "I'**ve finished** the puzzle." ▶ present perfect	Bob said (that) he **had finished** the puzzle. ▶ past perfect
Liz: "I **had been** in India for four months before I **visited** the Taj Mahal." ▶ past perfect	Liz declared (that) she **had been** in India for four months before she **visited** the Taj Mahal. ▶ past perfect
Greg: "I'**ll talk** to Jim later." ▶ will	Greg mentioned (that) he **would talk** to Jim later. ▶ would
Tom: "I **would have come** to Lee's party if I **had been** back in time." ▶ conditional perfect	Tom said (that) he **would have come** to Lee's party if he **had been** back in time. ▶ conditional perfect

Aufgepasst!
Zeitverschiebung bedeutet **eine Zeitstufe zurück** gegenüber der **direkten Rede**!

Tipp! Das *past perfect* kann man nicht mehr um eine Zeitstufe zurückversetzen, deshalb bleibt es im Folgesatz beim *past perfect*.

Tipp! Häufig verwendete einleitende Verben: **say, hear, tell, learn, declare, explain, mention, complain, agree, answer, repeat, suggest, write**.

Aufgepasst!
Conditional bleibt *conditional*!

Tipp! *Conditional* wird nur benötigt, wenn auch in der direkten Rede schon *conditional* steht.

Kleine Veränderungen in der indirekten Rede

In den Folgesätzen der **indirekten Rede** sind oft kleine Veränderungen nötig.
Diese Änderungen hängen stark vom Zusammenhang ab und können nicht pauschalisiert werden. Hier aber einige Beispiele:

1. Personenbezogene Veränderungen, z. B.

▶ **Personalpronomen**, S. 33

Direkte Rede ***direct speech***	**Indirekte Rede** ***indirect speech***
Robert: "I can help **Rebecca.**"	Luisa: "Robert says (that) he can help **her**." Rebecca: "Robert says (that) he can help **me**."
Bob: "**We're going** to the football match on Saturday."	Tony: "Bob said (that) **they're going** to the football match on Saturday." *(Tony geht nicht mit.)* David: "Bob said (that) **we're going** to the football match on Saturday. *(David geht mit.)*

2. Zeitliche und örtliche Änderungen, z. B.

Direkte Rede ***direct speech***	**Indirekte Rede** ***indirect speech***
today	▶ that day
yesterday	▶ the day before
tomorrow	▶ the next day, the following day
tonight	▶ that night
this week	▶ that week
last Saturday	▶ the Saturday before
here	▶ there
in this house	▶ in that house

Beachten Sie die Unterschiede:

Direkte Rede ***direct speech***	**Indirekte Rede** ***indirect speech***
I really like it **here.**	I **told** Jim that I **liked** it **there**. *(Ich bin inzwischen nicht mehr dort. mit Zeitverschiebung)* I **told** Jim that I **like** it **here**. *(Ich bin immer noch am selben Ort. ohne Zeitverschiebung)*

▶ **Indirekte Rede ohne Zeitverschiebung**, S. 193

Indirekte Rede ohne Zeitverschiebung

Wird das, was man mitteilen möchte, sofort, d.h. zeitnah am Geschehenen, weitergegeben, wählt man in der **indirekten Rede** das ***present simple*** für den **Einleitungssatz**. Im Folgesatz wird die gleiche Zeit verwendet wie in der direkten Rede.

Direkte Rede *direct speech*	Indirekte Rede *indirect speech*
Henry: "I **don't know** the address." Nina: "Our guests **are here**."	Henry **says** (that) he **doesn't know** the address. Nina **says** (that) our guests **are here.**

Indirekte Rede bei Tatsachen, Naturgesetzen, Gewohnheiten

Bei unabänderlichen Tatsachen, Aussagen von allgemeingültiger Bedeutung und Gewohnheiten findet in der **indirekten Rede keine Zeitverschiebung** statt, auch wenn das einleitende Verb im *past simple* steht, denn zu dem Zeitpunkt der **indirekten Rede** gelten die Tatsachen und Gewohnheiten weiterhin.

Direkte Rede *direct speech*	Indirekte Rede *indirect speech*
Teresa: "London **is** an exciting city." *(allgemein gültig)*	Teresa **said** (that) London **is** an exciting city.
Steven: "We always **go** for a long walk at the weekend." *(Gewohnheit)*	Steven **said** (that) they always **go** for a long walk at the weekend.
Dad: "The sun **rises** in the east." *(Naturgesetz, unabänderliche Tatsache)*	Dad **told** me (that) the sun **rises** in the east.

Indirekte Rede mit Modalverben

▸ **Modalverben**, S. 197

Folgende Modalverben können eine Zeitstufe zurückversetzt werden.

can	▸	could	may	▸	might
will	▸	would	must	▸	had to
shall	▸	should			

I **can** translate this article.
▸ She said that she **could** translate that article.
Tim **will** talk to her.
▸ He said that he **would** talk to her.

Bei Verwendung von ***would, should, could, might*** in der **direkten Rede** erfolgt **keine Zeitverschiebung** mehr in der **indirekten Rede**, z. B.

Direkte Rede *direct speech*	**Indirekte Rede *indirect speech***
Susan: "You **should take** Sam with you."	George: "She said (that) we **should take** Sam with us."
Laura and Jake: "We **might spend** a week at the seaside."	They said (that) they **might spend** a week at the seaside.

Fragen in der indirekten Rede

Entscheidend bei der Wiedergabe von Fragen in der **indirekten Rede** ist, ob die Frage in der **direkten Rede mit oder ohne Fragewort** gestellt wurde.

Tipp! Häufig verwendete einleitende Verben: **ask sb., want to know, wonder.**

Direkte Rede *direct speech*	**Indirekte Rede *indirect speech***
Are you married?	He asked me whether **I was** married.
Did you meet Linda?	He asked me if **I had met** Linda.

- Fragen ohne Fragewort werden mit ***if*** oder ***whether*** eingeleitet.

Direkte Rede *direct speech*	**Indirekte Rede *indirect speech***
Why **did you leave** so early?	She wondered why **I had left** so early.
Who **switched** the lights **off**?	They wanted to know who **had switched** the lights **off**.

- Fragen mit Fragewort greifen in der direkten Rede das Fragewort wieder auf. Es steht direkt nach dem einleitenden Verb. Danach folgen Subjekt und Prädikat wie in einem Aussagesatz auch.

Aufforderungen in der indirekten Rede

Aufforderungen, Warnungen und Ratschläge werden in der **indirekten Rede** am häufigsten mit dem Infinitiv nach dem einleitenden Verb + Personalpronomen im Akkusativsatz wiedergegeben.

Tipp! Häufig verwendete einleitende Verben: **tell sb., ask sb., warn sb., advise sb.**

Direkte Rede *direct speech*	**Indirekte Rede *indirect speech***
Please, **come** an hour earlier.	Nick asked me **to come** an hour earlier.
Fill in this form, please.	The manager advised me **to fill in** that/this form.
Listen carefully.	I told you **to listen** carefully.
Don't talk about the weather.	Lia warned him **not to talk** about the weather.
Don't tell Ann about my new job, please.	Jenny asked me **not to tell** Ann about her new job.

1. Vervollständigen Sie die Sätze in der **indirekten Rede.** *

a) They renovated the office very quickly.

Frank said (that) they ______________________________

b) I can organize the next meeting.

Chris said (that) he ______________________________

c) Mum had definetely closed the door.

Dad said (that) Mum ______________________________

d) I've visited many European countries.

He said (that) he ______________________________

e) It'll rain tomorrow.

Scott said (that) it ______________________________

f) We've been living in Hamburg for five years.

Christina said (that) ______________________________

g) We've already talked about that problem several times.

My boss said (that) we ______________________________

h) There was no snow in Germany last year.

Mrs Meyer said (that) there ______________________________

i) We're going to sell our house.

The Hansons said (that) they ______________________________

2. Allgemein gültig, Gewohnheit oder nicht? Entscheiden Sie, ob in der **indirekten Rede** eine Zeitverschiebung nötig ist oder nicht. **

a) My children always walk to school.

Mrs Pringle said (that) ______________________________

b) I never work at weekends.

I told you (that) ______________________________

c) Aboriginals live in Australia.

Our geography teacher said (that) ______________________________

d) I'll prepare the dinner.

Christopher said (that) ______________________________

e) Each village in Great Britain has at least one pub.

Bridget said (that) ______________________________

f) Ireland has got beautiful beaches.

Michael said (that) ______________________________

g) I've read so many fantastic books.

Stefanie said (that) ______________________________

3. Ihr Freund stellt Ihnen eine Menge Fragen. Sie teilen diese Fragen am nächsten Tag Ihrer Freundin mit. Was sagen Sie? Setzen Sie die Fragen in die **indirekte Rede.** ***

a) Have you got time to go out?
b) Can you repair my alarm clock?
c) How long will you need for that?
d) Do you want me to pick you up?
e) Why aren't you listening?
f) Have I upset you?
g) I'm sorry. I didn't mean to pressure you.

Aufgepasst!
Denken Sie an die kleinen Veränderungen bei der Wiedergabe von Informationen in der indirekten Rede!

a) Adam asked me if/whether I ______________________________

b) Adam wondered ______________________________

c) Adam wanted to know ______________________________

d) Adam asked me ______________________________

e) Adam wondered ______________________________

f) Adam asked carefully ______________________________

g) In the end he told me (that) ______________________________

and (that) ______________________________

4. Geben Sie die Aufforderungen in der **indirekten Rede** wieder. ***

Kim asked me
Luke advised me
Tom asked me
Sheila told me
Ben warned me

a) Go home. ______________________________

b) Open the window. ______________________________

c) Don't wait for me. ______________________________

d) Don't miss the new film. ______________________________

e) Don't forget your umbrella. ______________________________

Modale Hilfsverben und ihre Ersatzformen

1. Würdest du nächsten Samstag gerne zum Fußballspiel gehen? 2. Oh ja. Soll ich die Tickets kaufen? 3. Nein, brauchst du nicht. Ich habe schon zwei Karten. 4. OK, ich kann dir dann das Geld geben.

1. Modale Hilfsverben

Modale Hilfsverben oder Modalverben heißen im Englischen ***modal verbs*** oder ***modals***. Man erkennt sie daran, dass sie nie allein in einem Satz stehen. Ihnen folgt immer ein Vollverb im Infinitiv.

Ausnahme:
In Kurzantworten können Modalverben auch allein auftreten.

Die englischen **Modalverben** lauten:

bejahte Formen		verneinte Formen		*deutsche Bedeutung*
Langform	Kurzform	Langform	Kurzform	
can	-	cannot	can't	*können*
could		could not	couldn't	
will	'll	will not	won't	*würden*
would	'd	would not	wouldn't	
shall	'll	shall not	shan't	*sollen*
should		should not	shouldn't	
may	-	may not	-	*dürfen*
might		might not		
must	-	must not	mustn't	*müssen*
need	-	need not	needn't	*brauchen*
ought to (+ Infinitiv)	-	should not	shouldn't	*dringend sollen*

Tipp! Für das deutsche Modalverb *wollen* benutzt man im Englischen das Vollverb *want to + Infinitiv*.

Achtung!
must – *müssen*
mustn't – *nicht dürfen*
don't have to – *nicht müssen*

Kennzeichen der modalen Hilfsverben

▸ **Ausnahme: need**, S. 200

Mike **can** do it for us. But Sheila **may** do it for us if she wants to.	▸ ***Modals*** haben in allen Personen die gleiche Form. Im *present simple wird* in der 3. Person Singular **kein *s*** angehängt.
Mike **can't** do it for us. Sheila **shouldn't** do it.	▸ Die verneinte Form wird nicht mit dem Hilfsverb *do*, sondern durch Anhängen von ***not*** (Kurzfom -***n't***) gebildet.
Can you do this for me, please? – **Must** I really do it?	▸ ***Modals*** stehen bei der Bildung von ***yes/no questions*** am Satzanfang.
Today I **must** go earlier. But tomorrow I'**ll have to** stay longer.	▸ ***Modals*** gibt es nur im *present simple*. ▸ Für andere Zeiten benutzt man eine Ersatzform.
You **may go** and see your friend. But you **must tidy up** your room first.	▸ Nach einem ***modal*** folgt immer ein Infinitiv ohne ***to***. (Ausnahme: *ought to*)

▸ **Ersatzformen zu allen Modalverben**, S. 200

Das Modalverb *can/could*

I **can't** hear anything. We **couldn't** see very far because of the fog.
Mit *can/could* kann man Fähigkeiten zum Ausdruck bringen, insbesondere bei Verben der Wahrnehmung.

Can I have an apple, please? Please, **could** you close the door?
Can/could wird für höfliche Fragen und Vorschläge verwendet.

You **could** be more polite to your boss when you ask for a pay rise.
You **could** have asked before you took an apple.
Mit *could* + Infinitiv bzw. *could have* + *past participle* übt man Kritik.

pay rise – *Gehaltserhöhung*

▸ **Besondere Ausdrucksweisen mit Modalverben**, S. 203

Das Modalverb *will/would*

Streng genommen ist *will/would* ein Hilfsverb zur Bildung des *will*-future und zur Bildung der *conditional*-Formen. Es gibt jedoch einige besondere Verwendungsformen:

I'd like to pick you up at the station, but the car **won't** start.
I asked him very politely, but he **wouldn't** tell me.
Die verneinte Form von *will/would* wird manchmal im Sinne von *nicht wollen* benutzt.

When I was a child we **would** go to the playground every Saturday.
Mit *would* werden manchmal frühere Gewohnheiten zum Ausdruck gebracht.

Das Modalverb *shall/should*

Shall we go out for dinner tonight? **Shall** I phone the restaurant?
Mit *shall* werden höfliche Vorschläge gemacht.

You know, you **should** always ask before you borrow something.
You **should** at least have asked Peter before you took his car!
Mit *should* drückt man Verpflichtungen und Kritik aus.

Aufgepasst!
Shall wird nur für Vorschläge in Fragen mit der 1. Person Singular oder Plural benutzt.

Das Modalverb *ought to*

Terry **ought to study** regularly. **Ought** we **to** stay a bit longer?
Mit *ought to* wird eine Verpflichtung oder eine dringende Notwendigkeit ausgedrückt, meist etwas stärker als mit *should*.

Achtung: Bei *ought to* steht immer ein *to* vor dem Infinitiv.

Das Modalverb *may/might*

May I have a cookie? No, you **may not**. But you **may** have an apple.
Mit *may* bittet man höflich um Erlaubnis bzw. erlaubt man etwas.

May you both be very happy!
Mit *may* kann man in formellem Stil Wünsche formulieren.

We **may/might** go to New Zealand at Christmas.
May und *might* drücken aus, dass in der Zukunft evtl. etwas stattfindet.

Ms Young **may/might** know about this story.
Mit *may/might* kann man eine starke Vermutung in der Gegenwart ausdrücken.

Aufgepasst!
Von ***may not*** gibt es keine Kurzform.

▶ **Besondere Ausdrucksweisen mit Modalverben,** S. 203

Das Modalverb *must*

I **must** go now because I'm having guests for dinner tonight.
Mit *must* drückt man einen starken Zwang oder eine Verpflichtung aus. Bei *must* ist der Zwang/die Verpflichtung stärker als bei *should*.

Unterschied zwischen *must* und *have to*

Das Modalverb ***must*** und seine Ersatzform ***have to*** + **Infinitiv** haben im Gebrauch (nur im *present simple*) leicht unterschiedliche Bedeutung.

I **must repair** the computer. I **must go** now. Tina **must do** her exercises. We **must invite** Lisa.	Bei ***must*** hat das Subjekt den eigenen Wunsch oder ein dringendes Bedürfnis, etwas zu tun.
I **have to repair** the computer. I **have to go** now. Tina **has to do** her exercises. We **have to invite** Lisa.	Bei ***have to*** kommt der Druck von außen. Die Person selbst möchte es vielleicht gar nicht tun, fühlt sich aber veranlasst zu handeln.

▶ **Ersatzformen für Modalverben,** S. 200

Das Modalverb *need*

Das Verb ***need*** kann **als Modalverb** und **als Vollverb** auftreten. Als Modalverb wird *need* seltener benutzt:

You **needn't walk** into town. I can give you a lift.

Need als *modal* wird meistens nur in der verneinten Form in der Bedeutung von „nicht müssen/nicht brauchen" benutzt. Auf *needn't* folgt wie bei den meisten anderen *modals* auch ein Infinitiv ohne *to*.

Tipp! Wenn Sie *need* immer als Vollverb benutzen, machen Sie nichts falsch.

Häufiger wird ***need*** **als Vollverb** benutzt. Dann gelten für *need* alle Regeln wie für andere Vollverben auch. Es hat häufig die Bedeutung von „benötigen":

Sarah **needs** a new pair of jeans.	Als Vollverb hat ***need*** in der 3. Person Singular ein ***s.***
Do you **need** a pencil? No thank you, I **don't need** one.	Fragen und verneinte Aussagesätze werden mit ***do*** gebildet.
Yesterday I **needed** a rest so **I'll need to work** longer today.	***need*** als Vollverb gibt es in allen Zeitformen.
I think your car **needs washing** (= needs to be washed).	Auf ***need*** als Vollverb kann ein *Gerund* folgen, wenn der Satz eine passivische Bedeutung hat.
We **need to buy** a new washing machine. But we **don't need to buy** the most expensive.	Nach ***need*** kann ein anderes Verb im Infinitiv mit *to* angeschlossen werden.

2. Ersatzformen für Modalverben

Modals kommen bis auf *can* nur im *present simple* vor. In anderen Zeitstufen muss man Ersatzformen mit gleicher Bedeutung benutzen.

Tipp! Die Ersatzformen werden alle entweder mit ***be*** oder mit ***have*** gebildet. Der Rest der Ersatzform bleibt bei der Zeitenbildung immer unverändert!

modal verb		**Ersatzform**
can, could	*können*	**be able to**
will, shall	*sollen*	**be going to**
may, might	*dürfen, können*	**be allowed to**
must	*müssen*	**have to**
should, ought to	*sollten*	**be supposed to**
needn't	*nicht brauchen, nicht müssen*	verneintes **have to**
mustn't	*nicht dürfen*	**not be allowed to**

Die Ersatzformen für die Modalverben ***can, could, will, shall, may, should*** und ***mustn't*** lauten in den am häufigsten gebrauchten Zeitstufen:

Zeitstufe		Ersatzformen Form von ***be***		unveränder- ter Teil
present simple	I you he, she, it we you, they	am are/ 're is/ 's are/ 're	am not are not/ aren't is not/ isn't are not/ aren't	able to going to allowed to supposed to
past simple	I, he, she, it you, we, you, they	was were	was not/ wasn't were not/ weren't	able to going to allowed to supposed to
future	I, you, he, she, it, we, you, they	will be/ 'll be	will not be/ won't be	able to going to allowed to supposed to
conditional	I, you, he, she, it, we, you, they	would be/ 'd be	would not be/ wouldn't be	able to going to allowed to supposed to

Tipp! Im *present simple* kann man entweder das *modal* oder seine Ersatzform benutzen.
Meistens werden aber die *modals* benutzt, weil sie kürzer sind.

Die Ersatzformen für die Modalverben ***must, needn't*** lauten in den am häufigsten gebrauchten Zeitstufen:

Zeitstufe		***must*** *müssen*	***needn't*** *nicht müssen, nicht brauchen*
present simple	I, you, we, you, they he, she, it	have to/ 've to has to/ 's to	do not have to/ don't have to does not have to/ doesn't have to
past simple	I, you, he, she, it, we, you, they	had to/ 'd to	did not have to/ didn't have to
future	I, you, he, she, it, we, you, they	will have to 'll have to	will not have to/ won't have to
conditional	I, you, he, she, it, we, you, they	would have to/ 'd have to	would not have to/ wouldn't have to

3. Fragen mit Modalverben

Fragen mit ***modals*** und deren Ersatzformen werden nach dem gleichen Muster wie Fragen mit den Hilfsverben *do* oder *have* gebildet: Das ***modal verb*** oder das Hilfsverb (bei den Ersatzformen) steht am Satzanfang.

Tipp! Bei **höflichen Anfragen** mit *would* antwortet man in der Kurzantwort nicht mit *would*!

Frage	Kurzantwort	*Deutsch*
Can you come to my party?	Yes, I **can**. No, I **can't**.	*Kannst du/Können Sie zu meiner Party kommen? Ja./Nein.*
May I ask you a question?	Yes, you **may**. No, you **may not**.	*Darf ich dir/Ihnen eine Frage stellen? Ja./Nein.*
Will you marry me?	Yes, I **will**. No, I **won't**.	*Willst du mich heiraten? Ja./Nein.*
Would you like a cup of tea?	**Yes, please.** **No, thank you.**	*Möchtest du/Möchten Sie eine Tasse Tee? Ja./Nein.*

Fragewörter werden den ***modals*** vorangestellt.

Who can explain this theory?	*Wer kann diese Theorie erklären?*
Who should we phone?	*Wen sollten wir anrufen?*
What can you tell me about the English monarchy?	*Was kannst du/können Sie mir über die englische Monarchie erzählen?*
Where/when would we meet?	*Wo/Wann würden wir uns treffen?*
Why should I apologize?	*Warum sollte ich mich entschuldigen?*
How many friends may I invite?	*Wie viele Freunde darf ich einladen?*

Fragen mit den Ersatzformen der Modalverben

▸ **Kurzantworten**, S. 166

modal verb	**Ersatzform und Kurzantwort**	*Deutsch*
can	**Have you been able to** spend some time to yourself? Yes, I **have.**/No, I **haven't.**	*Konntest du …?* *Konnten Sie …?* *Ja./Nein.*
mit Fragewort	**Why haven't you been able to** spend some time to yourself?	*Warum konntest du/konnten Sie …?*
must	**Did you have to** work at the pub last night? Yes, I **did**. No, I **didn't**.	*Musstest du …?* *Mussten Sie…?* *Ja./Nein.*
mit Fragewort	**Where did you have to work** last night?	*Wo musstest du/mussten Sie…?*
may	**Will you be allowed to** come with us? Yes, I **will**. No, I **won't**.	*Wirst du … dürfen?* *Werden Sie … dürfen?* *Ja./Nein.*
mit Fragewort	**When will you be allowed to** come with us?	*Wann wirst du/werden Sie…?*

shall, should	**Were you supposed to** pick Ann up?	*Solltest du …* *Sollten Sie …?*
	Yes, I **were**. No, I **weren't**.	*Ja./Nein.*
mit Fragewort	**Why were you supposed to** pick her up?	*Warum solltest du/ sollten Sie …?*

4. Besondere Ausdrucksweisen mit Modalverben

1. ***Modals*** in der Konstruktion mit ***have + past participle*** können folgende feine Unterschiede in der Bedeutung zum Ausdruck bringen:

- Vermutungen über Ereignisse in der Vergangenheit:

Greta **will** have missed the train.	*Greta wird den Zug verpasst haben.*
Greta **may** have missed the train.	*Greta könnte den Zug verpasst haben.*
Greta **might** have missed the train.	*Greta könnte den Zug vielleicht verpasst haben.*
Greta **must** have missed the train.	*Greta muss den Zug verpasst haben.*
Greta **can't** have missed the train.	*Greta kann den Zug nicht verpasst haben.*

- Nicht eingetroffene Möglichkeiten in der Vergangenheit:

Greta **would** have missed the train.	*Greta hätte den Zug verpasst.*
Greta **could** have missed the train.	*Greta hätte den Zug verpassen können.*
Greta **should** have missed the train.	*Greta hätte den Zug verpassen sollen.*
Greta **might** have missed the train.	*Greta hätte den Zug möglicherweise verpasst.*

2. ***Modals*** in der Konstruktion mit ***be + present participle*** können folgende Bedeutungen haben:

- Starke Vermutungen in der Gegenwart

Nick must be joking.	*Nick macht bestimmt Witze.*
Susan must be lying.	*Susan lügt garantiert/höchstwahrscheinlich.*
Nick may be joking.	*Es kann sein, dass Nick Witze macht.*
Nick might be joking.	*Es könnte vielleicht sein, dass Nick Witze macht.*
Nick could be joking.	*Es könnte sein, dass Nick Witze macht.*

Tipp! Nur *might* kann sowohl eine Vermutung als auch eine nicht eingetroffene Möglichkeit in der Vergangenheit ausdrücken.

Tipp! Vergleichen Sie mit dem *present progressive*:
Nick is joking. – *Nick macht Witze* (Tatsache).
Susan is lying. – *Susan lügt* (Tatsache)

Aufgepasst, Schreibweise!
lie – *lügen, Lüge*
She's lying. – *Sie lügt.*

Modale Hilfsverben und ihre Ersatzformen

1. Ordnen Sie den deutschen Verben die englischen **Modalverben** zu. *

wollen	will	nicht wollen	won't
können	can	nicht können	can't
sollen	should	nicht sollen	shouldn't
müssen	must	nicht müssen	mustn't
brauchen	need	nicht brauchen	needn't
dürfen	may	nicht dürfen	may not

2. Setzen Sie die folgenden Aussagen in die Vergangenheit. **

a) Mark **can explain** how the new gadget works.

Mark could explained ..

b) Monica **mustn't walk** home on her own.

Monica ~~to had to~~ not be allowed to walk

c) You **shouldn't ring** her up after 10 p.m..

You weren't supposed to ring..

d) **May** the children **have** some chocolate?

Were the children allowed to have.

e) **Must** we **argue**?

Did y we have to ague

f) You **needn't clean** my desk.

You did not have to clean

g) I **can't leave** her alone.

I

h) You **ought to post** those letters.

i) Do you **have to take** your little sister everywhere?

3. Welche Zeitform zeigt die **Ersatzform** an und welches **Modalverb** liegt jeweils zugrunde? **

Ersatzform	Zeitform	*modal verb*
will be able to	Zukunft	can
was allowed to		
won't have to		
was going to		
didn't have to		
were able to		
will be supposed to		
weren't allowed to		
wouldn't be able to		
will be allowed to		

4. Ein Großvater unterhält sich mit seinem Enkel. Setzen Sie ein **Modalverb** oder eine **Ersatzform** in die Lücke. **

When I was a young boy I ____________ (musste helfen) my parents on the farm in the afternoon. There was so much to do that I ____________ (durfte nicht spielen) with my friends. You are lucky. You ____________ (kannst spielen) football with your friends all afternoon. You ____________ (solltest nicht sein) angry if you ____________ (musst helfen) your parents from time to time. You ____________ (darfst nicht vergessen) that everybody in the family ____________ (sollte beisteuern) his or her share.

beisteuern – *contribute one's share*

5. Übertragen Sie die folgenden Sätze ins Deutsche. ***

a) May I help you? ____________

b) I had asked you to clean the kitchen window only. You didn't have to clean all the windows. ____________

____

c) After we had taken a break we were able to go on. ______________

____

d) You might think I'm jealous, but I'm not. ______________

____

e) Do you think I ought to ask for more money? ______________

____

f) You mustn't park your car here. ______________

____

g) I wouldn't allow the girls to stay up until midnight. ______________

____

h) My colleague was allowed to leave an hour earlier, but I wasn't.

____

6. Übertragen Sie die Sätze ins Englische. ***

a) Es ist 20 Uhr. Wir sollten die Nachrichten angucken.

____

b) Du brauchst mir nicht zu helfen. Ich kann es selbst tun.

____

c) Ich muss dir die neuesten Neuigkeiten erzählen.

____

d) Sollen wir dich abholen?

____

e) Wir könnten dich hinterher auch nach Hause bringen.

____

f) Du darfst den Chef jetzt nicht stören.

____

g) Ich brauche einen neuen Job.

____

h) Ich würde gerne in die Stadt ziehen.

____

Some und *any*

I've got **some** good and **some** bad news. The good news is: I finally got that huge new flat but - now here's the bad news: I don't have **anything** to put in it. I need **some** more furniture and I don't have **any** curtains for the windows. I don't have **any** carpets for the floors. And, worst of all, I don't have **any** money. Do you have **any** extra furniture you don't need? I'll take **anything** and **everything**.

Ich habe eine gute und eine schlechte Nachricht. Die gute Nachricht ist, dass ich endlich diese große neue Wohnung bekommen habe. Aber – jetzt kommt die schlechte Nachricht: Ich habe nichts zum Hineinstellen. Ich brauche mehr Möbel und ich habe keine Gardinen für die Fenster. Ich habe keine Teppiche für die Böden. Und am schlimmsten ist: Ich habe kein Geld. Hast du irgendwelche Möbel, die du nicht brauchst? Ich nehme alles und nichts.

Some und *any*

Some und ***any*** drücken eine unbestimmte Menge oder Anzahl von etwas aus, z. B. *einige, ein paar*. Dabei liegen folgende Regeln zugrunde:

Bejahte Aussagesätze	**Fragen**	**Verneinte Aussagesätze**
Let's bake **some** muffins.	Have we got **any** baking chocolate?	No, we haven't got **any** chocolate.
Grandad can teach you **some** card tricks.	Do you know **any** tricks?	No sorry, I don't know **any** tricks.
We met **some** friends from Manchester.	Did you meet **any** friends at the fair?	No, I didn't meet **any** friends there.

baking chocolate – *Blockschokolade*

fair – *Messe*

- In bejahten Aussagesätzen wird grundsätzlich ***some*** verwendet.
- In Fragen und verneinten Aussagesätzen wird grundsätzlich ***any*** verwendet.
- ***Some*** und ***any*** werden im Deutschen oft nicht übersetzt:

Let's bake **some** muffins.	*Lass/t uns Muffins backen.*
Have we got **any** baking chocolate?	*Haben wir Blockschokolade?*
No, we haven't got **any** chocolate.	*Nein, wir haben (überhaupt) keine Schokolade.*

Some und *any* und ihre Zusammensetzungen

Some und ***any*** können Verbindungen mit folgenden Bedeutungen eingehen:

Tipp! ***Somebody*** und ***anybody etc.*** sind in der Umgangssprache geläufiger als *someone* und *anyone, etc.*!

somebody/ someone	**anybody/anyone**	**not anybody/ not anyone**
(irgend)jemand	*niemand*	
something	**anything**	**not anything**
(irgend)etwas	*(überhaupt) nichts*	
somewhere	**anywhere**	**not anywhere**
irgendwo	*nirgendwo, nirgends*	

Beispielsätze:

Bejahte Aussagesätze	Fragen	Verneinte Aussagesätze
There's **somebody/ someone** in the garden.	Have you seen **anybody/anyone**?	No, I haven't seen **anybody/anyone.**
Here's **something** wrong.	Is there **anything** you want to tell me?	No, I don't know **anything.**
My glasses must be **somewhere.**	Have you seen my glasses **anywhere**?	Sorry, I haven't seen them **anywhere.**

- Auch die Zusammensetzungen werden nach den gleichen Regeln verwendet wie ***some*** und ***any***.
- In bejahten Aussagesätzen werden grundsätzlich Zusammensetzungen mit ***some*** verwendet.
- In Fragen und verneinten Aussagesätzen werden grundsätzlich Zusammensetzungen mit ***any*** verwendet.

Ausnahmen: *Some* in Fragen

Sowohl für ***some*** als auch für seine **Zusammensetzungen** gilt folgende Ausnahme:

Would you like **some** more tea?	*Möchtest du/Möchten Sie noch etwas Tee?*
Could you lend me **some** money, please?	*Könntest du mir etwas Geld leihen?*
May I ask you **something** personal?	*Darf ich dich/Sie etwas Persönliches fragen?*

- ***Some*** kann in Fragen verwendet werden, wenn man eine positive Antwort auf seine Frage erwartet. Dabei handelt es sich meistens um ein höfliches Angebot oder eine höfliche Bitte.

Ausnahmen: *Any* in bejahten Aussagesätzen

Auch für ***any*** und seine **Zusammensetzungen** gibt es folgende Ausnahmen:

You can choose **any** ring you like.	*jeden (beliebigen)*
I'll follow you **anywhere**.	*überall(hin)*
I'd do **anything** to help you.	*alles (egal was)*
I didn't get **any** sleep last night.	*(überhaupt) kein/e/en*

▸ ***every*** und seine Zusammensetzungen, S. 210

▸ ***Any*** benutzt man in bejahten Aussagesätzen, wenn es die Bedeutung von *jede/jeder/jedes beliebige* oder *überhaupt kein/e/en* hat.

Weitere Mengenwörter und ihre Zusammensetzungen

Much und *little*, *many* und *few*

Much und ***many*** drücken eine unbestimmte Menge oder Anzahl von etwas aus. ***Much*** und ***many*** werden am häufigsten in verneinten Aussagesätzen und in Fragen verwendet.

Tipp! In bejahten Aussagesätzen wird statt ***much*** und ***many*** umgangssprachlich meistens ***a lot of*** verwendet.

When I was young I did**n't have much money.**	*Als ich jung war, hatte ich nicht viel Geld.*
How much information can we get from the internet?	*Wie viele Informationen können wir vom Internet bekommen?*
Have you got **more experience?**	*Hast du/Haben Sie mehr Erfahrung?*

Achtung!
information – *Information/en (im Englischen gibt es keinen Plural!)*

▸ ***Much*** wird für Nomen verwendet, die im Singular stehen und **nicht zählbar** sind.

▸ Die Steigerung von ***much*** lautet: ***much, more, (the) most***.

▸ Wenig von nicht zählbaren Dingen wird mit ***a little*** oder ***little*** ausgedrückt: *Do you need **a little** help? **Little** has been done so far.*

Steigerung von **little**: **little, less, least**

Sarah hasn't got **many friends.**	*Sarah hat nicht viele Freunde.*
Have you got **many shares**?	*Hast du/Haben Sie viele Aktien?*
There aren't **many tourists** in Mongolia.	*Es gibt nicht viele Touristen in der Mongolei.*
There are **more tourists** in Thailand.	*Es gibt mehr Touristen in Thailand.*

share – *Aktie*

▸ ***Many*** wird für Nomen verwendet, die im Plural stehen und **zählbar** sind.

▸ Die Steigerung von ***many*** lautet: ***many, more, (the) most***.

▸ Wenig von zählbaren Dingen wird mit ***few*** ausgedrückt: *Only **few** people in the team disagreed.*

Steigerung von few: **few, fewer, fewest**
Umgangssprachlich wird statt **fewer** oft **less** verwendet!

Every, *each* und *all*

every	Tony knows **every** girl in town.	*Mit* **every** *ist jede/r/s von einer Gruppe als Ganzes gemeint.*
each	We interviewed **each** member of the family.	*Mit* **each** *ist jede/r/s einzelne von einer Gruppe gemeint.*
all	I like **all** children. **All** teachers have a hard job. **All** you need is love.	*Mit* **all** *werden meistens allgemeingültige Aussagen gemacht.* **All** *meint die gesamte Menge von etwas.*

Every und seine Zusammensetzungen

Auch ***every*** hat wie ***some*** und ***any*** Zusammensetzungen:

everybody/everyone	*jede/r, alle*
everything	*alles (ohne Ausnahme)*
everywhere	*überall (an allen Orten)*

Everybody needs a job.	*Jede/r braucht eine Arbeit.*
There are beautiful temples **everywhere** in Thailand.	*In Thailand gibt es überall schöne Tempel.*
I can't tell you **everything**.	*Ich kann dir nicht alles erzählen.*

Tipp!

Vergleichen Sie:
I can't tell you anything. – *Ich kann dir nichts erzählen.*

No und seine Zusammensetzungen

No vor einem Substantiv bedeutet: *kein/e*

no food – *kein Essen*
no friends – *keine Freunde*
I've got **no** idea. – *Ich habe keine Ahnung.*

Tipp!

Vergleichen Sie:
I've got **no** idea. – *Ich habe keine Ahnung.*
I haven**'t** got **any** idea. – *Ich habe überhaupt keine Ahnung.*

Auch mit ***no*** können einige Zusammensetzungen gebildet werden:

nobody	*niemand*	**nowhere**	*nirgends*
nothing	*nichts*	**none (= no one)**	*keine/r von*

Nobody knew who he was.	*Niemand wusste, wer er war.*
I said **nothing.** (= I didn't say anything.)	*Ich habe nichts gesagt.*
Where did you go after school? **Nowhere.** I went straight home, honestly.	*Wohin bist du nach der Schule gegangen? Nirgends. Ich bin direkt nach Hause gegangen, ehrlich.*
None of us asked him for help.	*Keine/r von uns bat ihn um Hilfe.*

Tipp!

Wenn man ***no*** und seine Zusammensetzungen benutzt, wird das Verb nicht verneint, weil die Verneinung schon in ***no*** steckt:
There's **no** food in the fridge.

1. Setzen Sie *some* oder *any* ein. *

a) It's always good to take ______________ water with you.

b) Have you got ____________ problems with your husband?

c) Kim went to the supermarket on her own but she wasn't allowed to buy ______________ sweets.

d) When I went to Australia I didn't see ______________ kangaroos.

e) But I saw ______________ koala bears.

f) Have you ever read ______________ crime novels by Elizabeth George?

g) Tina doesn't want to lend me ________________ money.

h) But I need ______________ money for the rent.

2. Übertragen Sie die folgenden Begriffe ins Deutsche. *

a) everywhere in Germany ____________________________________

b) nothing special____

c) Anything new? ____

d) some problems ____

e) Any suggestions? ____

f) in the middle of nowhere___________________________________

g) No idea. ____

h) Everything's OK. ____

3. Füllen Sie die Lücken mit **Mengenwörtern** oder den entsprechenden Zusammensetzungen. **

Come on, Cliff, let's go out tonight. Let's book a table ____________ (irgendwo). – OK. What about Harp's restaurant? – Do they serve ________ (irgendwelche) vegetarian food? – Yes, of course, they do. You can have ____________________ (alles) there. Or do you want _________________ (irgendetwas) special? – No, I'll be happy with ________________________ (etwas) vegetables. – We could phone _______________ (einige) friends. Maybe Thomas and Nina. – Good idea. Is there ______________________ (sonst jemand) else? –

______________________ (jemand) from the gym club perhaps.

4. Formulieren Sie die folgenden Aussagesätze und Fragen negativ. **

a) I've got some interesting hobbies.

____

b) We can do something.

____

c) You should tell somebody the truth.

____

d) I need some advice.

____

5. Übertragen Sie ins Deutsche. ***

a) I haven't asked anybody for help.

____

b) No news is good news.

____

c) We didn't know anything about the disaster.

____

6. Übertragen Sie ins Englische. ***

Tipp! Abgeschlossene Handlungen werden mit dem *past simple* ausgedrückt!

a) Hast du gestern Abend irgendetwas gehört?

____

b) Ich habe nichts getan.

____

c) Warum hast du es nicht allen erzählt?

____

d) Mein Nachbar hat niemanden gesehen.

____

Die Präpositionen

1. There are two cars **in front of** the house. 2. Mr Parker is sitting **in** his car. 3. His bag is **on** the roof of the car. 4. There's a ball **under** the car. 5. The neighbour's car is standing **behind** Mr Parker's car. 6. Linda is **between** the two cars. 7. A little dog is running **towards** her. 8. Mrs Parker is going **into** the house. 9. Her basket is **next to** the front door. 10. Victoria and David are looking **out of** the window.

1. Zwei Autos stehen vor dem Haus. 2. Herr Parker sitzt in seinem Auto. 3. Seine Tasche ist auf dem Dach des Wagens. 4. Ein Ball liegt unter dem Auto. 5. Das Auto des Nachbarn steht hinter Herrn Parkers Auto. 6. Linda ist zwischen den Autos. 7. Ein kleiner Hund rennt auf sie zu. 8. Frau Parker geht ins Haus. 9. Ihr Korb steht neben der Haustür. 10. Victoria und David schauen aus dem Fenster.

Allgemeines

Präpositionen werden im Englischen oft anders verwendet als im Deutschen. Es gibt hierfür leider keine Regel. Viele Präpositionen haben auch mehrere Bedeutungen. Am besten lernt man die Präpositionen gleich mit passenden Beispielen.

about	I'm reading a book **about** politics.	***über*** *Politik*
at	Nobody was **at** home. I was **at** work and Lisa was **at** school.	***zu*** *Hause,* ***bei*** *der Arbeit,* ***in*** *der Schule*
by	Macbeth was written **by** Shakespeare.	***von*** *Shakespeare*
	Paul goes to school **by** bus.	***mit*** *dem Bus*
for	Vegetables are good **for** you.	***für*** *dich*
	Come over **for** a drink or two.	***auf*** *einen Drink*
	We haven't seen Liz **for** ages.	***seit*** *Ewigkeiten*
from	Where are you **from**?	***Wo ... her? Woher?***
	I'm **from** Cologne.	***aus*** *Köln*
with	Edward tried to tighten it **with** a screwdriver.	***mit*** *einem Schraubenzieher*
	You can stay **with** me tonight.	***bei*** *mir*

Phrasal verbs:
Viele englische Verben können im Verbund mit einer Präposition ihre Bedeutung ändern, z.B.
look – *schauen*
look at – *anschauen*
look for – *suchen*
Man muss diese Verbverbindungen einfach lernen.

▸ **Satzstellung bei *phrasal verbs*,** S. 223

Cologne – *Köln*
tighten – *festziehen*
screwdriver – *Schraubenzieher*

Zeitliche Präpositionen

Diese Präpositionen haben mehrere Bedeutungen und kommen häufig vor.

at	at 3 o'clock	Uhrzeiten
	at lunchtime	Mahlzeiten
	at Christmas	Festtage
	at the weekend	bestimmte Ausdrücke
	at night	
in	in summer	Jahreszeiten
	in 1999	Jahre
	in July	Monate
	in the morning, in the afternoon, in the evening	Tageszeiten
on	on Monday, (Mondays)	Wochentage, (*montags*)
	on Friday afternoon	Tageszeiten mit Wochentag
	on 12th February	Datum
	on Easter Monday	besondere Tage

Aufgepasst!
Jahreszahlen immer mit Präposition!
I got married **in** 1999. – *Ich habe 1999 geheiratet.*

Aufgepasst!
on Monday – *am Montag*
Mondays – *montags*

Diese Präpositionen beziehen sich auf einen Zeitraum.

ago	two years ago	*vor zwei Jahren* (**ago** wird immer nachgestellt)
during	during the week	*innerhalb der Woche/unter/während der Woche*
for	for two years	*zwei Jahre lang*
in	in two years	*in zwei Jahren*

Diese Präpositionen benutzt man im Zusammenhang mit Uhrzeiten.

about	about 4 o'clock	*gegen*
after	after 4 o'clock	*nach*
at	at 4 o'clock	*um … Uhr*
before	before 4 o'clock	*vor*
between	between 4 o'clock and 6 o'clock	*zwischen*
by	by 4 o'clock	*bis,* (evtl. vorher oder spätestens bis)
from …	from 4 o'clock	*von … an*
from … to/ until/till	from 4 o'clock to/ until/till 6 o'clock	*von … bis*
past	half past four	*nach*
since	since 4 o'clock	*seit*
until/till	until 4 o'clock	*bis*

Achtung!
on time – *pünktlich*
in time – *rechtzeitig*

Räumliche Präpositionen

Örtliche Präpositionen

above	We flew **above** the clouds.	*über (oberhalb)*
among	**Among** the visitors was a girl from China.	*unter, zwischen*

across	Sam went **across** the street.	*hinüber*
at	He lives **at** the Ocean View Hotel.	*in, im*
behind	Your coats are **behind** the door.	*hinter*
below	It was **below** zero last night.	*unter(halb)*
beside	Tina looked pale **beside** Sarah.	*neben*
between	Helen can't decide **between** the two men.	*zwischen*
beyond	The weather is warmer **beyond** the Alps.	*jenseits*
by	I'll be waiting **by** the petrol station.	*an, neben*
in	The thief disappeared **in** the crowd.	*in*
in front of	There's a giant sitting right **in front of** me.	*vor*
in the middle of	The professor left the room **in the middle of** the discussion.	*mitten in, in der Mitte von*
near	Heilbronn is **near** Stuttgart.	*in der Nähe von*
next to	I'd like to sit **next to** Lilian.	*direkt neben*
not far from	It's **not far from** here.	*nicht weit von*
on	Please, put the plates **on** the table.	*auf*
opposite	We live **opposite** a sports ground.	*gegenüber*
outside	Let's meet **outside** the building.	*außerhalb von*
under	Look, our cat is sitting **under** that car.	*unter (wo?)*

Achtung! The girls are **at school.** *(in der Institution)* There was a fire **in the school** last night. *(im Gebäude)*

Achtung! beside the road – *neben der Straße (Präposition)* He's intelligent and **besides** he's nice. *... außerdem ist er sehr nett. (Adverb)*

on the right – *auf der rechten Seite*
on the wall – *an der Wand*

Richtungsweisende Präpositionen

across	The taxi driver rushed **across** the bridge.	*über...hinüber*
along	We walked **along** the main street.	*entlang*
back to	Let's go **back to** Sydney/the beach.	*zurück nach/an*
down	It's winter. Snowflakes are falling **down**.	*herunter*
into	Let's go **into** the house. It's too windy.	*in...hinein*
off	Nicola took the flowers **off** the table.	*von...herunter*
onto	Then she put fresh tulips **onto** the table.	*auf...drauf*
out of	Mrs Hill is always looking **out of** the window.	*aus*
over	I fell **over** Sandra's bag in the hall.	*über*
past	My ex-husband walked **past** me.	*an...vorbei*
round	You can go **round** London by bus.	*in...herum*
through	You can go from Paris to London **through** the Channel Tunnel in three hours.	*durch*
to	We went **to** the pub/**to** Berlin/**to** church/ **to** the coast	*in, nach, zu, an*
towards	Valerie ran **towards** me at the airport.	*auf...zu, hin zu*
under	The hegdehog disappeared **under** the fence.	*unter (wohin?)*
up	Take your time when you walk **up** that hill.	*hinauf*

Die Präpositionen

Diese Wendungen sollten Sie auswendig können.

1. Setzen Sie die richtigen **Präpositionen** ein. *

a) zur Arbeit ____________

b) ins Krankenhaus ____________

c) beim Arzt ____________

d) in der Schule ____________

e) unter unserer Wohnung ____________

f) durch das Stadtzentrum ____________

g) nach Berlin ____________

h) am Wochenende ____________

i) gegenüber der Kirche ____________

k) am Mittwoch ____________

l) vor dem Café ____________

m) unter vielen Menschen ____________

n) am Bahnhof ____________

o) sonntags ____________

p) nicht weit von hier ____________

r) über die Brücke ____________

s) im Mai ____________

t) an Weihnachten ____________

u) am Strand entlang ____________

v) am Abend ____________

2. Setzen Sie die richtigen **Präpositionen** ein. **

statue – *Statue*

Kassenhäuschen – *ticket office*

a) I'll meet you (um 5 Uhr) ____________ (im Park) ____________ ____________ (vor der Statue) ____________.

b) Oh, can't we meet (am Eingang) ____________of the park?

c) Of course, we can. I hope I'll find you (unter all den Leuten) ____________ ____________. (Sonntags) ____________ it's always crowded.

d) I'll wait (neben dem Kassenhäuschen) ____________.

e) OK. Would you like to go to an Italian restaurant (nach unserem Spaziergang im Park) ____________?
We could go to Luigi's (gegenüber von der Post) ____________ ____________. They are open (bis 0 Uhr) ____________ ____________. – Good idea.

Die Konjunktionen

1. Hey, Robin, wie fährt sich dein neues Fahrrad? 2. Es ist super, aber es hat jetzt einen platten Reifen, siehst du? Ich bin die Hill Street heruntergerast und habe das Glas auf der Straße nicht gesehen, weil ich zu David auf der anderen Straßenseite geschaut habe. Gott sei Dank bin ich nicht hingefallen!

Gebrauch von Konjunktionen

Konjunktionen verbinden Hauptsätze oder Satzteile miteinander oder sie leiten einen Nebensatz ein. Sie sorgen für einen abwechslungsreichen Stil. Die häufigsten Konjunktionen sind:

Luke drives a Porsche **and** I drive a BMW.	and *und*
My family loves Christmas **but** I don't. The party was on Sunday **but** Sam forgot to go there.	but *aber*
Do you want to walk **or** do you want to go by bus? Would you like a drink **or** anything to eat?	or *oder*
Why didn't you tell me **that** he cancelled the show? I didn't know **that** they were married. The company modernized its computer system **so (that)** the processes run more effectively.	that *dass* so (that) *so dass*
They didn't inform me, **so** I was the only person who arrived at the station late. Pete was so hungry. **Therefore** I gave him half of my pizza.	so, therefore *deshalb, deswegen, also*

▸ **Kommasetzung im Englischen**, S. 226

Gebrauch von Konjunktionen

I applied for a job as a teacher **because** I like to be among young people.	because *weil*
The American started to climb Ben Nevis **(al)though** I had warned him that the weatherforecast was bad.	(al)though, (even) though *obwohl, obgleich*
Wash your hands **before** you eat.	before *bevor*
After Sylvie and I had been walking through the shops for three hours we took a lunch break in a nice café.	after *nachdem*
As soon as you start doing sports regularly you'll feel much better.	as soon as *sobald*
They're going to close down the supermarket **as** I told you.	as *wie*
If they raise the rent again this year, I'll have to look for a cheaper flat.	if *falls, wenn*
When you go for lunch, I'll go with you.	when *wenn (zeitlich)*
While some women are happy to stay at home, I'm glad I work in an office.	while *während*
I haven't talked to Luisa **since** we've met in that café.	since *seit(dem)*
Both my husband **and** I love walking.	both … and *sowohl … als auch*
We're going to book **either** a city break to Rome **or** a last minute holiday to the Dominican Republic.	either … or *entweder … oder*
The management informed us **neither** about the shorter breaks **nor** about the new dress code.	neither … nor *weder … noch*

raise the rent – *die Miete erhöhen*

▸ ***if* und *when*, S. 180**

▸ ***while* und *when*, S. 117**

dress code – *Kleiderordnung*

Folgende Konjunktionen stehen oft am Satzanfang und werden mit einem Komma abgetrennt:

We were invited to Nick's wedding. **However**, we couldn't go because it was Mum's 70th birthday on the same day.	however *jedoch*
Nora and James had a wonderful flat near the river. **Nevertheless**, they moved to the city centre. *Auch*: They moved into the city centre, **nevertheless.**	nevertheless *trotzdem*
Sarah, could you babysit this afternoon, please? **Otherwise** I'll have to postpone my appointment.	otherwise *sonst*
Uncle Fred is a brilliant writer. **Furthermore**, he's very good at giving speeches at special occasions.	furthermore *außerdem*

postpone an appointment – *einen Termin verschieben*

special occasion – *besonderer Anlass*

Die Konjunktionen

1. Wählen Sie eine passende **Konjunktion** aus und verbinden Sie Haupt- und Nebensatz so, dass es einen Sinn ergibt. **

but although because and so if while

a)	I asked the boss for a week off	h)	... you don't hurry up now.
b)	Pete was preparing lunch	i)	... I have to go to work by bus.
c)	I lent him the money	k)	... they are quite expensive.
d)	The quality of these shoes is bad	l)	... I feel responsible for him.
e)	You'll miss the bus	m)	... I was relaxing in the garden.
f)	They're a perfect team. Julie is good at decorating tables	n)	... he said no.
g)	My car is in the garage	o)	... Mario is good at cooking.

Aufgepasst!
lend, lent, lent sth. to so. – *jdm. etwas leihen*
borrow sth. from so. – *sich etwas von jdm. ausleihen*

2. Übertragen Sie ins Englische. ***

a) Gehe bitte zur Bank, bevor du einkaufen gehst. ____________________

____

b) Falls du zur Post gehst, nimm bitte diese Briefe mit. ____________________

____

cold – *Erkältung*

c) Obwohl Lisa eine Erkältung hatte, ist sie schwimmen gegangen. ______

____

____

d) Sie hinterließ einen Nachricht, so dass ich sie zurückrufen musste. ___

____

____

work overtime – *Überstunden machen*

e) Ich habe gestern Überstunden gemacht. Deswegen konnte ich nicht kommen. ____________________

____

f) Ich habe ihn gewarnt. Er ist trotzdem mit dem Motorrad gefahren. ___

____

suggest – *vorschlagen*

g) Nachdem wir das Geschäft geschlossen hatten, schlug unser Chef vor zusammen noch einen trinken zu gehen. ____________________

____

____

Tipp! Nach suggest folgt immer ein Nebensatz mit ‚that'.

Satzstellung

1. Hör mal! Herr und Frau Miller haben ein Tierheim gegründet. 2. Sie haben vor einer Woche den großen Bauernhof außerhalb von Cheltenham gekauft. 3. Was für eine gute Idee! Jetzt können sie vielen Katzen und Hunden ein Zuhause geben. 4. Wir könnten ihnen etwas finanzielle Unterstützung anbieten, wenn sie Hilfe brauchen.

1. Subjekt – Prädikat – Objekt: S-P-O-Regel

Von einem Satz spricht man bereits, wenn er ein Subjekt und ein Prädikat enthält. Das Subjekt steht in englischen Aussagessätzen vor dem Prädikat.

Subjekt	Prädikat
I	know.

Die meisten Sätze bestehen aber aus mehr als nur zwei Satzgliedern. Im Englischen muss man zwei wichtige Regeln bei der Satzbildung beachten. Die wichtigste Regel sagt aus, dass in englischen Sätzen immer zuerst das Subjekt, dann das Prädikat und – wenn vorhanden – dann ein Objekt folgt:

Subjekt – Prädikat – Objekt: S – P – O

Subjekt	**P**rädikat	**O**bjekt (Akkusativ)	**O**bjekt (Dativ)
I	phoned	him.	
I	can help		you.
Dad	has bought	a new computer.	

Tipp! Frage nach dem Akkusativ: wen oder was? Frage nach dem Dativ: wem?

Diese Regel gilt auch für Nebensätze. Vergleichen Sie die Unterschiede zur Satzstellung im Deutschen.

Englisch:

S	P	O	Konj.	S	P	O
I	'd like to invite	him	because	I	like	him.

Deutsch:

S	P	O	P	Konj.	S	O	P
Ich	*habe*	*ihn*	*angerufen.*				
Ich	*kann*	*dir*	*helfen.*				
Papa	*hat*	*einen neuen Computer*	*gekauft.*				
Ich	*würde*	*ihn*	*gerne einladen*	*weil*	*ich*	*ihn*	*mag.*

Verben mit zwei Objekten

▸ *to* **oder** ***for*** **bei Personalpronomen**, S. 35

Es gibt eine Reihe von Verben, denen zwei Objekte folgen können, ein Akkusativobjekt (meistens eine Sache) und ein Dativobjekt (meistens eine Person). Das Objekt, das man betonen möchte, wird ans Ende des Satzes gestellt. Ist dies das Dativobjekt, wird die Präposition **to** oder **for** davorgesetzt.

Tipp! Folgende Verben haben oft zwei Objekte: give, pay, make, buy, lend, send, show, teach, tell, write, etc.

S	P	indir. O (wem?)	dir. O (wen oder was?)
We	showed	our friends	the new house.
I	can bake	you	a cake.
S	**P**	**dir. O** (wen oder was?)	**indir. O** (wem?)
We	showed	the new house	**to** our friends.
I	can bake	a cake	**for** you.

2. Ort vor Zeit

Lerntipp!
O(rt) **vor Z**(eit)!
wie im Alphabet:
O steht vor Z!

Neben Subjekt, Prädikat und Objekt können englische Sätze auch weitere Satzglieder enthalten. Die wichtigsten sind adverbiale Bestimmungen des Ortes (Wo? Wohin? Woher?) und der Zeit (Wann? Wie lange? Seit wann?). Sie werden in der Regel an das Satzende gestellt. Dabei gilt die zweite wichtige Satzstellungsregel:

Ortsangaben stehen <u>vor</u> Zeitangaben: Ort <u>vor</u> Zeit!

S	P	O	Ort	Zeit
David	drove	me	to the doctor's	in the evening.

Achtung! Im Deutschen ist es umgekehrt. Vergleichen Sie.

S	P	O	Zeit	Ort
David	*fuhr*	*mich*	*abends*	*zum Arzt.*

Zur Betonung können Orts- oder Zeitangaben auch vorne stehen:

Zeit	**S**	**P**	**O**	**Zeit**
	Justin	phones	Linda	every day.
Every day	Justin	phones	Linda.	

In Sätzen ohne Objekt gilt auch:

S	Häufigkeitsadverb	P	Ort	Zeit
Sam	always	goes	to the pub	on Fridays.

Die Häufigkeitsadverbien **always, never, often, frequently, sometimes, usually, occasionally** stehen zwischen Subjekt und Prädikat, wenn das Prädikat nur aus einem Wort besteht. Besteht das Prädikat aus mehreren Wörtern, stehen die Häufigkeitsadverbien vor dem Vollverb.

S	Hilfsverb	**Häufigkeitsadverb**	Vollverb	Ort, Zeit oder Objekt
Nick		**sometimes**	smokes	at the weekend.
Sarah	has	**never**	visited	the USA.
You	can	**always**	ask	me.

Tipp! Wenn das Adverb betont werden soll, darf es am Satzanfang stehen: **Usually** we meet every Friday. But **sometimes** we meet on Thursdays.

3. Satzstellung bei *phrasal verbs*

Ein ***phrasal verb*** ist eine feste Verbindung von einem

- Verb mit mindestens einer Präposition (z. B. *at, on, to, etc.*) + Objekt oder von einem
- Verb + Adverb + Objekt (z. B. *off, up, away, etc.*).

Solche ***phrasal verbs*** haben eine eigene Bedeutung, die sich aus der Bedeutung des Verbs nicht ableiten lässt. Am besten lernt man die ***phrasal verbs*** auswendig. Ein Beispiel für die Vielfalt der Verbundmöglichkeiten und deren unterschiedliche Bedeutungen:

This dress **looks** nice.	*aussehen, ausschauen*
Look at Lisa. She's the fastest.	*ansehen*
Please, **look after** the children.	*aufpassen*
What are you **looking for**?	*suchen*
We're **looking forward to** seeing you.	*sich freuen auf*
Look up the words in a dictionary.	*nachschlagen*

Achtung!
look forward to + *gerund*

Satzstellung bei phrasal verbs

Ein ***phrasal verb***, das aus einer festen Verbindung von Verb + Präposition besteht, bleibt immer zusammen. Die Präposition bleibt immer direkt hinter dem Verb.

Bei einer festen Verbindung von einem Verb mit zwei Präpositionen gilt: Verb + Präposition + Präposition + Objekt:

stand up for – *eintreten für, verteidigen*
put up with – *sich abfinden mit*

We want to **stand up for** our rights.
Would you **stand up for** your rights?
We don't want to **put up with** a shortage.
Would you want to **put up with** a shortage?

Bei einem ***phrasal verb*** jedoch, das aus einer festen Verbindung von Verb + Adverb + Objekt besteht, kann das Adverb an verschiedenen Stellungen im Satz stehen:

Would you **switch on** the lights, please? Would you **switch** the lights **on,** please?	Ist das Objekt ein Substantiv, so kann das Adverb vor oder nach diesem Objekt stehen.
Would you **switch** it **on,** please?	Ist das Objekt ein Personalpronomen, so muss die Verbindung getrennt werden. Das Adverb steht hinter dem Objekt.

Weitere Beispiele:

You can **look up** the words in a dictionary.
You can **look** the words **up** in a dictionary.
You can **look** them **up** in a dictionary.

Mrs Walker **wrote down** a message for the boss.
Mrs Walker **wrote** a message **down** for the boss.
Mrs Walker **wrote** it **down** for the boss.

Ob man es mit einer Präposition oder einem kurzen Adverb zu tun hat, weiß man erst, wenn man das Objekt durch ein Personalpronomen ersetzt.

Ein ***phrasal verb*** mit Präposition und Objekt kann nicht getrennt werden:

Please **look after** the children.
Please **look after** them.

Ein ***phrasal verb*** mit Adverb und einem Objekt in Form eines Personalpronomens muss getrennt werden.

Please **look up** the words.
Please **look** them **up**.

4. Satzzeichen

.	*BE*: full stop/*AE*: period	*Punkt*
,	comma	*Komma*
?	question mark	*Fragezeichen*
!	exclamation mark	*Ausrufezeichen*
:	colon	*Doppelpunkt*
;	semicolon	*Semikolon*
"…"	inverted commas	*Anführungszeichen*
-	hyphen ['haɪfn]	*Bindestrich*
–	dash	*Gedankenstrich*
(…) / […]	round/square brackets	*Runde/eckige Klammern*
/	slash	*Schrägstrich*

Anders als im Deutschen! Ausrufezeichen stehen im Englischen nur nach einem besonders betonten Imperativ.

▶ **Imperativ**, S. 71

Achtung bei wörtlicher Rede! Anführungszeichen stehen **am Anfang und am Ende oben!**

Wichtige englische Begriffe zur Rechtschreibung:

A,B,C	capital letter	großer Buchstabe
a,b,c	small letter	kleiner Buchstabe
'	apostrophe [ə'pɒstrəfi]	Apostroph

Abkürzungen ohne Punkt:

Mr	Mister	Herr
Mrs	für verheiratete Frauen	Frau
Ms	für Frauen, bei denen man nicht weiß, ob sie verheiratet sind oder nicht	Frau
Dr	Doctor	Doktor
Prof	Professor	Professor

AE: Die Anrede wird im AE mit Punkt geschrieben.

▶ **Titel und Anrede**, S. 18

Abkürzungen mit oder ohne Punkt:

asap.	as soon as possible	so bald wie möglich
excl.	excluding/exclusive	ausschließlich
e.g.	exempli gratia	z. B., zum Beispiel
Jr.	junior	Junior
vol.	volume	Band (1, 2, 3, …)

Abkürzungen mit Punkt:

a.m.	ante meridiem	0 Uhr – 12 Uhr mittags
p.m.	post meridiem	12:01 – 23:59 Uhr
dept.	department	Abteilung
encl.	enclosure	Anlage (bei Briefen)
etc.	et cetera	usw., und so weiter
i.e.	id est (that is)	d.h., das heißt
p.a.	per annum (yearly)	pro Jahr

▶ **Uhrzeit**, S. 236

5. Kommasetzung im Englischen

Im Englischen werden Kommas sparsamer eingesetzt als im Deutschen. Aber dort, wo sie eingesetzt werden, sind sie wichtig.

Achtung!
Kein Komma vor:
but – *aber, sondern*
that – *dass*
because – *weil*
although – *obwohl*

- Beginnt ein englischer Satz mit einem Nebensatz (z. B. *If*-Satz oder *When*-Satz), wird dieser mit einem Komma vom Hauptsatz getrennt:

If I leave work early on Friday**,** I'll be at home in time for the party.	*mit Komma (If-Satz vorne)*
I'll be at home in time for the party if I leave work early on Friday**.**	*ohne Komma (If-Satz hinten)*

besides – *außerdem*
therefore – *deshalb*
nevertheless – *trotzdem*
on the contrary – *im Gegenteil*
furthermore – *außerdem, ferner*

- Verbindende Wörter und Ausdrücke wie ***well, besides, however, therefore, nevertheless, in addition, anyway, on the contrary, furthermore,*** die am Satzanfang stehen, werden mit einem Komma vom übrigen Teil des Satzes getrennt. ***However*** und ***therefore*** können auch mitten im Satz stehen. Dann steht vor und hinter dem Wort ein Komma.

Well, what did I want to say?	*Nun,/Also, …*
Anyway, we've decided to stop the production now.	*Egal, …*
Mr Winston**, however,** didn't agree with rest of the crew.	*… jedoch …*

Aber: Stehen ***anyway*** oder ***nevertheless*** am Satzende, werden sie ohne Komma angehängt. ***Anyway*** ändert sogar seine Bedeutung.

I don't like her **anyway**.	*… sowieso …*
Steven's Maths test wasn't good last time but he's a good pupil **nevertheless**.	*… trotzdem …*

- ***Yes*** und ***no*** werden mit Komma vom Satz getrennt.

Do you like her? **Yes,** I do. **No,** I don't.

Bei allen Fragen, in denen man jemanden um etwas bittet oder zu etwas auffordert, wird aus Höflichkeit **please** angehängt.

- Das Wort ***please*** steht meistens am Ende eines Satzes oder einer Frage und wird immer mit Komma abgetrennt. Ebenso wird die Anrede mit persönlichem Namen mit Komma abgetrennt:

Robin, could you pass me the sugar**, please**?

- ***Please*** am Anfang eines Satzes oder einer Frage weist auf besondere Dringlichkeit oder eine Auffordeung hin.

Please, leave me alone.

▸ Das Wort ***too*** (*auch*) steht am Satzende und wird immer mit Komma abgetrennt. Das gilt auch für Fragen.

Sarah has got a dog.	
Valerie has got a dog, **too.**	*... auch einen Hund.*
Have you got a dog, **too?**	*... auch einen Hund?*

In verneinten Sätzen benutzt man ***either*** statt ***too***, das ohne Komma am Satzende steht:

Tim hasn't got a dog.	
Rob has**n't** got a dog **either**.	*... auch keinen Hund.*

Achtung! Nicht verwechseln!
Steht ***too*** mitten im Satz, hat es eine andere Bedeutung! Vergleichen Sie:

This car is **too** expensive. *(ohne Komma im Satz)*	*... zu teuer.*
This car is expensive, **too**. *(mit Komma am Satzende)*	*... auch teuer.*

▸ Bei Relativsätzen wird nur dann ein Komma gesetzt, wenn der Rest des Satzes ohne den Relativsatz noch Sinn macht, d.h. wenn der Relativsatz nur zusätzliche Informationen liefert, die aber zum eigentlichen Satzverständnis nicht nötig sind. Vergleichen Sie:

▸ **Kommas in Relativsätzen**, S. 173 – 175

My aunt, who now lives in Rome, is going to visit me over the weekend. *(Relativsatz mit Kommas)*	Ich habe nur eine Tante. Die Information im Relativsatz, dass meine Tante jetzt in Rom lebt, kann man auch weglassen. Der Rest des Satzes ergibt trotzdem einen Sinn.
My aunt who now lives in Rome is going to visit me over the weekend. *(Relativsatz ohne Kommas)*	Ich habe mehrere Tanten. Die Tante, die jetzt in Rom lebt, kommt zu Besuch. Diese Information ist für das Verständnis notwendig.

Satzstellung

1. Bringen Sie die Wörter in die richtige Reihenfolge. *

a) Rome / arrived / in / at / Ann / half past seven

____

b) Wednesday / and / my wife / I / go dancing / every

____

c) every / go skiing / do / to Italy / you / year?

____

d) back / I / to him / gave / yesterday / the money

____

e) any / on / classes / Nora / at / Mondays / doesn't go to / her gym

____

____

2. Setzen Sie das entsprechende **Satzzeichen** neben die Bezeichnung. *

colon	inverted commas
exclamation mark	hyphen
dash	semicolon
full stop	question mark

3. Setzen Sie die vorgegebenen *phrasal verbs* in die Lücken ein. Denken Sie daran, dass sie eigene Bedeutungen haben. **

laugh at	close down	eat out
take off	look for	pick up

a) Unfortunately my favourite jeans shop ____________ last month.

b) Don't worry, I can ____________ the children at school.

c) That's not funny. Don't ____________ her.

d) What a good idea. Nick suggested we____________ tonight.

e) They should be here soon. The plane ____________ on time.

f) What are you ____________? – My keys. I can't find them.

4. Der unterstrichene Teil des Satzes soll betont werden. Übersetzen Sie und wählen Sie die richtige **Satzstellung**. ***

> **Tipp!** In jedem Satz sind zwei Objekte!

a) Ich werde dir <u>eine Postkarte</u> schicken.

____

b) Timo will <u>dir</u> das Geld geben.

____

c) Frau Brook bringt euch <u>englische Lieder</u> bei.

____

d) Kannst du <u>dieses Buch</u> bitte deiner Schwester geben?

____

e) Wir können unseren Gästen <u>den Zoo</u> zeigen.

____

f) Lass uns <u>dem guten alten Hardy</u> einen Brief schreiben.

____

5. Übertragen Sie die folgenden Sätze ins Englische. ***

> **Tipp!** Denken Sie an S – P – O und O vor Z!

a) Ich habe Sam gestern am Bahnhof gesehen.

____

b) Können wir uns um 8 Uhr vor dem Theater treffen?

____

> **Tipp!** Denken Sie bei der Wahl der Zeitform an Signalwörter!

c) Julie geht immer sehr früh morgens um den See joggen.

____

____

d) Waren Sie letztes Jahr auf der Friedenskonferenz?

peace conference – *Friedenskonferenz*

____

e) Wir gehen nachher spazieren.

____

f) Meine Kollegin kauft ihre Weihnachtsgeschenke immer im Sommer.

____

____

Die Zahlen

1. Ein Museum ist in der Glasgow Road. Das zweite Museum ist in der London Road. Es liegt nur zwei Meilen von hier entfernt. Lass uns nächsten Samstagnachmittag mit den Kindern dorthin gehen. Wir könnten um 15 Uhr losgehen. 2. Gute Idee. Aber ist das Museum am 31. März nicht geschlossen? 3. Ja, aber nächsten Samstag ist erst der 30. März.

Grundzahlen

Die Zahlen von 1 bis 20

1	one	11	eleven
2	two	12	**twelve**
3	three	13	**thirteen**
4	four	14	fourteen
5	five	15	**fif**teen
6	six	16	sixteen
7	seven	17	seventeen
8	eight	18	eigh**teen**
9	nine	19	nineteen
10	ten	20	twenty

Tipp! Die Zahlen 13 – 19 enden auf **-teen**
Daher: teenager

Die Zahlen 21 bis 100

21	twenty-one	31	thirty-one
22	twenty-two	32	thirty-two
23	twenty-three	33	thirty-three
24	twenty-four	40	**forty**
25	twenty-five	50	**fif**ty
26	twenty-six	60	sixty
27	twenty-seven	70	seventy
28	twenty-eight	80	eigh**ty**
29	twenty-nine	90	ninety
30	**thirty**	100	**a/one** hundred

Unregelmäßig!
4 = four
14 = fourteen
40 = f**o**rty

- Die Einerzahlen werden mit **Bindestrich** an die Zehnerzahlen angehängt.
- Vor hundred (100) muss immer ein ***a*** oder ***one*** stehen!

Die Zahlen ab 100

200	two hundred	*zweihundert*
600	six hundred	*sechshundert*
101	**a/one** hundred (**and**) one	*einhunderteins* *auch: hunderteins*
255	two hundred (**and**) fifty-five	*zweihundertfünfundfünfzig*
1,000	**a/one** thousand,	*eintausend*
2,000	two thousand	*zweitausend*
1,478	**one** thousand four hundred (and) seventy-eight	*eintausendvierhundertachtundsiebzig* *auch: tausendvierhundertachtundsiebzig*
1,000,000	**a/one** million,	*eine Million,*
2,000,000	two million	*zwei Millionen*
1,000,000,000	**a/one billion**,	*eine **Milliarde**,*
2,000,000,000	two **billion**	*zwei **Milliarden***
1,000,000,000,000	**a/one** trillion,	*eine Billion,*
2,000,000,000,000	two trillion	*zwei Billionen*

Tipp! Im Englischen werden die Wörter für Zahlen einzeln geschrieben, nicht zusammen wie im Deutschen!

1,000 heißt: **Tausend** und **nicht:** eins Komma null!

Dezimalzahlen, S. 232

- Einer- und Zehnerzahlen werden meistens mit einem ***and*** an die **Hunderter** gehängt. In der Alltagssprache entfällt das ***and*** manchmal.
- ***thousand*** (1,000**)**, ***million*** (1,000,000) etc. haben wie ***hundred*** (100) ein vorangestelltes ***a/one.*** Sie haben in der Mehrzahl **kein Plural-s**.
- die Zahlen ab 1000 werden pro Tausenderschritt mit einem **Komma** gekennzeichnet. Das Komma wird nicht gesprochen.
- eine **Milliarde** ist im Englischen: ***a/one billion***!

Aber bei unbestimmten Angaben:
hundred**s** of people – ***Hunderte*** *von Leuten*

Beispielsätze:

We sold one hundred **and** sixteen bottles.	*Wir haben **hundertsechzehn** Flaschen verkauft.*
There were nearly **a thousand** children at the school party.	*Auf dem Schulfest waren fast **tausend** Kinder.*
1,835,613 = one million eight hundred **and** thirty-five thousand six hundred **and** thirteen	*eine Million achthundertfünfunddreißigtausendsechshundertdreizehn*
There are more than **six billion** people on earth.	*Es gibt mehr als **sechs Milliarden** Menschen auf der Erde.*

Will man ausdrücken wie oft etwas vorhanden ist oder vorkommt, verwendet man im Englischen:

once	*einmal*	four **times**	*viermal*
twice	*zweimal*	ten **times**	*zehnmal*
three **times**	*dreimal*	a hundred **times**	*hundertmal*

Beispielsätze:

Listen! I'm only going to explain this to you **once**.	*Hör zu! Hören Sie zu! Ich erkläre dir/Ihnen dies nur einmal.*
When you come, please ring **twice**.	*Wenn du kommst/Sie kommen, klingle/klingeln Sie bitte zweimal.*
I've seen this western **four times** already.	*Ich haben diesen Western schon viermal gesehen.*
Lisa, I've already told **a hundred times** to shut the doors!	*Lisa, ich habe dir schon hundertmal gesagt, du sollst die Türen schließen.*

Tipp! Die **Zahl 0** wird bei englischen Dezimalzahlen [əʊ] gesprochen.

Aufgepasst!
three, two, one, **zero** – *3, 2, 1, 0.*
no points – *null Punkte*
nil nil – *0:0*
nil five – *0:5*
40-**love** – *40 zu 0 (beim Tennis)*

Dezimalzahlen

Dezimalzahlen werden im Englischen – anders als im Deutschen – mit einem **Punkt** gekennzeichnet und gesprochen. Die Zahlen hinter dem Punkt werden einzeln genannt.

Englisch	Deutsch	Englisch	Deutsch
1.5	*1,5*	one **point** five	*eins Komma fünf*
0.25	*0,25*	**point** two five	*null Komma zwei fünf*
0.06	*0,06*	**point** oh six	*null Komma null sechs*
1,250.579	*1250,579*	one thousand two hundred **and** fifty **point** five seven nine	*eintausendzweihundertfünfzig Komma fünf sieben neun*

Die **Null vor dem Punkt** muss nicht gesprochen und nicht geschrieben werden:
.5 = 0,5
.06 = 0,06

Bruchzahlen

1/2	a/one half	*ein/e halbe/r/s*
1/4	a/one quarter, a/one fourth	*ein Viertel*
1/3	a/one third	*ein Drittel*
1/8	an/one eighth	*ein Achtel*
3/4	three quarters, three fourth	*drei Viertel*
2/3	two thirds	*zwei Drittel*
3 1/2	three and a half	*dreieinhalb*
5 1/4	five and a quarter	*fünfeinviertel*

Aufgepasst bei:
half an hour – *eine halbe Stunde*
half a pint – *ein halbes Pint*

one hal**f**	*eine Hälfte*	one quarter	*ein Viertel*
two hal**ves**	*zwei Hälften*	three quarters	*drei Viertel*

▶ **Maße und Gewichte**, S. 238

Ordnungszahlen

Die Ordnungszahlen von 1. bis 20.:

1.	fir**st**	1st	*der/die/das erste*
2.	seco**nd**	2nd	*der/die/das zweite*
3.	thi**rd**	3rd	*der/die/das dritte*
4.	four**th**	4th	*der/die/das vierte*
5.	fif**th**	5th	*der/die/das fünfte*
6.	six**th**	6th	*der/die/das sechste*
7.	seven**th**	7th	*der/die/das siebte*
8.	**eighth**	8th	*der/die/das achte*
9.	**ninth**	9th	*der/die/das neunte*
10.	ten**th**	10th	*der/die/das zehnte*
11.	eleven**th**	11th	*der/die/das elfte*
12.	**twelfth**	12th	*der/die/das zwölfte*
13.	thirteen**th**	13th	*der/die/das dreizehnte*
14.	fourteen**th**	14th	*der/die/das vierzehnte*
15.	fifteen**th**	15th	*der/die/das fünfzehnte*
16.	sixteen**th**	16th	*der/die/das sechzehnte*
17.	seventeen**th**	17th	*der/die/das siebzehnte*
18.	eighteen**th**	18th	*der/die/das achtzehnte*
19.	nineteen**th**	19th	*der/die/das neunzehnte*
20.	twent**ieth**	20th	*der/die/das zwanzigste*

Bei glatten Zehnerzahlen ab 20 wird das -**y** zu -**ieth**!

Im Englischen bildet man eine Ordnungszahl, indem man an die Grundzahl ein ***-th*** anhängt – Ausnahmen: *first, second* und *third*. Bei der Schreibung in **Ziffern** werden die letzten **zwei Buchstaben** des jeweils geschriebenen Wortes an die englische Ordnungszahl (hochgestellt) angehängt**:** ***1st*** oder ***1***st, ***2nd*** oder ***2***nd, ***3rd*** oder ***3***rd, ***4th*** oder ***4***th usw.

Die Ordnungszahlen ab 21.:

			der/die/das
21.	twenty-fir**st**	21st	*einundzwanzigste*
22.	twenty-seco**nd**	22nd	*zweiundzwanzigste*
23.	twenty-thi**rd**	23rd	*dreiundzwanzigste*
24.	twenty-four**th**	24th	*vierundzwanzigste*
25.	twenty-**fifth**	25th	*fünfundzwanzigste*
30.	thirt**ieth**	30th	*dreißigste*
40.	**fortieth**	40th	*vierzigste*
50.	**fiftieth**	50th	*fünfzigste*
60.	sixt**ieth**	60th	*sechzigste*
70.	sevent**ieth**	70th	*siebzigste*
80.	**eightieth**	80th	*achtzigste*

Aufgepasst!
Vergessen Sie bei den zusammengesetzten Ordnungszahlen nicht den Bindestrich!

Achtung! Die ersten drei Zahlen werden bei jedem Zehner mit *first, second* und *third* gebildet!
61st – sixty-first
62nd – sixty-second
63rd – sixty-third

90.	nine**tieth**	90th	*neunzigste*
100.	one hundred**th**	100th	*hundertste*
1,000.	one thousand**th**	1,000th	*tausendste*
1,000,000.	one million**th**	1,000,000th	*millionste*

Gebrauch der Ordnungszahlen

It's her **fortieth birthday** today.	*Heute ist ihr **vierzigster Geburtstag**.*

Die Ordnungszahlen können wie Adjektive benutzt werden.

They all ran very fast. Nelly was **second**.	*Sie sind alle schnell gerannt. Nelly war **Zweite.***

Ordnungszahlen können auch alleine für eine Person oder eine Sache stehen.

17th November/**the seventeenth** of November	*17. November/der **siebzehnte** November*

Ordnungszahlen werden zur Bildung des Datums verwendet.
▸ folgendes Kapitel

Datum und Uhrzeit

Das Datum

Monate und Wochentage

months	*Monate*	**days of the week**	*Wochentage*
January	*Januar*	Monday	*Montag*
February	*Februar*	Tuesday	*Dienstag*
March	*März*	Wednesday	*Mittwoch*
April	*April*	Thursday	*Donnerstag*
May	*Mai*	Friday	*Freitag*
June	*Juni*	Saturday	*Samstag*
July	*Juli*	Sunday	*Sonntag*
August	*August*		
September	*September*		
October	*Oktober*		
November	*November*		
December	*Dezember*		

Jahreszahlen

Die Jahreszahlen werden wie folgt gesprochen und ausgeschrieben:

1800	eighteen hundred
1930	nineteen hundred and thirty *oder*: nineteen thirty
1998	nineteen hundred and ninety-eight *oder*: nineteen ninety-eight
2000	two thousand
2005	two thousand and five

Tipp! Einer allein stehenden Jahreszahl steht im Englischen immer ein ***in*** voran: ***In 2008*** ...

Nützliches zu Jahr und Jahreszahlen:

in the eleventh century	*im 11. Jahrhundert*
in the early thirteenth century	*im frühen 13. Jahrhundert*
in the year nineteen sixty	*im Jahre 1960*
in the (late) seventies, in the 70s	*in den (späten) Siebzigern*
the eighties, the 80s	*die Achtzigerjahre*
in nineteen eighty-four	*1984*
from nineteen ninety-five (un)til two thousand and two	*von 1995 bis 2002*
last/next year	*letztes/nächstes Jahr*
vor 25 Jahren	*twenty-five years ago*
520 v.Chr./n.Chr.	*five twenty B.C./A.D.*

B.C. = before Christ – vor Christi Geburt
A.D. = Anno Domini – nach Christi Geburt
Ausgesprochen wird im Englischen in der Regel aber nur die Abkürzung!

Bildung des Datums

Zur Bildung des Datums wird eine Ordnungszahl, ein Monat und die Jahreszahl benötigt. Die Schreibweise unterscheidet sich von der Sprechweise folgendermaßen:

geschriebenes Datum:	gesprochenes Datum:
1st April 2006 *auch*: April 1st, 2006	**the** first **of** April two thousand and six **April the first** two thousand and six
3rd July 1998 *auch*: July 3rd, 1998	**the** third **of** July nineteen ninety-eight **July the third** nineteen ninety-eight
18th January 1691	**the** eighteenth **of** January sixteen ninety-one

AE: Die zweite Variante ist in den USA geläufiger!

Das Datum kann auch nur mit Ziffern geschrieben werden. Gesprochen wird es trotzdem wie oben:

01/04/2006 – the first of April two thousand six

AE: Bei der Schreibung in Ziffern wird zuerst der Monat und dann der Tag geschrieben! 04/01/2006 = the first of April two thousand and six.

Tipp! Am besten schreiben Sie das Datum ausführlich. Dann gibt es keine Missverständnisse.

Beispielsätze mit Datum:

geschrieben:	My birthday is 2nd February.	*Mein Geburtstag ist **am** 2. Februar.*
gesprochen:	My birthday is **(on) the second of** February.	
geschrieben:	We celebrated our 25th wedding anniversary **on** June 10th .	*Wir haben unseren 25sten Hochzeitstag **am** 10. Juni gefeiert.*
gesprochen:	We celebrated our twenty-fifth wedding anniversary **on the tenth of** June.	

Die Uhrzeit

Nach der Uhrzeit fragt man im Englischen:

Achtung!
watch – *Armbanduhr*
clock – *(Wand)uhr*

What time is it? / What's the time? It's already five o'clock.	*Wie spät ist es?* *Es ist schon 5 Uhr.*

Tipp! Die Abkürzungen kommen aus dem Lateinischen:
a.m. = ante meridiem (vor dem Mittag)
p.m. = post meridiem (nach dem Mittag)

Die englische Uhr zählt meistens 2 x 12 Stunden. Bei genauen Zeitangaben fügt man ein ***a.m***. oder ***p.m.*** hinzu:

- Die Stunden von 00:00 bis 11:59 werden mit **a.m.** (auch: **am**) gekennzeichnet.
- Die Stunden von 12:00 bis 23:59 werden mit **p.m.**(auch: **pm**) gekennzeichnet.

*AE: **after** statt **past***

Lessons start at 8.00 a.m..	*Die Unterrichtsstunden beginnen um 8 Uhr morgens.*
The train arrives at 7.15 p.m..	*Der Zug kommt um 19.15 Uhr an.*

Achtung! Nur bei den vollen Stunden sagt man o'clock dazu.

Die Uhrzeit wird z.T. anders gelesen als im Deutschen. Die Uhrzeit von der vollen Stunde bis zur folgenden halben Stunde wird mit ***past*** ausgedrückt:

Aufgepasst!
3:25 Uhr und 15:25 Uhr heißen: twenty-five past three – fünf vor halb vier!

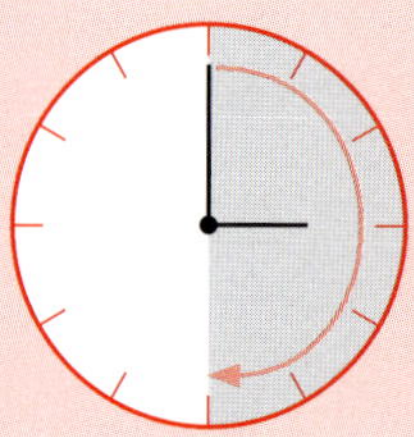

It's three o'clock.
It's five **past** three.
It's ten **past** three.
It's quarter **past** three.
It's twenty **past** three.
It's twenty-five **past** three.
It's half **past** three.

Die Uhrzeit von einer halben Stunde bis zur folgenden ganzen Stunde wird mit ***to*** ausgedrückt:

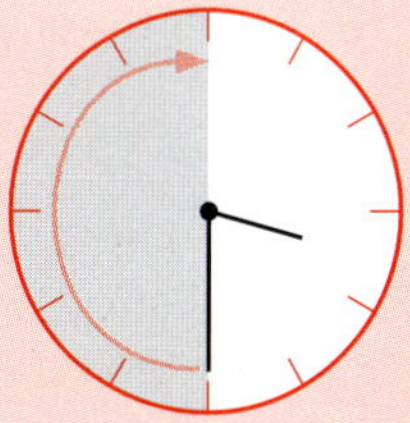

It's twenty five **to** twelve.
It's twenty **to** twelve.
It's quarter **to** twelve.
It's ten **to** twelve.
It's five **to** twelve.
It's twelve o'clock.

AE: ***of*** statt ***to***

Aufgepasst!
11:35 Uhr und 23:35 Uhr heißen: twenty-five to twelve – fünf nach halb zwölf!

Bei den Minuten zwischen den Fünferschritten muss man zusätzlich ***minutes*** sagen: It's eleven ***minutes*** past one. It's two ***minutes*** to two.

Digital angezeigte Uhrzeiten können allerdings auch so gelesen werden, wie sie erscheinen:

1:15	It's one fifteen.
2:30	It's two thirty.
6:41	It's six forty-one.
13:27	It's thirteen twenty-seven.
22:59	It's twenty-two fifty-nine.

Nützliche Redewendungen rund um die Uhrzeit:

at 8 o'clock	*um 8 Uhr*
at **about** 6 (o'clock)	*ungefähr um 6 Uhr*
It's **nearly** half past one.	*Es ist fast halb zwei.*
It's **just** seven fifteen.	*Es ist gerade eben Viertel nach sieben.*
It's **exactly** ten o'clock.	*Es ist genau 10 Uhr.*
half an hour	*eine halbe Stunde*
three quarters of an hour	*eine Dreiviertelstunde*
kilometres **per** hour	*Kilometer pro Stunde*

BE: kilomet**res** per hour
AE: kilomet**ers** per hour

Britische und amerikanische Maße und Gewichte

Maße und Gewichte haben im Englischen andere Einheiten als im Deutschen. Zum Teil unterscheiden sich aber auch die englischen von den amerikanischen Einheiten.

Britische und amerikanische Längenmaße

1 inch	1 in	*1 Zoll = 2,54 cm*	
1 foot	1 ft	*1 Fuß = 30,48 cm*	1 ft = 12 in
1 yard	1 yd	*1 Schritt = 91,44 cm*	1 yd = 3 ft
1 mile	1 m	*1 Meile = 1.609 km*	1 m = 1760 yd

Britische und amerikanische Gewichte

Aufgepasst!
Ein englisches Pfund wiegt weniger als ein deutsches Pfund!

1 ounce	=	28,3	g
1 pound (16 ounces)	=	454	g
1 kilogram	=	1000	g
1 ton:			
– long ton	=	1016,06	kg
– short ton	=	907,185	g

Tipp! Beim Kochen und Backen gibt es auch:
1 cup = 237 ml oder 227 g

Achtung Aussprache!
pint – [paɪnt]

Tipp! Bei 1 **pint of lager** bekommt man in Großbritannien mehr Bier als in den Vereinigten Staaten!

Britische Flüssigkeitsmaße

1 pint	=	0,568 l
1 gallon	=	4,546 l
1 barrel (*für Öl*)	=	159,11 l
1 barrel (*für Bier*)	=	163,656 l

Amerikanische Flüssigkeitsmaße

1 pint	=	0, 473 l
1 gallon	=	3,785 l
1 barrel (*für Öl*)	=	158,99 l

Das metrische System – wie es in den anderen europäischen Ländern üblich ist – setzt sich in Großbritannien und den Vereinigten Staaten immer mehr durch. In GB werden die Entfernungen auf Straßenschildern oft sowohl in Meilen als auch in Kilometern angegeben. An den Tankstellen werden mittlerweile Liter statt *gallon* getankt.

1. Hier fehlen die Vokale in den **Zahlwörtern**. Ergänzen Sie die Vokale und schreiben Sie die Ziffer daneben. Tipp: Es sind nur Zahlen bis 100. *

a) s__v__n
b) n__n__
c) tw__lv__
d) __ __ght__ __n
e) th__rt__ __n
f) tw__nty-thr__ __
g) th__rty-__n__
h) f__rty
i) f__fty-f__ve
k) __n__ h__ndr__d

2. Schreiben Sie die folgenden **Zahlen** in englischen Worten aus. *

a) 2 ____________
b) 13 ____________
c) 20 ____________
d) 40 ____________
e) 12 ____________
f) 15 ____________
g) 99 ____________
h) 18 ____________
i) 100 ____________
k) 50 ____________
l) 84 ____________
m) 7 ____________
n) 33 ____________
o) 71 ____________
p) 65 ____________
r) 14 ____________

3. Schreiben Sie die folgenden **Zahlwörter** in englischen Ziffern. *

a) one hundred and eight ____________
b) six hundred and ninety-seven ____________
c) eight hundred and seventy-nine ____________
d) nine hundred and forty-five ____________
e) one thousand two hundred and eleven ____________
f) three thousand six hundred and two ____________
g) fifteen thousand four hundred and thirteen ____________
h) one hundred and eleven thousand three hundred and thirty-seven

____

i) five million eight hundred and seventy-six thousand one hundred and sixty-two ____________

Tipp! Denken Sie an den unterschiedlichen Gebrauch von Punkt und Komma bei englischen Zahlen.

Die Zahlen

4. Übertragen Sie und schreiben Sie dabei die **Zahlen** in Worten. **

a) 5,5 Kilometer ______

b) 4 1/2 Stunden ______

c) 1/2 Kuchen ______

d) 0,33 Liter ______

e) 3 1/3 Meilen ______

5. Beim Halbmarathon erreichen die Teilnehmer Ihres Teams die folgenden Plätze. Übertragen Sie ins Englische. **

a) Steven ist Siebenundzwanzigster. ______

b) Mark ist Einundzwanzigster. ______

c) Oliver ist Achtzehnter. ______

d) Kevin ist Zwölfter. ______

e) Al ist Neunter. ______

f) Bruce ist Fünfter. ______

g) David ist Vierter. ______

h) Michael ist Dritter. ______

6. Übertragen Sie folgende Sätze ins Deutsche. **

a) Congratulations! Mrs Victoria Smith is the one millionth visitor in our fantastic Fun Park. ______

______

______

______

b) The second CD is better than the first one. ______

______

c) Today it's my third day in the new office. ______

______

______

d) We counted more than sixty-five thousand customers in December. ______________________

customer – *Kunde/ Kundin*

e) Let's meet again on 23rd October at 10.30 a.m.. ______________________

f) I was born on the first of May in nineteen eighty-one. ______________________

g) Our son was in hospital three long days. The first day was the worst. ______________________

h) We always celebrate our wedding anniversary on 5th of May. ______________________

wedding anniversary – *Hochzeitstag*

7. Wie werden die folgenden **Daten** in Englisch gelesen und gesprochen? Schreiben Sie es wie im Beispiel auf. **

a) 6th July — the sixth of July
b) 12th August ______________________
c) 24th May ______________________
d) 13th January ______________________
e) 3rd October ______________________
f) 25th December ______________________
g) 21st February ______________________
h) 30th September ______________________
i) 17th June ______________________
k) 1st April ______________________
l) 22nd March ______________________
m) 29th November ______________________

8. Zeichnen Sie die **Uhrzeiten** ein. *

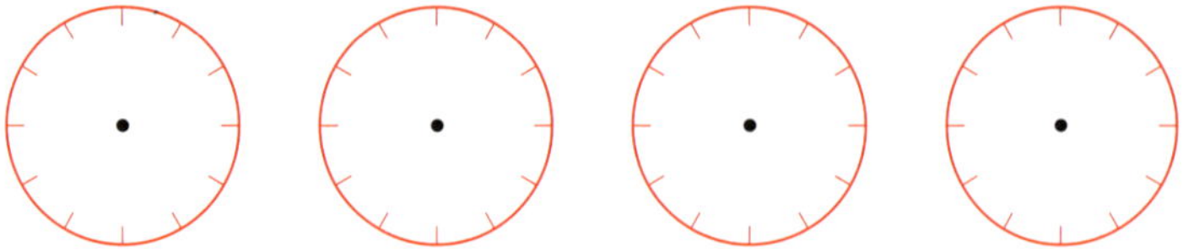

a) It's five past three.

b) It's half past ten.

c) It's twenty to two.

d) It's exactly twenty-seven minutes to twelve.

9. Übertragen Sie die **Uhrzeit** ins Englische. **

a) Es ist neun Uhr. ______________________

b) Es ist halb sieben. ______________________

c) Es ist Viertel nach fünf. ______________________

d) Es ist Viertel vor elf. ______________________

e) Es ist zehn vor zehn. ______________________

f) Es ist fast Viertel vor drei. ______________________

g) Es ist genau 12 Uhr. ______________________

h) Es ist ungefähr halb zehn. ______________________

i) Es ist fünf nach halb sechs. ______________________

k) Es ist siebzehn vor zwei. ______________________

l) Es ist fünf vor halb eins. ______________________

m) Es ist Viertel nach acht. ______________________

10. Schreiben Sie die **Uhrzeit** in Worten. Entscheiden Sie sich für <u>eine</u> Ausdrucksweise (herkömmlich oder digital). **

a) 9:15 ______________________

b) 3:25 ______________________

c) 17:45 ______________________

d) 18:30 ______________________

e) 23:57 ______________________

Aussprache und Lautschrift

Englische Lautschriftzeichen

Die Lehre von den Lautschriftzeichen nennt man Phonetik.
Die folgende Tabelle enthält alle englischen Phonetikzeichen und bietet ein englisches und, wenn möglich, ein deutsches Beispiel für die Aussprache.

Tipp! Die phonetischen Zeichen stehen in Wörterbüchern immer in eckigen Klammern.

Englisch		Deutsch	Englisch		Deutsch
but, young	[ʌ]	Stadt, Mathe	last	[l]	lustig
cat	[æ]	*etwa* Bäcker	mother	[m]	Mutter
card	[ɑː]	Bahn	nice	[n]	nett
what, pot	[ɒ]	Schrott	long, sing	[ŋ]	lang, singen
my, high, fine	[aɪ]	Mai, Leid, meistens	bought	[ɔː]	*etwa* Korn, Horn, Form
house, now	[aʊ]	Haus	coat, role, phone	[əʊ]	Bowling
big	[b]	bunt	boy, noisy	[ɔɪ]	Loipe
door	[d]	dumm	people	[p]	Pudel, pleite
German, hedge, engineer	[ʤ]	Gin, Job, Ingenieur	red, wrong, carrot	[r]	(r mit nach oben gewölbter Zunge)
yes, head	[e]	Stress	silence	[s]	besser, fast, weiß
dancer	[ə]	Schlamassel	zebra, zero, realize, is	[z]	sauer, lesen
birthday, nervous	[ɜː]	Körbe	show, wish	[ʃ]	Schuster, frisch
name, neighbour	[eɪ]	–	measure	[ʒ]	Genie
there, hair	[ea]	Bär	tell	[t]	Test
finger	[f]	faul, Vater	child, watch	[tʃ]	Matsch
good	[g]	genau	thanks, Maths	[θ]	(stimmlos)
hundred	[h]	hundert	father, that	[ð]	(stimmhaft)
sit	[ɪ]	sitzen	moon, blue	[uː]	Mut, tun
meet, read, people	[iː]	Lied, Bibel	look, put, good	[ʊ]	Mutter, gucken
here, beer	[ɪə]	Bier	tourist, sure	[ʊə]	Tour
yellow	[j]	jung	very	[v]	Wasser, wie, wundern
computer, kind	[k]	Kaffee	we, why, window	[w]	–
queen	[kw]	Qualm			

Aufgepasst!
Ein gleicher Laut bedeutet nicht immer die gleiche Schreibweise. Das gilt für das Englische wie für das Deutsche!

Aufgepasst!
Gesprochenes ‚**g**' bei finger [fɪŋgə]

Achtung!
Beachten Sie den Unterschied bei der englischen Aussprache von ‚**v**' und ‚**w**'!

British English und *American English*

> **Tipp!** Die unterschiedlichen Schreibweisen werden durch moderne Kommunikationstechniken immer bekannter. Sie mischen sich sogar. Beim Schreiben von Texten sollte man sich allerdings entweder für das BE oder das AE entscheiden!

> **Tipp!** Schalten Sie ab und zu den Sender BBC ein. Er kann von vielen Haushalten mit Kabelanschluss oder Satellitenantenne empfangen werden. Das schult Ihr Hörverständnis.

Jede Sprache verändert sich ständig. Wird eine Sprache in verschiedenen Ländern gesprochen, entwickeln sich mit der Zeit Unterschiede in Aussprache und Schreibweise. Es können sogar ganz neue Wörter und Veränderungen bei der Grammatik entstehen.
Unterschiede zum britischen Englisch gibt es heute z. B. in den USA, in Australien, Neuseeland, Indien, Südafrika, Irland, aber auch in Nordengland und Schottland.

Unterschiede zwischen dem britischen und dem amerikanischen Englisch begegnen Ihnen wahrscheinlich am häufigsten.

Definition

- Mit British English (BE) bezeichnet man die englische Sprache, die in Großbritannien offiziell geschrieben und gesprochen wird, also auch z. B. über den englischen Sender BBC (**B**ritish **B**roadcasting **C**orporation). Sie gilt als dialektfrei. In deutschen Schulen wird British English gelehrt.

- Mit American English (AE) bezeichnet man die englische Sprache, die in den USA geschrieben und gesprochen wird.

British English und *American English* im Vergleich

Unterschiede in der Rechtschreibung:

BE	AE	*Deutsch*
theat**re**, cent**re**, kilomet**re**, centimet**re**, lit**re**	theat**er**, cent**er**, kilomet**er**, centimet**er**, lit**er**	*Theater, Zentrum, Kilometer, Zentimeter, Liter*
neighb**our**, fav**our**ite, col**our**, flav**our**	neighb**or**, fav**or**ite, col**or**, flav**or**	*Nachbar, Lieblings-, Farbe, Geschmack*
practi**c**e, defen**c**e	practi**s**e, defen**s**e	*üben, verteidigen*
progr**amme**	progr**am**	*Programm*
dialo**gue**, catalo**gue**	dialo**g**, catalo**g**	*Gespräch, Katalog*
trave**ll**ing/trave**ll**ed,	trave**l**ing/trave**l**ed,	*reisen*
cance**ll**ing/cance**ll**ed,	cance**l**ing/cance**l**ed,	*absagen*
dia**ll**ing/dia**ll**ed	dia**l**ing/dia**l**ed	*Tel.-Nr. wählen*

Unterschiede in der Wortwahl:

BE	AE	*Deutsch*
holiday	vacation	*Ferien, Urlaub*
petrol	gas	*Benzin*
flat	apartment	*Wohnung*
pupil	student	*Schüler/in*
shop assistant	sales clerk, salesperson	*Verkäufer/in*
toilet	bathroom, restroom	*Toilette*
crisps	chips	*Kartoffelchips*
chips	french fries	*Pommes frites*
cloakroom	coat check	*Garderobe*
biscuit	cookie	*Keks*
primary school	elementary school	*Grundschule*
motorway	freeway, highway	*Autobahn*
rubbish (can)	garbage (bin)	*Müll (-eimer)*
Alsatian	German shepherd	*Schäferhund*
surname	last name	*Nachname*
queue	line	*(Menschen-) Schlange*
queue	line up, stand in line	*Schlange stehen*
Gents	men's room	*Herrentoilette*
purse	wallet	*Geldbeutel*
underground, tube	subway	*U-Bahn*
value added tax	sales tax	*Mehrwertsteuer*
trousers	pants	*Hose*
pants	underwear	*Unterhose*
dinner jacket	tuxedo	*Smoking*
waistcoat	vest	*Weste*
vest	undershirt	*Unterhemd*

Tipp! Manche Wörter gibt es sowohl im BE als auch im AE, aber sie haben völlig unterschiedliche Bedeutungen. Beachten Sie z. B. die Bedeutungen von *chips*, *pants* und *vest!*

Tipp! *AE:* Verb und Substantiv auf -**ce**: practi**ce**/practi**ce** – *Übung/üben*
BE: Substantiv auf -**ce**, Verb aber auf -**se**! practi**ce**/practi**se**

Unterschiede in der Grammatik:

BE	AE
get, got, **got**	get, got, **gotten** *(erweiterte* past participle-*Form)*
dream, **dreamt, dreamt**	dream, **dreamed**, **dreamed** *(regelmäßige* past simple- *und* past participle-*Form)*
I**'ve** never **been** to Russia.	I never **went** to Russia.
Charles, **have** you **seen** my wife?	Charles, **did** you **see** my wife? (past simple *statt* present perfect)
Have you **got** brothers or sisters?	**Do** you **have** brothers or sisters? (have *statt* have got)

Vor- und Nachsilben

Die Kenntnis über englische Vor- und Nachsilben und deren Bedeutung erweitern den Wortschatz auf einfache Weise. Umgekehrt lässt sich so manches englische Wort erschließen, wenn man die Vor- oder Nachsilben weglässt und vom Basiswort ausgeht. Das hilft auch beim Nachschlagen eines Wortes im Wörterbuch.

1. Positive Vorsilben

Positive Vorsilben verändern die Bedeutung eines Wortes nicht negativ. Dazu gehören z.B. die Vorsilben ***re***-, ***pre***- und ***post***-.

I had to **rewrite** the article. *(noch einmal schreiben)* Germany was **reunified** in 1989. *(wiedervereinigt)* I'd like to **renew** old friendships. *(erneuern)*	***re***- bedeutet noch einmal.
I was surprised about the **pre-publication**. *(Vorveröffentlichung)* Life was hard in **pre-industrial** times. *(in der Zeit vor der industriellen Revolution)*	***pre***- bedeutet zeitlich vor etwas.
My parents sometimes talk about the **post-war** period. *(Nachkriegszeit)* Her novel was published **posthumously**. *(nach ihrem Tod)* Olivia has got the **post-natal** blues. *(Baby-Blues nach der Geburt eines Kindes)*	***post***- bedeutet zeitlich nach etwas.

2. Negative Vorsilben

Negative Vorsilben verändern die Bedeutung eines Wortes zum Schlechteren oder zum Gegenteil hin.
Dazu gehören z. B. die Vorsilben ***un***-, ***in***-, ***mis***-, ***dis***-, und ***non***-.

Beachten Sie!
possible –**im**possible
unmöglich
resistable – **ir**resistable
unwiderstehlich
legal – **il**legal
ungesetzlich
mortal – **im**mortal
unsterblich

healthy ▸ unhealthy – *nicht gesund (genug)* eatable ▸ uneatable – *ungenießbar* married ▸ unmarried – *unverheiratet*	***un***- bedeutet das Gegenteil oder nicht genug von etwas.
dependent ▸ independent – *unabhängig* visible ▸ invisible – *unsichtbar* ***Ausnahme:*** flammable – *leicht entzündlich* ▸ inflammable – *feuergefährlich*	***in***- bedeutet das Gegenteil.
understand ▸ misunderstand – *missverstehen* lead ▸ mislead – *in die Irre führen*	***mis***- bedeutet, dass eine Situation sich ins völlige Gegenteil verkehrt.

agree ▶ disagree – *nicht übereinstimmen, nicht einverstanden sein* trust ▶ distrust – *misstrauen* encourage ▶ discourage – *entmutigen* advantage ▶ disadvantage – *Nachteil*	***dis***- bedeutet, dass eine Situation sich ins völlige Gegenteil verkehrt.
smoker ▶ non-smoker – *Nichtraucher* nuclear ▶ non-nuclear – *nicht nuklear* fattening ▶ non-fattening – *nicht dick machend*	***non***- drückt eine fehlende Beziehung zu etwas aus.

3. Nachsilben

Auch mit Nachsilben kann man neue Wörter bilden. Die Nachsilben werden manchmal einfach angehängt, manchmal gibt es geringfügige Änderungen am Ende eines Wortes. Folgende Wortarten lassen sich z. B. mit Nachsilben bilden:

Verben	-ize	real ▶ realize	*erkennen, begreifen*
	-ify	terror ▶ terrify	*jdn. fürchterlich erschrecken*
		horror ▶ horrify	*jdn. schockieren*
		justice ▶ justify	*rechtfertigen*

Substantive	-al	arrive ▶ arrival	*Ankunft*
	-ation	private ▶ privatization	*Privatisierung*
		civil ▶ civilization	*Zivilisation*
	-cy	private ▶ privacy	*Privatsphäre*
	-ence	confident ▶ confidence	*Vertrauen*
	-er	teach ▶ teacher	*Lehrer/in*
	-or	work ▶ worker	*Arbeiter/in*
		act ▶ actor	*Schauspieler*
	-ess	act ▶ actress	*Schauspielerin*
		prince ▶ princess	*Prinzessin*
	-hood	neighbour ▶ neighbourhood	*Nachbarschaft*
		child ▶ childhood	*Kindheit*
	-ion	immigrate ▶ immigration	*Einwanderung*
		express ▶ expression	*Ausdruck*
	-ity	similar ▶ similarity	*Ähnlichkeit*
		sensible ▶ sensibility	*Verständnis*
		possible ▶ possibility	*Möglichkeit*
	-ment	employ ▶ employment	*Beschäftigung*
		move ▶ movement	*Bewegung*
		agree ▶ agreement	*Übereinstimmung*

Aufgepasst!
False friend!!!
cook – *kochen*
cook – *Koch/Köchin*
cooker – *Herd*

Tipp! Viele weibliche Berufsbezeichnungen werden mit der Endung *-ess* gebildet.

	-ness	friendly ▶ friendliness	*Freundlichkeit*
		polite ▶ politeness	*Höflichkeit*
		damp ▶ dampness	*Feuchtigkeit*
	-ship	friend ▶ friendship	*Freundschaft*
		member ▶ membership	*Mitgliedschaft*

Aufgepasst!
False friend!!!
terrific – *toll, klasse*

Adjektive	-able	understand ▶ understandable	*verständlich, nachvollziehbar*
		eat ▶ eatable	*essbar*
	-al	tradition ▶ traditional	*traditionell*
		nation ▶ national	*national*
	-ful	power ▶ powerful	*kraftvoll*
		peace ▶ peaceful	*friedlich*
		care ▶ careful	*vorsichtig*
	-ian	Christ ▶ Christian	*christlich*
		Freud ▶ Freudian	*freudianisch*
	-ic	Celt ▶ Celtic	*keltisch*
		Und ohne Basiswort:	
		fanatic	*fanatisch*
		fantastic	*fantastisch*
		exotic	*exotisch*
	-ish	child ▶ childish	*kindisch*
		green ▶ greenish	*grünlich*
	-less	help ▶ helpless	*hilflos*
		sense ▶ senseless	*sinnlos*
		use ▶ useless	*nutzlos*
	-ous	danger ▶ dangerous	*gefährlich*
		humour ▶ humorous	*humorvoll*
	-y	cloud ▶ cloudy	*wolkig*
		sun ▶ sunny	*sonnig*
		rain ▶ rainy	*regnerisch*

Nicht alle englischen Nachsilben entsprechen immer einer bestimmten deutschen Nachsilbe. Hier sind einige Beispiele, bei denen es eine Entsprechung im Deutschen gibt.

Englisch	**-ness**	**-less**	**-y**	**-ish**	**-able**
	kindness	childless	shadowy	blueish childish	readable
Deutsch	***-keit***	***-los***	***-ig***	***-lich, -isch***	***-bar***
	Liebenswürdigkeit	*kinderlos*	*schattig*	*bläulich* *kindisch*	*lesbar*

Wichtige unregelmäßige Verben

Infinitive **Infinitiv**	*Past Simple* **Vergangenheit**	*Past Participle* **Partizip Perfekt**	*German* **Deutsch**
arise	arose	arisen	sich ergeben, entstehen
awake	awoke	awoken, awaked	erwachen
be	was/were	been	sein
bear	bore	borne	tragen, ertragen
beat	beat	beaten	schlagen
become	became	become	werden
begin	began	begun	beginnen
bend	bent	bent	beugen, verbiegen
bet	bet, betted	bet, betted	wetten
bind	bound	bound	binden
bite	bit	bitten	beißen
bleed	bled	bled	bluten
blow	blew	blown	blasen
break	broke	broken	(zer)brechen
breed	bred	bred	züchten, brüten
bring	brought	brought	(her)bringen
build	built	built	bauen
burn	burnt, burned	burnt, burned	verbrennen
burst	burst	burst	platzen, aufbrechen
buy	bought	bought	kaufen
can	could	—	können
cast	cast	cast	werfen
catch	caught	caught	fangen
choose	chose	chosen	wählen
come	came	come	kommen
cost	cost, costed	cost, costed	kosten
creep	crept	crept	schleichen, riechen
cut	cut	cut	schneiden
deal	dealt	dealt	handeln, Geschäfte machen
dig	dug	dug	graben
do	did	done	machen, tun
draw	drew	drawn	zeichnen
dream	dreamt, dreamed	dreamt, dreamed	träumen
drink	drank	drunk	trinken
drive	drove	driven	fahren
eat	ate	eaten	essen
fall	fell	fallen	fallen
feed	fed	fed	füttern
feel	felt	felt	(sich) fühlen
fight	fought	fought	kämpfen
find	found	found	finden

Tipp! Manche Verben dürfen Sie auch regelmäßig konjugieren. Dann sind die unregelmäßige **und** die regelmäßige Form angegeben.

flee	fled	fled	fliehen, flüchten
fling	flung	flung	schleudern
fly	flew	flown	fliegen
forbid	forbad, forbade	forbidden	verbieten
forecast	forecast, forecasted	forecast, forecasted	vorhersagen
forget	forgot	forgotten	vergessen
forgive	forgave	forgiven	verzeihen
freeze	froze	frozen	(ge)frieren
get	got	got/*AE:* gotten	bekommen
give	gave	given	geben
go	went	gone	gehen
grow	grew	grown	wachsen
hang	hung, hanged	hung, hanged	hängen
have	had	had	haben
hear	heard	heard	hören
hide	hid	hidden	(sich) verstecken
hit	hit	hit	schlagen
hold	held	held	halten
hurt	hurt	hurt	wehtun
keep	kept	kept	behalten
kneel	knelt	knelt	knien
know	knew	known	wissen, kennen
lay	laid	laid	legen
lead	led	led	führen
lean	leant, leaned	leant, leaned	lehnen, sich neigen
leap	leapt, leaped	leapt, leaped	springen
learn	learnt, learned	learnt, learned	lernen
leave	left	left	(ver)lassen
lend	lent	lent	(aus)leihen
let	let	let	lassen
lie	lay	lain	liegen
light	lit, lighted	lit, lighted	anzünden
lose	lost	lost	verlieren
make	made	made	machen
may	might	—	dürfen
mean	meant	meant	bedeuten, meinen
meet	met	met	treffen
mistake	mistook	mistaken	falsch verstehen
must	(had to)	(had to)	müssen
pay	paid	paid	bezahlen
put	put	put	legen, stellen, setzen
quit	quit, quitted	quit, quitted	kündigen, mit etwas aufhören
read	read	read	lesen
ride	rode	ridden	reiten, fahren
ring	rang	rung	klingeln
rise	rose	risen	aufstehen, (an)steigen

Achtung!
hang, hung, hung – *(von etwas herunter)-hängen, etwas aufhängen*
hang, hanged, hanged – *(jemanden) aufhängen*

run	ran	run	rennen
saw	sawed	sawn, sawed	sägen
say	said	said	sagen
see	saw	seen	sehen
seek	sought	sought	suchen, streben
sell	sold	sold	verkaufen
send	sent	sent	schicken
set	set	set	setzen, legen, festsetzen
sew	sewed	sewn, sewed	nähen
shake	shook	shaken	schütteln
shine	shone	shone	scheinen
shoot	shot	shot	(er)schießen
show	showed	shown, showed	zeigen
shrink	shrank	shrunk	einlaufen, schrumpfen
shut	shut	shut	schließen
sing	sang	sung	singen
sink	sank	sunk	versenken, sinken
sit	sat	sat	sitzen
sleep	slept	slept	schlafen
slide	slid	slid	rutschen
smell	smelt, smelled	smelt, smelled	riechen
sow	sowed	sown, sowed	säen
speak	spoke	spoken	sprechen
spell	spelt, spelled	spelt, spelled	buchstabieren
spend	spent	spent	ausgeben, verbringen
spill	spilt, spilled	spilt, spilled	verschütten
spin	spun	spun	spinnen, drehen
spit	spat	spat	spucken
split	split	split	spalten
spoil	spoilt, spoiled	spoilt, spoiled	verderben
spring	sprang	sprung	springen, auftauchen
spread	spread	spread	ausbreiten, bestreichen
stand	stood	stood	stehen
steal	stole	stolen	stehlen
stick	stuck	stuck	kleben
sting	stung	stung	stechen
stink	stank	stunk	stinken
stride	strode	stridden	schreiten
strike	struck	struck	schlagen
strive	strove	striven	sich bemühen
swear	swore	sworn	schwören
sweep	swept	swept	kehren
swim	swam	swum	schwimmen
swing	swung	swung	schwingen
take	took	taken	nehmen
teach	taught	taught	lehren
tear	tore	torn	zerreißen
tell	told	told	erzählen
think	thought	thought	denken
throw	threw	thrown	werfen

understand	understood	understood	verstehen
upset	upset	upset	aus der Fassung bringen
wake	woke, waked	woken, waked	(auf)wachen, wecken
wear	wore	worn	Kleidung tragen
weave	wove	woven	weben
weep	wept	wept	weinen
win	won	won	gewinnen
wind	wound	wound	wickeln, spulen
wring	wrung	wrung	auswringen
write	wrote	written	schreiben

Ableitungen

Verben, die von unregelmäßigen Verben abgeleitet werden, haben fast immer die gleichen unregelmäßigen Formen wie das Grundwort. Das gilt auch für alle unregelmäßigen Verben, die eine Verbindung mit einem anderen Wort eingehen, z. B. mit einer Präposition.
Beispiele:

build	built	built	
re**build**	re**built**	re**built**	*wieder aufbauen*
get	got	got	
get on	**got** on	**got** on	*einsteigen*
give	gave	given	
for**give**	for**gave**	for**given**	*vergeben*
take	took	taken	
take off	**took** off	**taken** off	*abheben*
mis**take**	mis**took**	mis**taken**	*verwechseln*
understand	understood	understood	
mis**under-stand**	mis**understood**	mis**understood**	*missverstehen*

AE: Im AE werden eher die regelmäßigen Endungen *–ed* benutzt.
BE: Im BE verwendet man eher die unregelmäßigen Formen.

Folgende Verben haben eine **regelmäßige und** eine **unregelmäßige** zweite und dritte Form. Beide Schreibweisen sind üblich.

burn, cost, dream, forecast, lean, leap, learn, light, quit, saw, sew, show, smell, sow, spell, spill, spoil, wake

Lösungen

Das Substantiv (S. 19 – 22)

1. English, house, Bristol, Church, town, southwest, England, shop assistants, Marks and Spencer's, Monday, Friday, breakfast, hour, bus, work, jobs, time, day, lunchtime, pub, lunch, salad, sandwiches, weekends, football, club, Manchester United, invitations, parties, Sundays, jogging, park, weekend, holiday, skiing, hotel, Switzerland, Christmas.

2. women, ideas, addresses, arguments, places, vegetarians, universities, hospitals, interviews, risks, windows, children, bosses, fish, messages, information, book shelves, ferries, potatoes, situations.

3. a) teachers, b) waiters, c) policemen, d) cooks, e) househusbands, f) doctors, g) managers, h) shop assistants, i) bank clerks.

4. a) teacher, b) waitress, c) policewoman, d) cook, e) housewife, f) doctor, g) manager, h) shop assistant, i) bank clerk.

5. a) Mr and Mrs Walker, b) Dr Peters, c) Prof Kellermann, d) Mrs Smith, e) Drs Price, f) Dr Jones and Prof Camp, g) Mr Winterbottom.

6. many/a lot of buses, eight pairs of scissors, two mice, a lot of information, many teachers, some teeth, five businesswomen, one pair of pyjamas, three secretaries, some politicians.

7. a/one bottle of champagne and two bottles of wine; a big bowl of salad; a/one big salad; a/one pound of tomatoes; a/one cucumber; two pounds of potatoes; a/one tin of peas and carottes; a/one chicken; two bars of chocolate; a/one bottle of milk; onions and spices; the drinks; mineral water.

8. a) friend, b) child, c) a/one pound of tomatoes, d) kiss, e) sheep, f) a/one pint of lager, g) tomato, h) family, i) question, k) thief, l) policewoman.

9. a) Look! The little cat. Can we buy it?
b) Let's go into the shop. Then we can look at it/have a look at it.
c) Here is the price. It's not expensive.
d) But a goldfish is cheaper. We have enough money for it.
e) But we also need an aquarium for it.
f) Come on. It can swim in a big glass.
g) OK. Let's take it.

Der Genitiv (S. 25 – 27)

1. a) Mr Simon's house, b) Anita's friends, c) the manager's husband, d) my grandparents' house, e) my friends' parents, f) the colour of the car, g) the end of the film, h) the cat's toy, i) Matthias's computer game, k) at Tina's, l) at the doctor's.

2. a) Mrs Fletcher's dog, b) Nina's friends, c) teachers' computer room, d) neighbour's new car (Singular)/ neighbours' new car (Plural), e) children's schoolbags, f) reporter's cameras (Singular)/ reporters' cameras (Plural), g) tourists' suitcases, h) policeman's phone, i) The Mitchells, k) these passengers.

3. a) der neue Freund meiner Mutter, b) die Ratschläge der Mütter, c) der Geschäftspartner unseres Chefs, d) die Büros unserer Chefs, e) das Futter der Katze/das Katzenfutter, f) der Lieblingsplatz der Katzen, g) die Arbeitszeit der neuen Verkäufer/Verkäuferinnen, h) der erste Kunde/die erste Kundin des neuen Verkäufers/der neuen Verkäuferin.

4. a) Was ist/Wie lautet die Adresse deines Freundes/deiner Freundin? b) Der Eingang des Hotels ist hinten. c) Der Name von der Frau des Managers ist Anabel. d) Die Stimme des Sekretärs/der Sekretärin ist sehr freundlich. e) Sie verkaufen die Häuser der Leute zu einem vernünftigen Preis. f) Ich mag die Freunde von Liz nicht sehr. g) Der Lieblingsplatz unseres Hundes ist vor dem Fernseher. h) Amerikas Schulsystem ist ganz anders. i) Die beste Zeit des Tages ist der sehr frühe Morgen. k) Das Ende der Geschichte ist sehr traurig.

5. Alan: Did you see the invitation to **Linda's** birthday?
Barbara: Yes, I did. Was it her or her **husband's** idea to invite us?
Alan: I **don't** know. We are not really friends. We are just **Robert's** colleagues.
Barbara: I know, but **Linda's** mother keeps telling everbody that **she's** going to have a really big party. Maybe **that's** the reason why she invited her **husband's** colleagues and their partners, too.
Alan: OK. **Let's** go there and see how everything is going.
Barbara: We need a present then. What about a **woman's** weekend at a wellness farm?
Alan: **That's** too expensive for a **colleague's** wife. What about a breakfast for two at **Tiffany's**?
Barbara: You mean the new **Tiffany's** in High Street?
Alan: Yes. They offer things like that. My **secretary's** family went there last Sunday and they were very pleased about the food, the prices and the **waiter's/ waiters'** kindness.
Barbara: Good idea.

Der Artikel (S. 31 – 32)

1. the office, the aunt, the eyes, the earring, the hour.
2. a) der, dem; b) die; c) den; d) Der, des; e) dem; f) Die.
3. a) a, an; b) an, a; c) a, a; d) an, a; e) an, a; f) an, a; g) an, a; h) a, a; i) an, a; k) a, an; l) a, a.
4.

a	an
safe underground	English flag
young uncle	interesting film
clever agent	easy exercise
new argument	exciting trip
high building	orange juice
brilliant idea	old church
fantastic office	early flight

5. We are in **a** hotel bar. Look, there is **the** barkeeper. He's wearing **a** uniform: **a** white shirt, **an** orange jacket and black trousers. He is taking **the** glasses out of **the** cupboard. It is early in **the** evening and he is in **a** good mood. **The** first guest is **an** American. He takes **a** seat at **the** bar and orders **a** lager. Then **a** group of young Germans enter **the** bar. They want different drinks: two cokes, two pints of guinness and **an** orange juice. It is **a** quiet evening. Not many people are in **the** hotel bar. At 10 o'clock **the** American is still there but **the** Germans are gone. At **the** bar there are five tourists from France, **an** old woman from London with **an** ugly dog and **a** manager from Edinburgh. At eleven o'clock **the** barkeeper turns off **the** music and asks **the** people to leave. **A** quarter of **an** hour later **the** hotel bar is empty. **The** bar keeper has to count **the** money and take it to **the** bank nearby. He walks to **the** next Underground station and gets **an** underground back home.

Das Pronomen (S. 42 – 47)

1. a) you, b) I, I, c) you, your, d) We, e) You, our, They, f) they, g) I, you, She, our, her, He, h) you, you.
2. a) He, b) His, It, c) She d) Her, e) They, f) you, g) We, h) he, i) I, he, k) You, l) It, you.
3. At the market
These green apples are much cheaper than **those** green apples over there. Yes, and a pound of **these** tomatoes is also cheaper than a pound of **those.** What about a pineapple for our fruit salad? **This** pineapple looks good. No, **that** pinapple over there is much bigger. OK, let's take **that** one over there. And here are oranges from Brazil.

Let's take five of **these** oranges. OK, **that**'s all then.

4. Mrs Craft: she/*sie*; Tim: he/*er*; a fish: it/*er*; Mr and Mrs Terence: they/*sie*; you and me: we/*wir*; my aunt: she/*sie*; our cat Tinker: he *oder* she/*er oder sie*; two e-mails: they/*sie*; Thomas and me: we/*wir*; Thomas and you: you/*ihr*; Mrs Stone and her son: they/*sie*; the problems: they/*sie*; a chance: it/*sie*; a kindergarten: it/*er*.

5. a) The tickets are not here. Where could they be? b) Julian and his friend are at home. They are playing a computer game. c) Hello, Mr Baxter. Can you help us, please? d) My wife can't come today. She is ill. e) Your mother can help you. Ask her. f) What a nice flower. Put it in the garden, please. g) Maybe our parents can give us some money. We can/could phone them.

6. a) Personalpronomen Subjekt, b) Personalpronomen Subjekt, c) Personalpronomen Subjekt, d) Personalpronomen Subjekt, e) Personalpronomen Objekt, f) Personalpronomen Objekt, g) Personalpronomen Objekt.

7. a) They're, b) Their, c) their, they're, d) their, there, e) They're, f) their, g) They're, There, Their, h) There, their, there.

8. a) Can you help us? b) We need our books. c) Give me the bag, please. That's mine. d) That is his present. Here is yours./Yours is here. e) I can give you her address. f) Steven and Thomas, where are your gloves? g) Is that my coat? Yes, that's yours. h) Your passport, please! i) Our neighbours are in London. Their children are alone at home. k) You can never tell!

9. a) myself, b) each other, c) himself, d) herself, e) each other, f) yourself, g) yourselves, h) ourselves, i) themselves.

10. a) We want to buy a house. b) You can't imagine that! c) My children are interested in music. d) I can't concentrate on this film. e) Our neighbours argue about every little thing. f) I always get dressed after breakfast. g) My husband never complains about the food.

11. a) Susie repaired the bike herself. b) My parents bought a new car yesterday. c) He looked at himself in the mirror. d) He looked at me. e) We looked at each other and had to laugh. f) We often tell each other jokes. g) I'm not interested in that. h) Do you know each other? i) Nancy decorated the window herself.

Das Adjektiv (S. 54 – 56)

1. a) greater, the greatest, b) cheaper, the cheapest, c) busier, the busiest, d) fatter, the fattest, e) hungry, the hungriest, f) thin, the thinnest, g) nice, the nicest, h) bad, the worst, i) good, better, k) lazy, lazier, l) poor, poorer, m) safe, safer.

2. a) more peaceful, the most peaceful, b) sunnier, the sunniest, c) more famous, the most famous, d) more stupid, the most stupid, e) friendlier, the friendliest, f) cleverer, the cleverest, g) more boring, the most boring, h) more brilliant, the most brilliant, i) luckier, the luckiest, k) simpler, the simplest, l) more careful, the most careful.

3. a) the biggest problems
b) the best solution
c) the most dangerous place
d) the worst day
e) the most surprising present

4. a) Du bist genauso neugierig wie deine Schwester.
b) Mein neuer Job ist interessanter als der alte.
c) Wer ist der jüngste/die jüngste von euch dreien?
d) Es ist schwieriger ruhig zu sein.
e) Einige Schüler/innen sind so schlau wie ihre Lehrer/innen.
f) Ich bin nicht so dumm wie du denkst.
g) Gemüse ist gesünder als Fleisch.
h) Fußballspieler/innen sind berühmter als Volleyballspieler/innen.

i) Es ist nicht so leicht wie ich dachte.
k) Kopfschmerzen sind das Schlimmste.

5. a) the longest, b) higher than, c) as famous as, d) the oldest, e) the best, f) quicker than, g) richer than, h) the most comfortable.

6. a) I'm younger than my husband.
b) His parents are as nice as my parents.
c) Our family is not as big as my sister's family.
d) My sister is the most beautiful of us.
e) His car was as expensive as my car.
f) Our children are/do not better at school than her children.
g) We are happier than other families.

Das Stützwort one/ones (S. 58)

1. a) a small one; b) two yellow ones, three blue ones; c) Which one; d) This one; e) a brown one, a black one; f) This/That one; g) The big one, the short one; h) these/ those ones; i) Which ones.

2. a) Ich nehme einen Salat, einen großen.
b) Welche darf ich nehmen?
c) Die auf dem Tisch.
d) Die Blumen sind wirklich hübsch. Ich nehme eine rote und zwei orangene.

3. a) Which book? The big one.
b) Which children? The younger ones.
c) Which cards? The white ones.
d) A book? Which one?

Das Adverb (S. 63 – 66)

1. a) slowly, b) easily, c) terribly, d) nice, e) old.

2. Adjektiv: small, wonderful, low, favourite, round, hot, different, expensive, romantic.
Adverb: extremely, often, hard, unfortunately, sometimes, always, beautifully, quite, happily.

3. a) nervously, b) clearly, c) fast, d) peacefully, e) quietly, f) hard, g) well, h) angrily, i) correctly, k) slowly, l) nicely, m) late, n) regularly, o) long.

4. a) most romantic – most romantically
b) slower – more slowly
c) exact – exactly
d) wonderful – wonderfully
e) hard – hard
f) good – well
g) early – early
h) right – right
i) bad badly
k) quicker more quickly
l) cleverer – more cleverly
m) heaviest – most heavily

5. a) Drive carefully. b) Run quicker. c) Discuss peacefully. d) Count exactly. e) Open the door more silently. f) Speak more slowly. g) Work hard. h) Think more realistically.

6. a) I play the piano badly.
b) She dances perfectly.
c) He drives carefully.
d) She cooks brilliantly.
e) He swims fast.
f) He teaches well.
g) He reads slowly.
h) She sings wonderfully.
i) He fights fanatically.
k) She writes fantastically.

7. a) I train harder than you.
b) My friend runs as fast as your friend.
c) I can't draw as exactly as him.
d) Robert reads more slowly than Timo.
e) I eat less at the weekend.
f) We like the Irish most.
g) Peter came home later than you.

8. a) My husband earns less than yours.
b) The football players train more often than the basketball players.
c) Mrs Harris is the most intelligent of our club.
d) Cucumbers are cheaper than tomatoes.
e) My wife cooks better than the rest of the world.
f) The police car drove faster than the lorry.

Der Imperativ (S. 73 – 74)

1. a) Bitte erzähl'/erzählt/erzählen Sie es nicht Karen!
b) Vergiss/Vergesst/Vergessen Sie es!
c) Gehe/Geht/Gehen Sie nicht auf dem Rasen!
Auch: Nicht auf dem Rasen gehen!
d) Unterschreibe/Unterschreibt/Unterschreiben Sie hier!
e) Gehe/Geht/Gehen Sie geradeaus!
f) Lass/Lasst/Lassen Sie uns zusammen in die Kneipe gehen!
g) Komm', sei ehrlich! Kommt, seid ehrlich! Kommen Sie, seien Sie ehrlich!
h) Lass/Lasst/Lassen Sie uns nicht die Show um Mitternacht verpassen!
i) Sei/Seid/Seien Sie bloß vorsichtig mit dem neuen CD-Spieler!

2. a) Eat a lot of fruit.
b) Buy vegetables.
c) Drink less alcohol.
d) Don't give your children too many sweets.
e) Take some time for yourself.
f) Drink mineral water.
g) Go for a walk every day.
h) Don't eat (any) fast food.
i) Give your children apples, bananas or carrots.
k) Don't sleep more than eight hours.

3. a) Pass/Passt auf dich auf/ Passen Sie auf sich auf!
b) Sei/seid/Seien Sie vorsichtig!
c) Bedien dich!/ Bedient euch!/ Bedienen Sie sich!
d) Nimm Platz!/ Nehmt Platz!/ Nehmen Sie Platz!
e) Hör/Hört/Hören Sie zu!
f) Warte mal eben!/Wartet mal eben!/Warten Sie mal eben!
g) Bis bald./Bis zum nächsten Mal./ Tschüs.

4. a) Call me again tomorrow.
b) But don't call me before six.
c) Please do remind me about Lisa's birthday.
d) Don't remind me of my last birthday.
e) Look at these beautiful church windows.
f) Don't look down. You'll get dizzy.
g) Let's go to the cinema tonight.
h) Don't let's be there too late./ Let's not be there too late.

Gerund und Infinitiv (S. 80 – 82)

1. a) Our children enjoy watching TV on Saturday evenings.
Unsere Kinder genießen es, samstagabends Fernsehen zu gucken.
b) Do you miss earning your own money?
Vermisst du es, dein eigenes Geld zu verdienen?.
c) Learning a foreign language can be very useful.
Das (Er)lernen einer Fremdsprache kann sehr nützlich sein.
d) Playing golf is an expensive hobby in Germany.
Golfspielen ist in Deutschland ein teures Hobby.

2. a) Sailing is fun.
b) Driving on the left is not difficult.
c) Playing football is our son's biggest hobby.
d) I'm interested in learning a foreign language.
e) My boss prefers drinking tea in the morning.
f) I love watching TV on Sundays.
g) I started jogging two weeks ago.

3. a) to chat/chatting, b) travelling, c) to take, d) talking to, e) buying, f) eating, g) to speak, h) to laugh/laughing, i) catching, k) to see.

4.

enjoy, I'm afraid of (be afraid of), don't miss, love, don't like, hate	flying.
decided, promised, offered, hope	to come earlier next time.
decided, promised, offered, don't like, love, hate	to book the Westminster Hotel in London.
decided, don't like, love, hate	to argue with my best friends.
enjoy, don't miss, love, don't like, hate	smoking in trains.
enjoy, I'm afraid of (be afraid of), don't miss, love, don't like, hate	living in the city.
enjoy, don't miss, love, don't like, hate	eating in Italian restaurants.

5. a) Julie hörte mit dem Klavierspielen auf, als sie 18 Jahre alt war.
Julie hörte auf und spielte Klavier/um Klavier zu spielen, weil sie an diesem Tag noch nicht geübt hatte.
b) Die Sekretärin/der Sekretär vergaß, dass sie/er die Reservierung rückgängig gemacht hatte.
Die Sekretärin/der Sekretär vergaß, die Reservierung rückgängig zu machen.
c) Ein hübscher Garten heißt fast jeden Tag darin zu arbeiten.
Aber ich will dich wegen deines Gartens wirklich nicht kritisieren.
d) Erinnerst du dich, dass du mit Helen über ihre Lebensversicherung gesprochen hast?
Denk' dran, mit Helen über ihre Lebensversicherung zu sprechen.

Be, have und do (S. 93 – 94)

1.

be	have	do
am	has	does
are	had	did
is	have had	have done
was	has had	has done
were	had had	had done
have been	will have	will do
has been	would have	would do
had been		
will be		
would be		

2. a) he's, b) we're, c) she wasn't, d) you don't, e) they've, f) you aren't/you're not, g) she's, h) it'll, i) I'm, k) they're, l) he hasn't/he's not, m) they didn't.
3. a) you are, b) they have, c) she will, d) they would have, e) I will not be, f) we are not, g) he is/he has, h) you did not, i) it does not, k) I would be, l) you have, m) it has been.
4. a) they haven't/they've not, b) he doesn't, c) we won't, d) I'm not, e) I don't, f) she hasn't/she's not, g) it didn't, h) you don't, i)we aren't/we're not, k) you haven't/you've not, l) he isn't/he's not, m) they hadn't/they'd not.
5. *Be, have* und *do* sind Vollverb in den Sätzen a, b, d, e, f, i, k, l.
Be, have und *do* sind Hilfsverb in den Sätzen c, g, h.

Das present simple (S. 99 – 101)

1. Thomas **works** as a postman. He **likes** his job. He **gets up** very early every morning and **takes** the bus to the main post office. He **collects** the huge amount of letters and **puts** them into his car. Then he **drives** to the outskirts of his town. He **starts** in his district around 10 o'clock. Thomas **leaves** his car at the carpark and **puts** the letters into his big bag. Then he **walks** from house to house and **enjoys** having a job outside the city centre. It usually **takes** him four to five hours until no letters **are** left in his bag. He **finishes** his job in the early afternoon.
2. b) Sarah cooks large meals but she doesn't like the washing up.
c) Nick goes fishing but he doesn't eat the fish.
d) Alice loves shopping but she doesn't spend much money.
e) Anette takes a lot of pictures but she doesn't show them to everybody.
f) Justin surfs the Internet but he doesn't go into chat rooms.
3. a) Judy gets up at 6.30 every morning.
b) She never has breakfast.
c) She sometimes buys a sandwich at the baker's next door.
d) Judy always takes the underground into town.
e) She often works until six/6 o'clock.
f) She sometimes meets a friend after work.
g) Judy doesn't go to bed before midnight.
4. a) Do you cook every day?
b) Do you buy women magazines?
c) Does your husband work fulltime?
d) Do you have children?
e) Do they (both) like science fiction books?
f) Do they often argue?

5. a) Wer zuerst kommt, mahlt zuerst.
b) Neue Besen kehren gut.
c) Er benimmt sich wie ein Elefant im Porzellanladen.
d) Was Hänschen nicht lernt, lernt Hans nimmermehr.
e) Darauf kannst du Gift nehmen.
f) Ende gut, alles gut.
g) Ausnahmen bestätigen die Regel.
h) Wahre Freunde erkennt man in der Not.
i) Geld regiert die Welt.
k) Keine Nachricht heißt gute Nachricht.
l) Es gehören immer zwei dazu.
m) Morgen ist auch noch ein Tag.
n) Wo ein Wille ist, ist auch ein Weg.

Das present progressive (S. 105 – 107)

1. a) is talking to,
b) are drinking,
c) are standing,
d) is telling, is laughing,
e) are carrying,
f) is dancing
g) 's/is saying
h) 's/is wearing
2. a) is cutting,
b) are teaching
c) are operating
d) are controlling
e) is flying
f) are selling
g) is signing
h) is driving
3. It's Monday afternoon. What a day! The sun isn't shining. It's raining cats and dogs. Mr Spencer is sitting in his office. He isn't talking on the phone. He's writing a report. His secretary is writing an e-mail. But not everybody is working. A young girl in a building across the street is daydreaming. She isn't doing her homework although she has a lot to do. And Mr and Mrs Frazer from next door are going for a walk in the park. They aren't wearing their rain coats. But they are having an umbrella each. Their dog Colin is enjoying the walk. He's chasing a rabbit.
4. b) Is your boss talking to anybody at the moment?
c) Are Karen's parents enjoying their trip through Australia?
d) Are they playing a comedy at the theatre tonight?
e) Are all the members of the party listening to the historical speech?
f) Are you planning your next holiday with the whole family?
5. John: Hello, Martin. How are you? What are you doing?
Martin: Hi, John. Well, Sandra is working at the computer and I'm preparing our dinner.
John: And what are the children doing?
Martin: The children are playing at our neighbours'. And what are you doing?
John: Well, I'm lying on my sofa and I'm calling you. Can we go jogging tomorrow morning?
Martin: Yes, good idea. Let's meet at the station at ten o'clock.
John: Ok. See you then. Enjoy your dinner now. Bye.
Martin: Thanks. See you tomorrow. Bye.
6. a) gets up, is getting; b) is writing, creates; c) works, is working; d) 'm looking for, need; e) play, are going

Das past simple (S. 112 – 114)

1.

s	a	i	d	w	a	s	b	s
t	u	w	e	n	t	a	u	t
o	l	o	m	h	e	w	i	o
o	w	r	i	a	k	d	l	o
d	r	e	a	d	c	t	t	k
t	o	l	d	r	a	h	e	a
a	t	s	w	a	m	r	a	n
p	e	n	c	n	e	e	l	d
s	o	l	d	k	d	w	o	n

Waagerecht: said – say, was – be, went – go, read – read, told – tell, swam – swim, ran – run, sold – sell, won – win.
Senkrecht: stood – stand, wrote – write, wore – wear, had – have, drank – drink, ate – eat, came – come, saw – see, threw – throw, built – build, took – take.

2. When I **was** a child life **was** quite different. We **lived** in a small house in the country and we **had** a big garden. We **spent** most of the time outside. My father **went** to work every morning and Mum **stayed** at home. She **had to** look after us. We **were** three boys and a girl. When Dad **came** home he **took** a shower first and then he **played** with us. That **was** always great fun. Our parents **insisted on** having dinner together. We **liked** that. My mother **cooked** wonderful meals and my father often **told** funny stories. After that Mum **put** us to bed and everybody **listened** to her brilliant good night stories. Those **were** great times.
3. a) came, didn't wake up, b) didn't answer, heard, c) invited, agreed, didn't want, d) moved, didn't have.
4. a) Did you get your driver's licence last week?
   b) Did your parents buy that house in Florida?
   c) Did your wife do the computer course?
   d) Did she tell you about that funny teacher?
   e) Was your son successful in his Maths test?
   f) Did your boss like your latest presentation?
   g) Did your colleagues prepare a surprise party for you?
5. a) Wo ward ihr? Where did you go?
   b) Was habt ihr dort gemacht? What did you do there?
   c) Wo habt ihr gewohnt? Where did you stay?
   d) Wir waren in einem Hotel. We stayed in a hotel.
   e) Wie fandest du das Hotel? What did you think about the hotel?
   f) Ich fand es hervorragend. It was brilliant.
   g) Mir gefiel die Aussicht sehr. I loved the view.
   g) Wie war das Wetter? What was the weather like?
6. a) Did you call the travel agency? Yes, I did.
   b) Did you talk to/speak with Jennifer? No, I didn't.
   c) Did you book a self-catering cottage? Yes, I did.

Das past progressive (S. 118 – 120)

1. a) was snoring, b) was sleeping, c) were telling, d) was reading, e) were burning, f) was lying, g) was running, h) was striking
2. a) I was sleeping. b) Rita/She was answering an e-mail. c) The people/They were grumbling about public transports. d) My daughter/She was listening to her new CD. e) The guests/They were eating dessert. f) My husband/ He was working at his computer. g) Those young people/They were demonstrating for human rights.
3. a) Lukas was dancing on the table. b) Tim was throwing a sponge at Nico. c) Four boys were playing cards. d) Simone was standing on a chair next to them. e) Three girls were drawing pictures on the board. f) Nina and Patrick were leaning out of the window. g) Toby and Kim were fighting on the floor. h) Susan was shouting at her friend.
4. a) und b) While Lukas was dancing on the table, Tim was throwing the sponge at Nico.
   c) und d) While four boys were playing cards, Simone was standing on a chair next to them.
   e) und f) While three girls were drawing pictures on the board, Nina and Patrick were leaning out of the window.
   g) und h) While Toby and Kim were fighting on the floor, Susan was shouting at her friend.
5. Yesterday I had to go to work by train because my husband needed the car.
   When I arrived at the station, lots of people were already waiting on the platform. The train was late. ***Some people were nervously walking up and down while others were talking about the delay.*** Fortunately

I found a vacant seat on a bench. **While I was reading my morning paper, the woman next to me opened her bag.** ***She was making a lot of noise while she was searching for something.*** Finally she stopped with a deep sigh. "Is everything OK?" I asked. "Yes, thanks," she replied with a smile. **"I was just thinking about my new flat when I thought I had left the keys at home.** But I hadn't." **"Lucky you", I said as she waved a bunch of keys in her hand.**

6. a) Als ich am Bahnhof ankam, warteten schon viele Leute auf dem Bahnsteig.
b) Einige gingen nervös auf und ab, während sich andere über die Verspätung unterhielten.
c) Während ich meine Morgenzeitung las, öffnete die Frau neben mir ihre Tasche.
d) Sie machte eine Menge Geräusche, während sie nach irgendetwas suchte.
e) Ich habe gerade über meine neue Wohnung nachgedacht als ich dachte ich hätte meine Schlüssel zu Hause vergessen.
f) „Sie Glückliche," sagte ich, als sie mit ihrem Schlüsselbund in der Hand winkte.

Das present perfect (S. 125–127)

1. break, broke, broken
answer, answered, answered
send, sent, sent
see, saw, seen
cost, cost, cost
buy, bought, bought
speak, spoke, spoken
watch, watched, watched
do, did, done
make, made, made
invite, invited, invited
catch, caught, caught

2. a) taught, taught, b) paid, paid, c) thought, thought, d) began, begun, e) read, read, f) brought, brought, g) got, got, h) fought, fought

3. a) Yes, I have. b) No, I haven't. c) Yes, he has. d) Yes, I have. e) No, it hasn't. f) Yes, they have.

4. a) have won, b) has restored, c) haven't seen d) haven't heard, e) has done, f) hasn't failed, g) haven't been h) have been

5. a) Have you read the latest detective story by Elizabeth George yet?
Hast du schon den neuesten Krimi von Elizabeth George gelesen?
b) No, I haven't read it yet.
Nein, ich habe ihn noch nicht gelesen.
c) What have you written so far?
Was hast du bisher geschrieben?
d) I've just finished the first two paragraphs.
Ich bin gerade mit den ersten zwei Abschnitten fertig.
e) Have you ever watched elephants in the wildin Africa?
Hast du jemals frei lebende Elefanten in Afrika beobachtet?
f) No, I've never been to Africa at all.
Nein, ich war überhaupt noch nie in Afrika.
g) But I've already seen some in a safari park in France.
Aber ich habe schon welche in einem Safaripark in Frankreich gesehen.

6. b) They haven't put the rubbish in the bin.
c) They have bought some apples, yoghurt and two pizzas.
d) They have done their homework.
e) They haven't tidied up their rooms.
f) They have hoovered the ground floor.
g) They have locked the front door.
h) They haven't gone to bed before midnight.

7. a) have you spoken, spoke, b) have you taken, took, c) have you gone out, haven't done, d) have you noticed, haven't, haven't been, e) has (your sister already) ordered, has, ordered

Das present perfect progressive (S. 130 – 131)

1. a) have been oder 've been b) have been oder 've been, c) has been, d) has been, e) has been, f) have been oder 've been, g) have been oder 've been, h) have been oder 've been.

2. a) Zeitpunkt, since, b) Zeitpunkt, since, c) Zeitpunkt, since, d) Zeitraum, for, e) Zeitpunkt, since, f) Zeitraum, for, g) Zeitraum, for.

3. a) Herr Hunt wartet schon seit halb fünf auf seine Frau.
b) Der Briefträger trägt die Briefe schon seit dem frühen Morgen aus.
c) Zwei Männer reparieren den Bürgersteig schon seit letzten Dienstag.
d) Victor und seine Freunde joggen (schon) seit einer halben Stunde um den Sportplatz.
e) Melissa schaut schon seit 8 Uhr Fernsehen.
f) Unsere Kinder sammeln schon seit fünf Jahren Autogramme.
g) Frau Colin korrigiert schon seit zwei Stunden Arbeiten.

4.

present progressive	simple past	present perfect	present perfect progressive
are repairing	wished	have printed	haven't been teaching
am travelling	didn't want	hasn't read	has been living
isn't driving	understood	has written	have beeen waiting

5. a) We've been/We have been living in this flat for 15 years.
b) I've/I have just renovated it. Now it looks like new again.
c) I've been/I have been learning English since 1980 and I still don't know everything.

Das past perfect (S. 135 – 136)

1. Last year we had asked our neighbours to look after the house and the garden while we were staying in Italy for a fortnight. When we came back two weeks later we couldn't believe what we saw. The letterbox was bursting because they hadn't emptied it. The lawn in the garden was brown because they hadn't watered it. And all the lovely plants in the garden! What a shame. We were so surprised because our neighbours had always made such a positive impression on us. After the first shock we went over to them. But they weren't at home. In the evening we received a phone call from the neighbours' son. And then we understood: Mr Hill and Mrs Hill had had an accident and were both still in hospital. We weren't annoyed any longer and visited them. They were pleased to see us and very sorry at the same time but that wasn't important anymore. They're wonderful neighbours.

2. a) Letztes Jahr hatten wir unsere Nachbarn gebeten auf unser Haus aufzupassen, während wir für zwei Wochen in Italien waren.
b) Der Briefkasten platzte aus allen Nähten, weil sie ihn nicht geleert hatten.
c) Der Rasen im Garten war braun, weil sie ihn nicht gesprengt hatten.
d) Wir waren so überrascht, weil unsere Nachbarn immer einen so guten Eindruck auf uns gemacht hatten.
e) Herr und Frau Hill hatten einen Unfall gehabt und waren beide noch im Krankenhaus.

3. a) started, had checked;
b) remembered, had told;
c) presented, had drawn;
d) suggested, had read; e) had missed, had to wait; f) had gone, noticed, had left; g) didn't keep, had promised, h) got, had written;
i) arrived, had already treated.

4. a) Before I started to work at the office I had already taken the kids to school.
b) She didn't tell me that her friend had left her.
c) After we had booked our flight we opened a bottle of champagne.
d) He didn't tell me how he had broken his arm.

e) I couldn't get into the house yesterday because I had left the keys in the office.

Das past perfect progressive (S. 140)

1. a) had been working, b) had been reading, c) had been living, d) had been working, e) had been following.

2. a) Mr Turner had been watching TV the whole time.
b) Mrs Cook had smelled the fire and called the fire brigade.
c) Mrs Joyce said that somebody had knocked at her door beforehand.
d) But she hadn't opened the door.
e) Mr and Mrs Stilton had been eating dinner.
f) Some people said that they had had a headache.
g) Others said that they hadn't noticed anything.

Das future (S. 147 – 149)

1. a) I'm sure he won't come.
b) I hope it'll be sunny tomorrow.
c) Marsha won't spend the weekend in Madrid. d) I think, I'll take a break. e) There won't be heavy showers at night. f) Mr and Mrs Hill will leave early.

2. a) OK. I'll turn the music down.
b) I'll call the doctor. c) I'll get some from the supermarket.
d) I'll get you something to drink.
e) OK. We'll go upstairs.
f) Don't worry. I'll fix it for you.

3. a) Is Timo going to meet his girlfriend again?
b) Are you going to have a party for your birthday?
c) Is the boss going to take a week off?
d) Are you going to ask your neighbour for help?
e) Are you and your friends going to prepare a surprise party for Susan?

4. a) I'm going to relax.
b) My husband is going to clean the flat.
c) Tim is going to play football.
d) My best friend Nina is going to be in Hamburg.
e) The children are going to stay overnight at their grandparents'.
f) My husband and I are going to go to the theatre.

5. a) present simple / Christmas Eve falls on a Friday this year.
b) present simple / It's mother's birthday next Sunday.
c) will-future / I'm sure Mum and Dad will come at the weekend.
d) will-future / Maybe we'll go to a restaurant then.
e) going to-future / Careful, the water. It's going to boil over.
f) present progressive / Bayern München is playing against Manchester United tomorrow.

6. a) Mama trifft am Sonntag ihre beste Freundin/ihren besten Freund.
b) Wir putzen die Fenster morgen.
c) Warte mal eben. Ich schreibe das auf.
d) Ich bin sicher, ihr werdet euch amüsieren.

Das conditional (S. 154)

1. a) Wir könnten Valerie fragen. Sie wüsste, was zu tun ist.
b) Lass uns am Sonntag fahren. Am Sonntag wäre nicht so viel Verkehr.
c) Würdest du diese Musical-Tickets für 40 Pfund kaufen?
d) Großmutter hätte es nicht geschafft zum Arzt zu gehen. Ich habe sie hingebracht.
e) Sie hätten 3 Millionen Euro gewonnen, wenn sie den Jackpot gewonnen hätten.

2. a) I'd share/I would share a flat with you.
b) Tom would like to go/travel to Australia together with Lena.
c) We wouldn't have won the race if it had rained.
d) I wouldn't have thought that you are thirty already!
e) We'd rather move away from here.
f) Thomas wouldn't have asked you.

Tipp! Bei den Lösungen sind, sofern es eine Kurform und eine Langform gibt, manchmal nur die Kurzformen angegeben. Selbstverständlich sind aber auch die Langformen korrekt.

Alle Zeiten im Überblick (S. 157 – 163)

1. a) don't watch, b) understand, c) doesn't eat, d) buys, e) is talking, f) are swimming, g) am coming, h) wrote, i) worked, k) didn't go, l) were laughing, m) have repaired, n) has stolen, o) have been learning, p) had phoned, r) had been crying, s) will invite, t) won't listen, u) would like, v) would have told.

2. present progressive
a) is checking, b) are talking, c) is watering, d) is working, e) is booking, f) 's looking, are you doing, g) 'm reading.

3. past progressive
a) was sitting, was looking, b) was pouring out, c) were eating, d) were wearing, e) were giggling, f) was listening.

4. a) goes, she is taking/she's taking, b) doesn't smoke, he is smoking/he's smoking, c) plan, they are planning/they're planning, d) go, we are staying/we're staying, e) write, I am writing/I'm writing, f) goes, she is going/she's going.

5. a) was watching, went off, b) were having, forgot, c) came, was ringing, d) was talking, knocked, e) was dancing and laughing, fainted, f) was driving, heard.

6. a) moved, was, 've built, has become, b) hasn't started, signed, c) didn't know, were, hurt, d) bought, hasn't sold.

7. a) have been inviting, b) has been living, c) has been teaching, d) has been working, e) have been asking, f) have been learning, g) has been coughing.

8. a) We went to Spain last year. b) Did you watch the thriller last night? c) I'm sorry. I sold the skis three weeks ago. d) I moved from Saarbrücken to Stuttgart in 1992. e) When I was young I wanted to become an actress. f) I didn't call you yesterday because I was ill.

9. a) gave, said, he'd enjoyed, didn't like, b) returned, saw, had broken in, was, was, had helped, was, poured, called, c) opened, saw, had tried, wondered, had heard.

10. a) We're going, He's leaving/He leaves, b) won't know, c) I'll never get I'm never going to get, you'll meet, you'll fall, d) Are you going to use, I'm going to live, are you going to do/are you doing, I'm going to sell/I'm selling, He's getting, e) I'll go.

11. a) I'm not yet ready. – Never mind. I'll wait.
b) We've got some very nice tomatoes here. – OK, I'll take a pound.
c) I think I'll stay at home.
d) Maybe Dad will help you with the Maths exercises.

12. a) wouldn't go, b) wouldn't leave, c) I'd phone, d) wouldn't have stopped, e) would have been very disappointed, f) wouldn't have.

Fragen (S. 169 – 170)

1. a) Excuse me, where is the information desk, please?
b) When is the next flight to Palma, please?
c) Can I see your tickets and your passport, please?
d) Did you read the brochure with our special offers?
e) Would you like to have a window seat?

2. a) Yes, you may. b) No, I'm not. c) Yes, I do. d) No, I haven't. e) Yes, I did. f) Yes, I am.

3. a) aren't they?, b) did they? c) didn't they? d) can't you? e) don't you? f) doesn't he? g) isn't she? h) have they? i) wasn't it?

4. a) …, how much will the transport cost?
b) …, when can you deliver the furniture?
c) …, who can help me with the heavy pieces?
d) …, what don't you accept?
e) … who can I call?

5. a) Where do you work?
b) When do you start and when do you finish (every day)?
c) Does your boss start work early?

d) Have you got your own office?/ Have you got an office of your own?
e) How often do you work overtime?
f) Are you glad to have this job?/ Are you happy with your job?

Relativsätze (S. 176 – 177)

1. a) which b) who/that, c) who/that, d) who/that, e) (which/that), f) (which/that), g) who, h) (who/whom/that)

2. b) The man who/that was driving the bus didn't know the way.
c) This is Lilian Parker who/whom I know from the gym.
d) Lynn, who hated eating by herself, hoped to have lunch with Louisa.
e) Nora knows the address (that) you need. (*Auch möglich:* Nora knows which address you need.)

3. a) Es gibt so viele Dinge, die ich tun möchte.
b) Sprich nicht mit Leuten, die du nicht so gut kennst.
c) Papa ist die Sorte Mensch, die gerne hart arbeitet.
d) Ich habe einen jungen Mann getroffen, der bei Porsche arbeitet.
e) Die Rechnungen, die ich jeden Monat bezahlen muss, sind nicht sehr hoch.
f) (Im Jahr) 2004 habe ich in Australien gearbeitet, was eine tolle Erfahrung war.

4. a) The only dress (which/that) I really like is (one size) too small.
b) I need a doctor (who/whom/that) I can trust.
c) Tina again has to look after those children who/that are terribly spoilt.
d) We want to buy a camper, which the four of us can sleep in/in which the four of us can sleep.
e) Parents who/that both go to work/who both work have to be good organizers.
f) The play (which/that) we saw yesterday evening was a complete disaster.

If-Sätze (S. 181 – 183)

1. a) need, ask, b) do, don't have, c) burn, stay, d) get, is.

2. a) will play/'ll play, b) will catch/'ll catch, c) will travel/'ll travel, d) come e) will call/'ll call, f) will go and get/'ll go and get.

3. a) would have to eat/'d have to eat, b) booked, c) would do/'d do, d) would know/'d know, e) wouldn't be at work. f) were

4. a) would have called/'d have called, b) wouldn't have known, c) would have understood/'d have understood, d) would have lived/would have been living, e) would have paid for, f) had not wished for/hadn't wished for.

5. a) will spend/'ll spend, b) would go, c) had not taken/hadn't taken, d) would not ask/wouldn't ask, e) had, f) don't do, g) wouldn't have had, h) won't pass, i) would have loved/'d have loved.

6. *erfüllbare Bedingung:* b) If she says silly things about me, I'll be angry.
weniger wahrscheinliche Bedingung: a) If she said silly things about me, I would be pretty angry.
unerfüllbare Bedingung: c) If she had said silly things about me, I would have been pretty angry.

7. a) If I find your ring, I'll call/phone you.
b) If you asked Tom for € 500, what would he say?
c) I'll come with you if you wait a moment/second.
d) If you like, I'll get you a job in this company.
e) If I were afraid of flying, I would have/'d have a big problem with my job.
f) If I had had more time, I would have gone/'d have gone jogging more often.

Passiv (S. 188 – 189)

1. a) is celebrated b) has/had to be repaired c) are made d) was stolen, e) are/were flooded, f) has not been used/ hasn't been used, g) is being watched, h) was/is written, was/is published

2. a) Schirme und Stöcke müssen draußen bleiben.
b) Handys dürfen nicht benutzt werden.
c) Ihr Gepäck sollte abgeschlossen sein/werden.
d) Unbefugtes Betreten wird strafrechtlich verfolgt.
e) Geld kann hier nicht gewechselt werden.
f) Fahrkarten/Eintrittskarten sollten nicht weggeworfen werden, da sie noch einmal kontrolliert werden können.
g) Alle Passagiere werden gebeten die Fähre zu verlassen.
h) Die Autos auf dem Autodeck 5 werden zuerst kontrolliert.

3. a) Our car has been checked.
b) The computer will be repaired at the weekend.
c) The museum was opened on 1st December 2003 (by the mayor)./ The museum was opened (by the mayor) on 1st December 2003.
d) The kids were asked (by Laura) to tidy up their rooms.
e) The exhibition is closed on Sundays.

4. a) Passiv, b) Aktiv, c) Aktiv, d) Passiv, e) Passiv, f) Passiv, g) Passiv

5. a) We are often asked for advice.
b) Now we're going to ask for advice.
c) We're going to change our garden.
d) We were recommended a pond.
e) Everything will be bought for it tomorrow.
f) The garden will be completely redesigned.
g) The next party can be held outside then.

Indirekte Rede (S. 195 – 196)

1. a) had renovated the office very quickly.
b) could organize the next meeting.
c) had definitely closed the door.
d) had visited many European countries.
e) would rain tomorrow.
f) had been living in Hamburg for five years.
g) had already talked about that problem several times.
h) had been no snow/hadn't been any snow in Germany that year.
i) were going to sell their house.

2. a) her children always walk to school.
b) I never work at weekends.
c) Aboriginals live in Australia.
d) he would prepare the dinner.
e) each village in Great Britain has at least one pub.
f) Ireland has got beautiful beaches.
g) she had read so many fantastic books.

3. a) had (any) time to go out.
b) whether/if I could repair his alarm clock.
c) how long I would need for that.
d) whether/if I wanted him to pick me up.
e) why I wasn't listening.
f) whether/if he had upset me.
g) he was sorry, he hadn't meant to pressure me.

4. a) Kim asked me to go home.
b) Luke advised me to open the window.
c) Tom asked me not to wait for him.
d) Sheila told me not to miss the new film.
e) Ben warned me not to forget my umbrella.

Modalverben (S. 204 – 206)

1.

wollen	will	nicht wollen	will not, won't
können	can	nicht können	cannot, can't
sollen	shall/should	nicht sollen	shall not, shan't/should not, shouldn't
müssen	must	nicht müssen	do not have to, don't have to, need not, needn't
brauchen	need	nicht brauchen	do not have to, don't have to, need not, needn't
dürfen	may	nicht dürfen	must not, mustn't

2. a) Mark could explain how the new gadget works.
b) Monica wasn't allowed to walk home on her own.
c) You weren't supposed to ring her up after 10p.m..
d) Were the children allowed to have some chocolate?
e) Did we have to argue?
f) You didn't have to clean my desk.
g) I couldn't leave her alone./I wasn't able to leave her alone.
h) You were supposed to post those letters.
i) Did you have to take your little sister everywhere?

3.

Ersatzform	Zeitform	*modal verb*
will be able to	future	can
was allowed to	past simple	may, can
won't have to	future	must
was going to	past simple	will, shall
didn't have to	past simple	must
were able to	past simple	can
will be supposed to	future	should
weren't allowed to	past simple	may, can
wouldn't be able to	conditional	can
will be allowed to	future	may, can

4. had to help, wasn't allowed to play, can play, shouldn't be, have to help, must not forget, should contribute.

5. a) Darf ich dir /Ihnen helfen?
b) Ich hatte dich gebeten, nur das Küchenfenster zu putzen. Du musstest nicht alle Fenster putzen./ Du hättest nicht alle Fenster putzen müssen.
c) Nachdem wir eine Pause eingelegt hatten, konnten wir weitermachen.
d) Du könntest vielleicht denken, dass ich eifersüchtig bin, aber ich bin es nicht.
e) Denkst du, ich sollte um mehr Geld bitten?
f) Du darfst dein/Sie dürfen Ihr Auto hier nicht parken.
g) Ich würde den Mädchen nicht erlauben bis Mitternacht aufzubleiben.
h) Mein Kollege/Meine Kollegin durfte eine Stunde eher gehen, aber ich nicht.

6. a) It's eight o'clock. We should watch the news.
b) You needn't help me. I can do it myself.
c) I must tell you the latest news.
d) Shall we pick you up?
e) We could bring you home afterwards, too.
f) You mustn't disturb the boss now.
g) I need a new job.
h) I'd (would) like to move into town.

Some und *any* (S. 211 – 212)

1. a) some, b) any, c) any, d) any, e) some, f) any, g) any, h) some

2. a) überall in Deutschland,
b) nichts Besonderes,
c) Irgendetwas Neues?
d) einige Probleme
e) Irgendwelche Vorschläge?
f) mitten im Niemandsland/ Nirgendwo
g) Keine Ahnung.
h) Alles in Ordnung.

3. somewhere, any, everything, anything, some, some, anybody, somebody.

4. a) I haven't got/I don't have any interesting hobbies.
b) We can't do anything.
c) You shouldn't tell anybody the truth.
d) I don't need any advice.

5. a) Ich habe niemanden um Hilfe gebeten.
b) Keine Nachrichten sind gute Nachrichten.
c) Wir wussten nichts über die Katastrophe.

6. a) Did you hear anything last night/yesterday evening?
b) I haven't done/I didn't do anything.
c) Why didn't you tell everybody (about it)?
d) My neighbour didn't see anybody.

Präpositionen (S. 216)

1. a) to work, b) to hospital, c) at the doctor's, d) at school, e) below our flat, f) through the town centre, g) to Berlin, h) at the weekend, i) opposite the church, k) on Wednesday, l) in front of the café, m) among many people, n) at the station, o) on Sundays, p) not far from here, r) across the bridge, s) in May, t) at Christmas, u) along the beach, v) in the evening.

2. a) at 5 o'clock, in the park, in front of the statue, b) at the entrance, c) among all the people, On Sundays, d) next to the ticket office, e) after our walk in the park, opposite the post office, until midnight/twelve o'clock.

Konjunktionen (S. 220–221)

1. a) I asked the boss for a week off ▶ n) but he said no.
b) Pete was preparing lunch ▶ m) while/and I was relaxing in the garden.
c) I lent him the money ▶ l) because I feel responsible for him.
d) The quality of these shoes is bad ▶ k) although/even though they are quite expensive.
e) You'll miss the bus ▶ h) if you don't hurry up now.
f) They're a perfect team. Julie is good at decorating tables ▶ o) while/and Mario is good at cooking.
g) My car is in the garage ▶ i) so/therefore I have to go to work by bus.

2. a) Please, go to the bank before you go shopping.
b) If you go to the post office, take these letters with you, please.
c) Although Lisa had a cold she went swimming.
d) She left a message so that I had to call her back.
e) I worked overtime yesterday. Therefore I couldn't come.
f) I warned him. He went by motorbike, nevertheless.
g) After we had closed the shop our boss suggested that we go out for a drink together.

Satzstellung (S. 228–229)

1. a) Ann arrived in Rome at half past seven.
b) My wife and I go dancing every Wednesday.
c) Do you go skiing to Italy every year?
d) I gave the money back to him yesterday.
e) Nora doesn't go to any classes at her gym on Mondays.

2.

colon	:	inverted commas	"…"
exclamation mark	!	hyphen	–
dash	-	semicolon	;
full stop	.	question mark	?

3. a) closed down, b) pick up, c) laugh at, d) eat out, e) took off, f) looking for

4. a) I'll send you a postcard.
b) Timo wants to give the money to you.
c) Mrs Brook is teaching them English songs.
d) Can you give your sister this book, please?

e) We can show our guests the zoo.
f) Let's write a letter to good old Hardy.

5. a) I saw Sam at the station yesterday.
b) Can we meet in front of the theatre at 8 o'clock?
c) Julie always goes jogging/jogs round the lake very early in the morning.
d) Did you go to the peace conference last year?
e) We'll go/We're going for a walk later.
f) My colleague always buys her Christmas presents in summer.

Die Zahlen (S. 239 – 242)

1. a) seven/7, b) nine/9, c) twelve/12, d) eighteen/18, e) thirteen/13, f) twenty-three/23, g) thirty-one/31, h) forty/40, i) fifty-five/55, k)one hundred/100.

2. a) two, b) thirteen, c) twenty, d) forty, e) twelve, f) fifteen, g) ninety-nine, h) eighteen, i) a/one hundred, k) fifty, l) eighty-four, m) seven, n) thirty-three, o) seventy-one, p) sixty-five, r) fourteen.

3. a) 108, b) 697, c) 879, d) 945, e) 1,211, f) 3,602, g) 15,413, h) 111,337, i) 5,876,162.

4. a) five point five kilometres, b) four and and a half hours, c) half a cake, d) point three three litres, e) three and a third miles.

5. a) Steven is twenty-seventh. b) Mark is twenty-first. c) Oliver is eighteenth. d) Kevin is twelfth. e) Al is ninth. f) Bruce is fifth. g) David is fourth. h) Michael is third.

6. a) Herzlichen Glückwunsch! Frau Victoria Smith ist die millionste Besucherin in unserem fantastischen Fun Park.
b) Die zweite Cd ist besser als die erste.
c) Heute ist mein dritter Tag im neuen Büro.
d) Wir haben im Dezember mehr als 65 000 Kunden gezählt.
e) Lass/t uns am 23. Oktober um 10.30 Uhr wieder treffen.
f) Ich bin am 1. Mai 1981 geboren.
g) Unser Sohn war drei lange Tage im Krankenhaus. Der erste Tag war der schlimmste.
h) Wir feiern unseren Hochzeitstag immer am 5.Mai.

7. b) the twelfth of August, c) the twenty-fourth of May, d) the thirteenth of January, e) the third of October, f) the twenty-fifth of December, g) the twenty-first of February, h) the thirtieth of September, i) the seventeenth of June, k) the first of April, l) the twenty-second of March, m) the twenty-ninth of November.

8.

a) 3.05 Uhr,

b) 10.30 Uhr,

c) 13.40 Uhr,

d) 11.33 Uhr.

9. a) It's nine o'clock. b) It's half past six. c) It's quarter past five. d) It's quarter to eleven. e) It's ten to ten. f) It's nearly quarter to three. g) It's exactly twelve o'clock. h) It's about half past nine. i) It's twenty-five to six. k) It's seventeen minutes to two. l) It's twenty-five past twelve. m) It's quarter past eight.

10. a) It's quarter past nine./It's nine fifteen. b) It's twenty-five past three./It's three twenty-five. c) It's quarter to six./It's five forty-five./It's seventeen forty-five. d) It's half past six./It's six thirty./It's eighteen thirty. e) It's three minutes to twelve./It's eleven fifty-seven./It's twenty-three fifty-seven.

Index